조선의 일상, 법정에 서다

조선시대 생활사 4

조선의 일상, 법정에 서다

초판 3쇄 발행 2022년 6월 2일
초판 1쇄 발행 2013년 11월 30일

지은이 한국고문서학회
펴낸이 정순구
책임편집 조수정
기획편집 정윤경 조원식
마케팅 황주영
디자인 조원식

출력 블루엔
용지 한서지업사
인쇄 영신사
제본 영신사

펴낸곳 (주) 역사비평사
등록 제300-2007-139호 (2007. 9. 20)
주소 10497 경기도 고양시 덕양구 화중로 100(비젼타워 21) 506호
전화 02-741-6123~5
팩스 02-741-6126
홈페이지 www.yukbi.com
이메일 yukbi88@naver.com

© 한국고문서학회, 2013
ISBN 978-89-7696-544-8 04910
세트 978-89-7696-545-5 04910

조선시대 생활사 4 ———— 조선의 일상,
법정에 서다

한국고문서학회 지음

역사비평사

차례

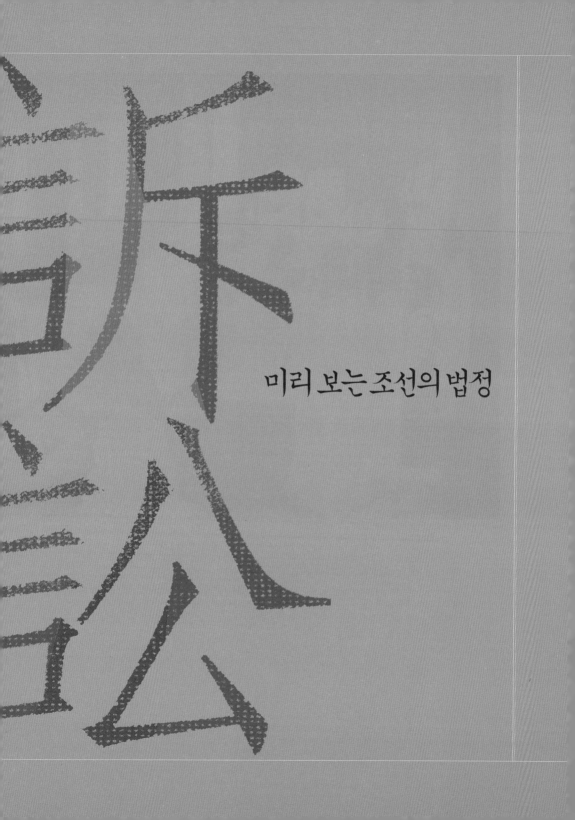

미리 보는 조선의 법정

재판하는 모습(1890년대)

이 사진은 대한제국 시기의 통감부 간행 자료에 실려 있는데, 동헌에서 재판이 벌어지는 송사(訟事) 풍경을 담고 있다. 조선시대 재판에서는 지방관아의 대청마루가 곧 법정이었으며, 이곳에서 송사를 진행했다. 법관인 원님은 마루 위에 앉고 원고와 피고는 마당에 꿇어앉았으며, 육방 관속이 지켜보는 가운데 재판이 이루어졌다. 구한말 소송 장면을 찍은 사진이지만, 조선 전기에 정립된 재판 제도가 조선 말기까지 거의 유지되었으므로 전통 시대의 송사 모습이라 보아도 크게 틀리지 않을 것이다. ☞ 본문 60~62쪽.

한성부 청사와 관리들 (1900년대)

한성부는 오늘날의 서울시청에 해당하는데, 조선시대에는 행정과 사법이 분리되지 않았으므로 행정 업무와 함께 사법 업무도 같이 맡아보았다. 이에 따라 서울의 인구를 파악하고 호적을 작성하는 일뿐 아니라, 서울에서 일어나는 토지·가옥·채무에 관련된 소송도 담당하였다. 조선 후기에 한성부는 사법 기능이 더욱 강화되면서 형조와 같은 위상을 갖게 되었다. ☞ 본문 97~100쪽.

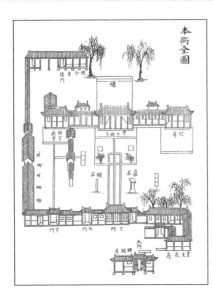

형조관아전도

1781년(정조 5) 형조판서 김노진(金魯鎭)이 형조에 관한 관례와 규례로 삼기 위해 박일원(朴一源) 등으로 하여금 정리, 편찬케 한 『추관지(秋官志)』에 나오는 형조관아전도이다. 『추관지』는 소송 절차와 판결 사례를 집성해 놓았다는 점에서 큰 의의가 있다. 그림의 중앙 좌우에 가석(嘉石)과 폐석(肺石)이 설치된 것을 확인할 수 있는데, 이것은 『주례』「추관지」의 원리에 따른 것으로 여겨진다. 가석은 경범죄인을 그 앞에 앉혀 놓고 거기에 새겨진 글을 보면서 개전토록 한 문석(紋石)이고, 폐석은 힘없는 백성이 조정에 소원(訴願)할 때 쓰인 붉은 돌이다. ☞ 본문 97~101쪽.

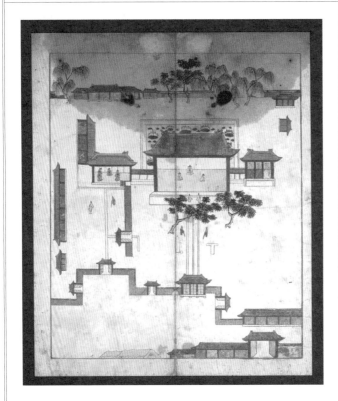

추관계첩(秋官契帖)

추관(秋官)이란 형조(刑曹)의 다른 이름이다. 이 『추관계첩』은 1709년(숙종 35)에 열린 추관, 곧 형조 관리들의 계회를 기록한 화첩인데, 총 5면으로 구성되어 있다.

금오(金吾 : 의금부의 별칭)에서 근무하는 관리들이 계 모임을 갖고 의금부의 전경과 참석자 명단을 기록한 것이다. 의금부는
조옥(詔獄)·금부(禁府)·왕부(王府)·금오(金吾)라고도 불리웠는데, 조선시대 재판 기관 중의 하나다. 형조나 한성부가 일반
백성의 죄를 다루었다면, 의금부는 조정 관원이나 양반들만을 위한 특별한 재판 기관이었으며, 여기서 이루어지는 재판을
'추국'이라 하였다. 의금부는 한성부 중부 견평방(堅平坊 : 현재 종로구 견지동)에 위치하고 있었다. ☞ 본문 102~107쪽.

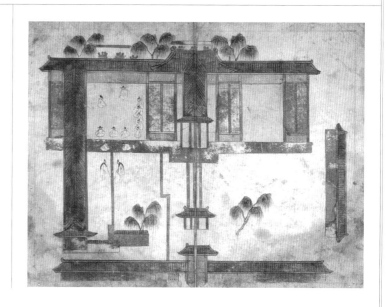

1729년(영조 5) 의금부 근무자들의 모임을 기념하는 글과 그림을 모은 첩이다.

행려풍속도(行旅風俗圖)

가마를 탄 수령이 앞뒤에 아전들을 거느리고 어디로 외출하는 길인데, 탄원을 하는 두 사람이 길을 막고 송사를 하고 있다. 엎드려서 수령이 부르는 제사(題辭)를 쓰는 이는 형리(刑吏)이다.

왼쪽 그림은 프랑스 국립기메동양박물관이 소장한 〈행려풍속도〉를 국립민속박물관이 모사·복원한 것이고, 오른쪽은 국립중앙박물관이 소장한 김홍도의 〈행려풍속도〉 8폭 병풍 중 하나이다. 구도나 내용이 거의 비슷한데, 국립중앙박물관 소장의 그림에는 표암 강세황의 다음과 같은 화제가 있어 '취중송사(醉中訟事)'라는 이름으로 불리기도 한다. 하지만 이 책에서는 '노상송사(路上訟事)'로 바로잡는다.

供給之人, 各執其物, 後先於肩輿前, 太守行色, 甚不草草. 村氓來訴, 刑吏題牒, 乘醉呼寫, 能無誤決.
—豹菴 評.

시중드는 이들이 저마다 그 물건을 들고 가마 앞뒤에 서 있으니 태수의 행색이 자못 그럴듯하다.
시골 백성이 와서 호소하자 형리가 제사를 받아 적는데 술기운에 부르고 쓰니 잘못 판결하지나 않으려나.
—강세황이 평함

시흥환어행렬도 (始興還御行列圖)

『원행을묘정리의궤(園幸乙卯整理儀軌)』는 정조가 1795년 윤2월 9일부터 16일까지 사도세자의 능인 현륭원(顯隆園)이 있는 화성에서 혜경궁 홍씨의 회갑연을 베풀었던 행사를 기록한 의궤이며, 〈화성행행도팔첩병(華城行幸圖八疊屛)〉은 그 이듬해 화성 행차 시 행사를 그린 궁중행사도이다. 이 그림은 그중 '시흥환어행렬도'로 창경궁으로 돌아오는 정조의 행차 장면이다. 이와 같은 국왕의 거둥이 있을 때 백성은 격쟁을 통해 억울함을 직접 호소하기도 했다. ☞ 본문 51~53, 109~111, 344~346쪽.

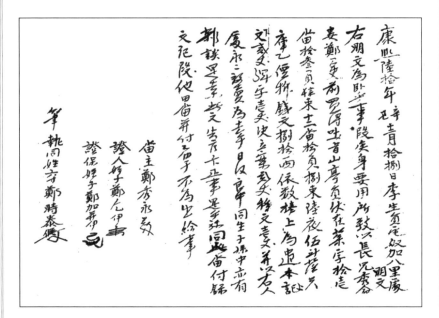

고문서1
토지 매매계약서

1) 원문

康熙陸拾年辛丑十二月拾捌日 李生員宅奴加八里處明文 右明文爲臥乎事段 矣身要用所致以 長兄秀命 妻鄭召史前買得 吐旨山亭員伏在 菜字拾壹 畓拾參負肆束十二畓拾負捌束 六夜伍斗落只 庫乙 價折錢文捌拾兩 依數捧上爲遣 本文記 貳丈牌子壹丈 立案貳丈移文壹丈并以 右人 處永永放賣爲去乎 日後良中同生子孫中亦有 雜談是去等 持此文記告官卞正事是乎? 同此畓付錄 文記段 他畓并付乙仍于 不爲出給事.

畓主鄭秀永[手決]／證人 姪子鄭今伊[手決]／證保 姪子鄭加幷伊[手決]／筆執 同姓六寸鄭時泰[手決]

2) 번역

1721(신축)년 12월 18일 이 생원 댁 노(奴) 가팔리에게 주는 명문.

이 명문을 작성하는 일은 다음과 같다. 내가 긴요하게 쓸 일로 큰형 수명의 부인 정 여사에게서 구매한 토지면 산정원에 있는, 양안의 자호로 채자 11번의 논 13부 4속과 12번의 논 10부 8속, 모두 6배미이자 5마지기 땅을 동전 주화 80냥으로 값을 정하여 액수대로 받고, 본문기 2장, 배자 1장, 결송입안 2장 및 이문 1장을 아울러 주고 위 사람에게 영구히 판매하니, 뒷날 자손 중에 허튼소리 하는 이가 있거든 이 문기를 가지고 관에 고하여 바로잡을 일이다. 이 논에 붙여 기록한 문기는 다른 논밭과 함께 붙여 있으므로 내어주지 못한다.

논 주인 정수영[수결]／증인 조카 정금이[수결]／증보 조카 정가병이[수결]／기록 육촌 친족 정시태[수결]

3) 해설

1721년(경종 1) 정수영이 이 생원에게 구례현 토지면에 위치한 논 24부 2속을 80냥에 매도한 매매계약서이다. 오늘날과 다르게 계약서의 맨 처음에 '긴요하게 쓸 일로'라는 매도 사유를 밝혔는데, 이는 조선시대 사람들이 소유물과의 인연을 소중히 생각했음을 보여준다. 이 문기에는 토지의 위치, 종류, 규모, 거래 시세 등이 나오며, 나중에 분쟁이 발생할 때 '이 문기로 바로잡으라'는 문구도 있다. ☞ 본문 123~124쪽.

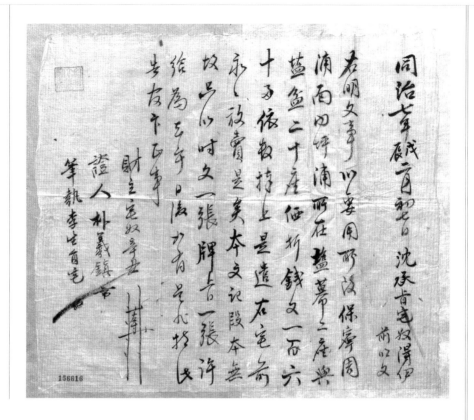

고문서 2
염분 매매계약서

1) 원문

同治七年戊辰二月初七日沈承旨宅奴得伊前明文

右明文事段 以要用所致 保寧周浦面內坪浦所在 鹽幕二座與鹽盆二十座 價折錢文一百六十兩 依數捧上爲遣 右宅前永永放賣
爲矣 本文記段本無故只以時文一張牌旨一張許給爲去乎 日後如有是非 持此文記告官卞正事

財主宅奴 辛丑[左手寸]/證人 朴義鎭[手決]/筆執 李生員宅[手決]

2) 번역

1868년(무진) 2월 7일 심 승지 댁 종 득이 앞 명문.

이 명문의 일은 다음과 같다. 긴요하게 쓸 일로 보령군 주포면 내평포에 있는 염막 2좌와 염분 20좌를 동전 160냥으로 값을 정
하여 액수대로 받고, 위의 집에 영구히 판매하되, 본문기가 본래 없으므로 단지 새 문기 1장과 패지 1장을 주니, 뒷날 시비를
따지는 분쟁이 발생하거든 이 문기를 가지고 관에 고하여 바로잡을 일이다.

제주 댁종 신축[좌수촌]/증인 박희진[수결]/작성 이 생원 댁[수결]

3) 해설

1868년(고종 5) 노(奴) 신축의 주인이 심승지에게 염막 2좌와 염분 20좌를 160냥에 판매한 문기이다. 노비들이 양반가의 매매
를 대행했다. 염분의 매매계약서 양식도 토지 매매계약서와 그다지 다르지 않음을 알 수 있다. ☞ 본문 125쪽.

고문서3
안계종 처 김씨 분급문기

1) 원문

嘉靖十四年乙未五月二十五日 子息三娚妹亦中 成給爲臥乎事叱段 … 女矣邊及家 翁邊奴婢田畓等 各衿平均分給爲㫆 長子亦中 奉祀位家舍田民 亦錄許給爲去乎 … □ … □ 張 應弼段 義絶爲沙餘良 其妻亦得死病 … □ … 來到 累年辛苦爲去乙 … □ 不顧其 … □ 如可 聞其將死之奇爲遣 同亡女醴泉家所藏財物 等乙 其矣邊家良中 無遺移送後 … 女矣身 … □ □ 悲悴 累朔臥在 唯待死日爲有去乙 來見不爲分叱 不喩 一不使人問安 尤爲無情爲在如中 已曾許給 奴婢乙良置 全數還奪爲良可爲在果 向 □情 意無窮乙用良 其矣奉祀條以 其矣新奴婢□ … □ … □ 等乙 許給爲去乎 後次他餘子孫 及張應弼□ … □ 雜談爲去等 此文及亡女記上文記內貌如 告官 辨正者

2) 번역

가정 14년 을미 5월 25일 자식 3남매에게 작성해주는 것은, … 나와 남편 쪽으로 전래된 노비와 전답 등을 각자 몫으로 평균 분급하며, 큰아들에게 봉사위 가사(家舍)와 노비·토지를 또한 기록하여 허급하니 … □ … □사위 장응필은 의절했을 뿐 아니라 그 처가 죽을병을 얻어 □ … □ 와서 여러 해 고통을 받았는데 □ … □ 돌아보지도 □ … □ 않다가 장차 (딸에게) 죽을 날이 임박했단 소식을 듣고 예천 집에 있던 딸의 재물을 모두 자기 노(奴)의 집으로 옮긴 후 … 이 몸이 □ … □ 비통한 마음과 곤한 몸으로 여러 달 누워 있으면서 오로지 죽을 날만을 기다리고 있었는데도 와보지 않았을 뿐 아니라 사람을 시켜서라도 문안 한번 하지 않았으니 더욱 무정하다 하겠다. 이에 이미 허급한 노비라 하더라도 모두 빼앗아도 되겠지만, 정이란 끝이 없는 것이기에 딸의 봉사조로 딸의 신노비였던 □ … □ 등을 허급하니, 뒷날 다른 자손들이나 장응필 □ … □ 잡담하거든 이 문기와 죽은 딸의 기상 문기의 내용으로 관에 고하여 바로잡을 것.

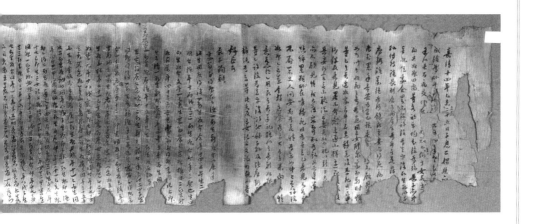

3) 해설

1535년(중종 30) 안계종의 처 김씨가 자식 3남매에게 재산을 나눠주면서 작성한 분재문기이다. 번역한 부분은 이 분재기의 서문 중 일부로, 상속 방침과 이유 등이 서술되어 있다. 마멸된 부분이 다소 발견되나 대체적인 내용을 살펴보면, ① 재산을 자식들에게 평균 분급한다는 것, ② 봉사조는 큰아들 몫에 귀속시켜 기록하니 대대로 전할 것, ③ 사위 장응필은 우리 집과 의절하였으니 상속에서 제외해야 마땅하나 딸의 봉사조 등으로 약간의 재산을 허급하니 장응필과 다른 자식들 모두 내 뜻에 따를 것 을 주문하고 있다. 이 문서는 16세기의 균분상속 관행뿐 아니라, 딸의 사망 후 사위와 처가와의 관계 및 그로 인한 재산상속과 봉사 양상을 잘 보여준다. ☞ 본문 155~158

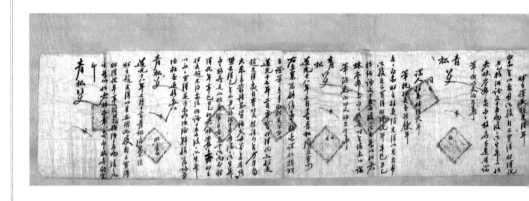

고문서 4
유득열 매매문기 사급입안

1) 원문

道光十七年丁酉二月卄六日趙光得前明 文右明文爲臥乎事段矣身當此大殺春窮 轉甚資活父母萬無其路乙仍于萬不得已 矣身乙價折錢文十三兩依數捧上以爲父母 資活之地是遣矣身乙右人前依法律後 所生幷以 官立旨導良永永自賣爲去乎日後 族類 子孫中如有雜談是去等持此文告 官 卞正事

婢得悅年十七 [左掌]

證人外五村權業 [手決]

筆驛吏林大學 [手決]

2) 번역

이 명문하는 일은 제가 이번 큰 흉년을 당해 춘궁(春窮)이 심하여 부모를 살릴 길이 전혀 없으므로 만부득이 저를 값 전문(錢文) 13냥으로 쳐서 수대로 받아 부모를 살리고, 저를 위 사람에게 법률에 의하여 후소생과 함께 관의 입지(立旨)에 따라 영영 자매하니, 뒤에 친족들이나 자손 중에 만약 잡담하는 이가 있거든 이 문서를 가지고 관에 고하여 변정할 일입니다.

비 득열 나이 17세 [좌장]

증인 외5촌 권업 [수결]

필 역리 임대학 [수결]

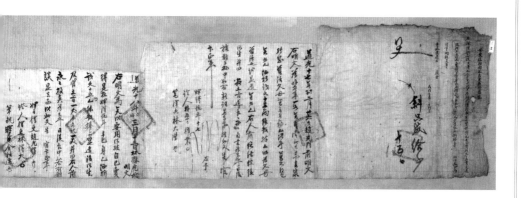

3) 해설

1838년(헌종 4) 조광득이 자매비(自賣婢)인 유득열을 매매한 문기와 이를 공증받은 입안 및 관련 문서들이 점련되어 있다. 원문과 번역은 점련 문서 중 두 번째 문서인 유득열 자매문기이다. 유득열은 1년 전에 13냥을 받고 조광득에게 자신을 매매하였다. 이때 조광득은 뒷날 이 자매 거래를 둘러싸고 분쟁이 일어날 여지를 미리 차단하기 위해 유득열에게 일종의 관의 보증서인 입지를 발급받아 오도록 하여 자매문기의 신뢰성을 높이고자 했다. 유득열이 입지를 받아온 다음 날 자매 거래가 이루어졌는데, 이때 작성된 자매문기가 바로 두 번째 문서이다. ☞ 본문 225쪽.

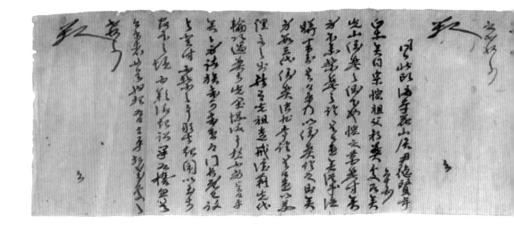

고문서 5
윤도서와 윤덕찬의 초사

1) 원문

同日狀頭海南花山居尹德贊年六十五

白等矣同宗性祖父私葬處卽矣 先山倒葬之側下也性之營葬時矣 身不參禁葬之論是白遣矣從弟德 曄來到是白乎乃以倒葬論之
則矣 身數三代倒葬決非常論是白遣以義 理言之則雖有先祖遺戒憑藉先代 輪大過葬於先墓塚後事極不當是白乎 矣矣身諸族
或可或否而門長旣已許 與登時不禁之事敢生起鬧以至於 官卞之境五朔後起訟果爲稽忽是 白乎等以如是 納招爲白去乎相考處
之 敎事.

行官白

2) 번역

같은 날임인년 9월 16일─글쓴이) 소장 대표자 해남 화산에 사는 윤덕찬, 나이 65세.

아룁니다. 같은 문중 사람 광이 조부를 매장한 곳은 곧 우리 선산의 도장(倒葬) 위치의 한쪽 아래입니다. 광이 장례 지낼 때 저는 논의에 참여하지 못했는데, 사촌 아우 덕엽(德曄)이 저를 찾아왔습니다. 도장에 관해 논하건대 여러 대 선조의 도장은 결코 상론(常論)이 아니고, 의리로 논하건대 설령 선조의 유훈이 있다 해도 선대의 차례를 빙자하여 조상 묘 뒤쪽에 장례를 치르는 것은 지극히 부당한 일입니다. 그러나 여러 족인들 중 누구는 된다 하고 누구는 안 된다고 하고 문장은 이미 허락하였습니다. 당시에 금장하지 못한 일을 감히 쟁단을 일으켜 관에 소송하는 지경까지 이르렀습니다. 5개월 뒤에 소송을 제기한 일은 과연 시기를 놓쳤다고 할 수 있으므로 이처럼 진술하오니 상고하여 처리하실 일.

행관 아룀.

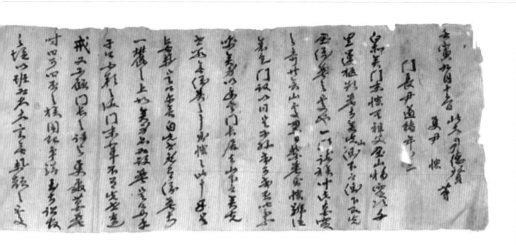

3) 해설

제시된 고문서는 1782년(정조 6)에 작성된 윤도서와 윤덕찬의 초사(招辭)이다. 해남 윤씨가의 문장(門長)인 윤도서(尹道緖)와 원고 윤덕찬이 강진현감에게 구두로 진술한 내용을 기록한 문서로, 한문 원문과 번역은 윤덕찬의 초사 부분이다(윤도서의 초사는 이 책의 253쪽 참조). 강진현감에게 진술하는 자리에서 문중 대표자 윤도서는 윤굉에게 윤두서 부부 묘의 덕정동 선산 입장(入葬)을 허락했다고 인정하고, 윤덕찬은 소송의 패소를 인정하였다. ☞ 본문 252~254쪽.

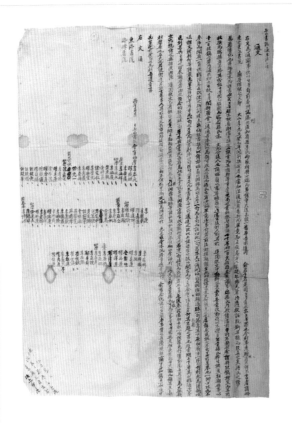

고문서6
병오 정월 통문

1) 원문
大抵 我文元統緖之無授受淵源 退陶狀文 已有鐵定之案 湖上勘斷 又在其後 而彼孫氏 乃敢以淵源道脈等語 私撰私改 任添任刪 以厚誣我兩先正 則是孫氏可能可爲之事乎.

2) 번역
우리 문원공이 연원이 없다는 사실은 퇴도(退陶) 장문(狀文) 중에 이미 철정(鐵定)의 안(案)이 있고, 호상(湖上)에서 감단(勘斷)한 것이 뒤에 있다. 저 손씨가 이에 감히 연원도맥(淵源道脈) 등의 말을 사찬(私撰) 사개(私改)하고 마음대로 첨가하고 빼고 하여 양선정을 속인즉, 어찌 손씨가 감히 이렇게 할 수 있는 일인가?

3) 해설
손이시비(孫李是非)와 관련하여 1846년(병오, 헌종 12) 여주 이씨 문중이 도 내 사람들에게 보낸 통문이다. 당시 경주 손씨 문중은 이언적(李彦迪)의 학문적 연원이 외삼촌인 손중돈(孫仲暾)에게서 비롯되었다고 주장하였다. 이에 여주 이씨는 크게 분개하였고, 이언적의 학문에 연원이 없다고 언급한 퇴계의 행장을 근거로 경주 손씨의 주장이 부당하다며 위와 같은 통문을 돌렸다. 손이시비는 문중 간의 시비에서 시작하여 영남 지역 전체로 확산되었던 조선 후기의 대표적인 향전이었다. ☞ 본문 280~289쪽.

분쟁과 소송으로 읽는 조선시대의 삶

다산 정약용의 『목민심서』에는 다음과 같은 두 일화가 실려 있다.

● 승정원 부승지 이몽량李夢亮(1499~1564)이 어느 날 형조에서 보낸 공문을 받았다. 관찰사의 공문을 첨부하여 임금의 재결을 신청하는 문서였다. 그가 지방관 시절에 한 토호가 일으킨 소송과 관련하여 판결한 적이 있는데, 바로 그 사건이었다. 그는 첨부된 문서를 한참 들여다보다가 도장 찍힌 부분을 손으로 문질렀다. 그러자 점점 종이 결이 일어났다. 손톱으로 긁으니, 도장이 찍힌 얇은 종이가 과연 서명 끝에 붙어 있었다. 동료들이 크게 놀라 임금께 아뢰고 형조로 넘겨 간교함을 바로잡았다.

● 유광劉曠이 다스린 고을에서는 소송이 없어 옥중에 풀이 가득 자라고 송정은 새 잡는 그물을 칠 정도로 조용하였다고 한다.

명판결, 그리고 소송이 없는 사회. 소송의 핵심 어젠다를 잘 보여주는 일화이다. 어느 쪽이 요샛말로 소송의 달인일까? 조선시대를 살았던 정약용은 명판결보다는 소송이 없는 사회를 이상적인 경지로 추구하였다. 공자의 사무송使無訟에 근거한 유교 사회의 기본적인 소송관이었다.

인간 세상에서 과연 소송 없는 사회를 실현할 수 있을까? 현생 인류의 조상을 호모사피엔스라고 하듯이 인간이란 존재는 집단·사회 속에서 다른 사람들과 접촉하며 살아야 하는 운명이다. 그런데 두 사람만 모여도 서로 생각이 다르고 의견 대립이 심심찮게 일어나는 것을 보면 대립과 갈등, 분쟁과 소송은 어찌 보면 인간 사회 본연의 특성이며 인류의 역사와 흐름을 같이하는 자연스러운 현상일 것이다.

분쟁과 소송은 자신의 권리를 주장하는 적극적인 행위임에도 불구하고 부정적인 이미지로 다가온다. 유교 문화의 역사적 경험이 21세기를 살아가는 현대인의 가치관과 사고 틀에 흔적을 남긴 것인가? 인식의 전환이 요구되는 순간이다. 분쟁과 소송은 개인과 개인, 개인과 집단, 집단과 집단 간의 이해가 충돌했을 때 이를 조정하고 해결하기 위한 과정이다. 집단과 사회 내의 수많은 다양한 관계들 속에서 발생하는 대립과 갈등을 조정하는 적극적인 사회 현상이자 역동적 역사의 현장인 것이다.

특히 역사 속의 분쟁과 소송은 그 시대 사람들의 치열한 삶의 자취와 함께 그 사회가 직면한 주요 현안과 시대적 과제까지도 고스란히 반영하고 있다. 수백 년 뒤에 살고 있는 우리가 역사 속의 소송 사건들을 대면할 수 있는 길은 '기록'을 통해서이다. 다행히 조선시대의 소송 당사자들이 직접 작성하고 소송에 실제 사용했던 각종 고문서들이 현재까지 상당수 전하고 있다. 시공간을 뛰어넘는 역사 여행이 가능하다. 이들 고문서를 읽다 보면 직접 소송 현장에 들어와 있는 것처럼 사건들을 구체적이고 생생하게 체험할 수 있다. 조선시대 평범한 사람들의 일상적인 생활 모습은 물론이고 사회 문제와 시대 과제를 온전히 감당하면서 살아야 했던 역동적인 삶의 숨결이 그대로 전해진다. 학자들에게는 지적 호기심과 연구욕을 불러일으키고 일반인들도 절로 빠져들게 하는 매력적인 내용들로 가득하다.

이 책에서는 이러한 고문서를 중심으로 실록, 문집, 일기 등 관련 자료를 섭렵하여 조선시대 소송 사례들을 발굴하고, 경제생활, 신분 사회, 공동체 및 국가 등 세 테마로 분류하여 그 역사적 의미를 조명하였다. 책의 내용은 크게 4부로 구성하였다.

1부 '조선시대 소송이란'에서는 조선시대 소송의 기본 원리 및 운영 시스템을 제도사적인 측면에서 다루었다. 다양한 소송 사례의 전말과 맥락을 이해하는 데 필요한 이론적인 무장을 갖추기 위해서다. 이를 위하여 분쟁의 원리와 재판에 대한 인식을 검토하여 조선 사회의 소송에 대한 기본적인 이해의 틀을 제공하였다. 소訴 제기부터 시작하여 판결에 이르기까지 소송의 전 과정을 섭렵하고, 소송을 진행하는 소송관 및 소송 기관의 역할, 변호사에 비견되는 외지부의 존재를 통해 전통시대 송정訟庭의 모습을 오늘날 법정의 풍경과 비교해 볼 수 있을 것이다.

2부 '경제생활과 소송'에서는 매매 분쟁, 상속 분쟁, 도서島嶼 분쟁 등을

통해 사적 소유권의 개념과 경제적 이해관계의 대립 양상을 검토하였다. 전통 사회에서 재산권 형성의 과정 및 그 과정에서 작성된 계약서, 분재기 등의 실효성과 소유권 보호 및 분쟁 방지를 위한 국가의 공증 제도를 파악할 수 있다. 나아가 매매 분쟁에서는 조선시대 시장경제의 실상과 한계를 파악할 수 있고, 상속 분쟁에서는 가부장적 가족·친족 질서의 형성 과정에서 대립각을 세운 처가와 사위의 입장 차이가 극명하게 드러난다. 또한 도서 분쟁에서는 황무지 개간으로 생성된 토지소유권 확보를 위해 섬 주민들과 권세가들의 치열한 경쟁이 밝혀질 것이다.

3부 '신분 사회와 소송'에서는 첩 자녀의 신분 귀속 분쟁, 스스로를 파는 자매自賣, 묘지 분쟁 등을 통해 조선 사회의 신분 질서 및 종법 질서가 빚어낸 사회상을 점검하였다. 엄격한 신분 질서 내에서 서로 다른 신분 간의 결합으로 태어난 소생들의 신분을 결정해야 하는 상황은 현대인들에게는 낯선 풍경이다. 삶의 무게를 감당하지 못하고 자신의 신분까지 포기해야 했던 민인들의 고통스러운 현실도 대면하게 된다. 이와 동시에, 같은 시대를 살았던 사대부들에게 조상을 받드는 위선의식爲先意識이 얼마나 중요한 문제였는가를 당대인의 시각으로 바라볼 수 있을 것이다.

4부 '공동체·국가와 소송'에서는 향촌 사림의 갈등, 공동체의 물싸움, 부세 저항을 중심으로 공동체 이익을 추구하는 과정에서 충돌하는 집단 간의 갈등, 국가 차원의 분쟁 양상을 검토하였다. 향촌 사회 상층부에서는 사림들이 주도권 장악을 위해 붕당·학파·문중과 연결되어 첨예하게 대립하였다. 한편 보洑와 관개灌漑를 둘러싼 물 분쟁, 국가에 대한 부세 저항 운동을 전개한 촌락 공동체의 민인들을 통해서는 조선 후기 민중 의식의 성장 과정을 발견할 것이다.

　이상의 구성에서 볼 수 있듯이 이 책에 수록된 사건들은 오늘날의 소송과 비교할 때 좀 더 포괄적인 내용을 담고 있다. 소송은 법원, 민원은 민원실, 공증은 등기소 등에서 처리하는 전문화된 현대사회와 달리 조선시대 민인들은 수령을 찾아가 소지所志를 제출하였다. 그 결과 소지에는 소송뿐만 아니라 각종 민원 및 다양한 사회적 갈등이 총망라되어 있다. 이 책이 소송과 함께 소지류 고문서에 반영된 다양한 사회 갈등까지 모두 포함하게 된 연유이다. 또한 이 책에 수록된 글들은 새로운 소송 사례를 소개하는 글도 있지만, 기존에 발표된 학술 논문을 일반인들이 이해하기 쉬운 문체로 풀고 재구성한 글도 포함되어 있다.

　이 책은 한국고문서학회의 '조선시대 생활사' 시리즈의 네 번째 결과물이다. 한국고문서학회는 고문서를 통한 전통 사회 생활상을 일반 대중에게 쉽고 생생하게 알리는 작업을 꾸준히 추진해왔다. 그 결과물은 1996년

이래 '조선시대 생활사' 시리즈로 간행해왔는데, 1권의 신분별 생활상, 2권의 개인들의 삶, 3권의 의식주 생활을 통해 전통 사회 문서 생활의 개략적인 모습이 어느 정도 윤곽을 드러낸 것 같다. 이제는 한층 더 구체적이고 깊이 있는 내용으로 한 단계 진전시킬 시점에 직면하였다. 이에 따라 4권에서는 '분쟁과 소송'을 주요 테마로 특화하고, 다소 전문적이고 생소할 수 있는 내용이지만 최대한 쉽고 평이한 문체로 풀어내기 위한 시도를 감행하였다.

그러나 무모한 시도였는지 간행 작업은 진척 없이 해만 계속 바뀌면서 지지부진하였다. 기획 실무를 담당한 본인의 책임을 피할 길이 없다. 수년간의 우여곡절 끝에 김현영 전 회장의 적극적인 추진력과 이헌창 현 회장의 전폭적인 지원으로 이제야 그 결실을 맺게 되었다. 그 과정에서 일찌감치 원고를 주신 필자들 중에는 새로운 원고로 교체하거나 대폭 수정한 분들도 적지 않다. 오랫동안 묵묵히 기다려주신 필자들께 다소나마 마음의 짐을 덜 수 있어 감사할 따름이다.

또한 한국고문서학회를 신뢰하고 긴 시간 무던히 기다려주신 역사비평사에도 감사함을 전한다. 이 책은 특히 한국출판문화산업진흥원의 '2013 우수출판기획안 지원' 사업에서 최우수상에 선정되는 기쁨까지 누렸다. 희소식과 동시에 간행 작업에 새로운 동기를 제공하고 편집을 맡은 조수정

30

씨에게 넘치도록 감사함을 표해도 지나치지 않을 것이다. 지난한 과정을 거쳐 어렵사리 세상에 나온 책이니 만큼 한국고문서학회의 생활사 시리즈를 애타게 기다려온 독자들의 갈증이 조금이나마 해소될 수 있기를 기대해본다.

2013년 11월
필자들과 함께 김경숙 씀

康熙陸拾年辛丑青拾捌日李生負虎奴加八里廈明文

右朋文為即并其事段東身要用所致以長兄麥畓

妻鄭二束前買得坐落山亭畓伏在茉宇拾志

畓拾叄負粘來土一畓拾負捌束陸夜伍斗落只

庫乙經粮錢文捌拾兩依數捧上為遣本訖

返數文彌宇是実収立某為共移文妻畓若沒人

庚永二新賣為李且及旱同生子孫中亦有

郭鉄足李共文卽庚卡立某逆矛延同此畓付錄

之花院他日畓並付立伊宇不為此拾書

畓主鄭秀永   敏

證人修子鄭允伊   畫

證保姪子鄭加伊   卲

筆執同姓宇鄭時奉   爆

제1부

조선시대 소송이란

인간 세상에서 과연 소송 없는 사회를 실현할 수 있을까. 현생 인류의 조상을 호모사피엔스라고 한 두이 인간이란 존재는 집단·사회 속에서 다른 사람들과 접촉하며 살아야 하는 운명이다. 그런데 두 사람만 모여도 서로 생각이 다르고 의견 대립이 심심찮게 일어나는 것을 보면 대립과 갈등, 분쟁과 소송은 어찌 보면 인간 사회 본연의 특성이며 인류의 역사와 흐름을 같이 하는 자연스러운 현상일 것이다. 유교 문화의 역사적 경험이 지금 세기를 살아가는 현대인의 가치관과 사고 틀에 흔적을 남긴 것인가. 인식의 전환이 요구되는 순간이다. 분쟁과 소송은 자신의 권리를 주장하는 적극적인 행위이며, 적극적인 사회 현상이자 역동적 역사의 현장인 것이다. 집단과 사회 내의 수많은 다양한 관계들 속에서 발생하는 대립과 갈등을 조정하고 해결하기 위한 과정이다.

인간 세상에서 과연 소송 없는 사회를 실현할 수 있을까. 현생 인류의 조상을 호모사피엔스라고 한 두이 인간이란 존재는 집단·사회 속에서 다른 사람들과 접촉하며 살아야 하는 운명이다. 그런데 두 사람만 모여도 서로 생각이 다르고 의견 대립이 심심찮게 일어나는 것을 보면 대립과 갈등, 분쟁과 소송은 어찌 보면 인간 사회 본연의 특성이며 인류의 역사와 흐름을 같이 하는 자연스러운 현상일 것이다. 유교 문화의 역사적 경험이 지금 세기를 살아가는 현대인의 가치관과 사고 틀에 흔적을 남긴 것인가. 인식의 전환이 요구되는 순간이다. 분쟁과 소송은 자신의 권리를 주장하는 적극적인 행위이며, 적극적인 사회 현상이자 역동적 역사의 현장인 것이다. 집단과 사회 내의 수많은 다양한 관계들 속에서 발생하는 대립과 갈등을 조정하고 해결하기 위한 과정이다.

인간 세상에서 과연 소송 없는 사회를 실현할 수 있을까. 현생 인류의 조상을 호모사피엔스라고 한 두이 인간이란 존재는 집단·사회 속에서 다른 사람들과 접촉하며 살아야 하는 운명이다. 그런데 두 사람만 모여도 서로 생각이 다르고 의견 대립이 심심찮게 일어나는 것을 보면 대립과 갈등, 분쟁과 소송은 어찌 보면 인간 사회 본연의 특성이며 인류의 역사와 흐름을 같이 하는 자연스러운 현상일 것이다. 유교 문화의 역사적 경험이 지금 세기를 살아가는 현대인의 가치관과 사고 틀에 흔적을 남긴 것인가. 인식의 전환이 요구되는 순간이다. 분쟁과 소송은 자신의 권리를 주장하는 적극적인 행위이며, 적극적인 사회 현상이자 역동적 역사의 현장인 것이다. 집단과 사회 내의 수많은 다양한 관계들 속에서 발생하는 대립과 갈등을 조정하고 해결하기 위한 과정이다.

1장

분쟁과 재판

재판의 목적과 기능은 분쟁을 해결하고 권리를 보호하여 사회질서 —거창하게는 '사회정의'—를 유지하는 것이다. 재판의 대상이나 분쟁의 내용은 경제적 이익만이 아니라 사회적 위신의 보장 등 다양하다. 그런데 주목할 만한 사실은 개인의 주관적 만족을 위해서도 소송을 제기했다는 점이다.

분쟁은 인간의 원죄?

사람은 혼자서 살기 어려우므로 여럿이 무리를 이루어 산다. 마음이 맞는 사람들끼리 무리를 이룰 수도 있지만, 규모가 커지고 사람이 많아지면 그렇게만 할 수 없다. 이런 사람 저런 사람과 함께 모여 살아가게 된다. 이렇게 살다 보면 불가피하게 다툼도 생겨나고, 이를 해결할 방법을 강구하게 마련이다.

'모난 돌이 정 맞는다'라는 속담이 있다. 둥글둥글하게 살아가는, 곧 원만한 세상살이를 강조하는 말이다. 하지만 그렇게 살다가는 줄곧 손해를 보며 그 아픔을 속으로 삼켜야 하는, 그야말로 인고의 날들로 밤낮을 지새워야 할지도 모른다. 결국 정을 맞는 한이 있더라도 모나게 사는 길을 갈 수밖에 없는 것이 세상사다. 이는 대다수가 가는 길이기도 하다.

다툼은 먼저, 자기가 처해진 상황이 부당하다 여기고 이 불만을 표출하는 데서 시작한다. 그러나 불만을 갖는 것만으로는 다툼으로 번지지 않는다. '손바닥도 마주쳐야 소리가 난다'고 하듯이 그 불만을 야기한 사람에게 자신의 주장을 말하고 해결을 요구할 때 비로소 갈등 상황으로 발전한다. 이때 상대방이 그러한 불만을 인식하고 그의 주장을 받아들이면 갈등은 어렵지 않게 해결된다. 그러나 상대방 역시 불만을 품어 서로의 갈등이 공식적으로 드러나면 본격적인 다툼, 즉 분쟁의 단계로 발전한다.

불만이 있어도 꾹 참고 당사자들끼리 적당히 해결하면 사회적으로 큰 문제가 되지 않을 것이다. 불만이 생기기 전에, 당사자들 사이에 갈등으로 나아가기 전에 그 불만이나 갈등이 생기지 않도록 하는 것이 사회를 유지하는 데 더 바람직할 것이다. 좀 억울하고 손해를 보더라도 혼자 삭이며 겉으로 드러내지 않고 살아간다면, 다툼으로 서로 얼굴을 붉힐 일은 생기지 않을 것이다. 그런데 과연 그럴까? 모든 이들이 착하고 어질게 희생적이고 봉사적으로 살아가는 사회가 존재할 수 있을까? 그런 사회가 바람직한 사회일까? 어쩌면 겉으로는 멀쩡하지만 속으로는 곪아 터져서 언제 주저앉아 버릴지 모르는 아주 비정상적인 사회일지도 모른다.

불만이나 분쟁 그리고 그 해결 방식인 재판이 아예 없는 사회는 굉장히 이상적인 사회일 것이다. 유교는 다툼이 없는 조화를 추구하였다. 다툼이 없는 이상 사회를 추구한 공자는 "재판은 나도 남들처럼 할 수 있다. 하지만 나는 반드시 소송이 없도록 하겠다(子曰, 聽訟, 吾猶人也. 必也使無訟乎! 『논어』 12 「안연顏淵」)"라고 했다. 소송을 없게 하려면 자연의 질서처럼 절도 있고 평화롭게 살아가는 것이 최선이다. 그래서 자연의 질서에 인간의 질서를 맞추고자 법전은 하늘과 땅, 사시四時를 본받아 이호예병형공吏戶禮兵刑工의 육전六典 체제로 만들었으며, 살아 있는 목숨을 앗는 사형은 원칙적으로 가을과 겨울에 집행하도록 하였다. 법을 자연 질서에 합치하도록 제정하고 그 집행 또한 이에 따르려고 노력했지만, 현실에서 불만은 쌓이게 마련이고 다툼이 재판으로까지 확대되는 것은 어느 누구도 막을 수 없었다. 이 역시 자연의 질서다.

분쟁은 사회의 문제점을 극명하게 드러낸다. 따라서 분쟁의 해결 과정은 개인의 문제를 넘어서서 사회의 문제를 해결하는 것이기도 하고, 성숙한 사회로 발전해가는 과정에도 반드시 필요하다. 구성원의 불만과 구성원 사이의 갈등을 그대로 내버려두면 그 무리, 사회, 심지어 국가마저도 유지될 수 없다. 합리적이고 원만하게 분쟁을 잘 해결한다면 당사자의 불만을 누그러뜨리고 갈등을 없앨 뿐만 아니라 앞으로의 분쟁을 예방하고, 나아가 사회의 발전을 도모할 수 있는 계기가 된다. 요컨대 억울한 상황에 놓인 사람이 불만을 드러내고 서로 다투고 이를 해결하는 과정에서 사회는 더욱 원만하고 조화로워지며, 발전하는 것이다. 그렇다면 인간 사회에서 분쟁은 필요악이지 않을까?

오늘날 우리나라는 소송이 넘쳐 난다. 2009년을 기준으로 고소된 인원은 이웃 일본의 67배, 인구 10만 명당 비율은 171배이다. 이러한 현상은 어제오늘의 일이 아니라 조선 초기에도 그러하였다. 조선 초기 위정자들은 분쟁과 소송의 폭주를 고려 멸망의 원인 중 하나로 인식했다. 그 때문에 조선 초기부터 공자가 말한 무송無訟 사회의 이상을 실현하기 위해 끊임없이 노력했다. 조선 초기 실록에는 소송 건수가 구체적으로 나타나 있는데, 적게는 666건(1400년, 정종 2)에서 많게는 12,797건(1414년, 태종 14)이나 된다. 15~16세기 조선의 인구가 600만~700만 명 정도로 추정되는데, 당시의 인구와 신분 구성을 고려하면 이러한 소송 건수는 엄청난 수치이며 소송의 홍수라고 할 수 있다. 동방예의지국東方禮儀之國이라기보다는 '동방소송지국東方訴訟之國'이라 할 만하다.

적체된 소송을 단칼에 해결하는 방법은 현재 재판 중인 사건을 일정 시기까지 종결하고, 특정 시기 이전의 사건은 아예 수리를 하지 않도록 '단송斷訟' 정책을 실시하는 것이다. 1485년(성종 16)에 반포된 『경국대전』 「형전」에는 '노비결송정한奴婢決訟定限'이라는 부록이 있는데, 그 내용은 이름 그대로 특정 사안에 관련된 노비 소송의 경우 일정 시기 이전에 발생한 사건에 대해서는 소송의 수리를 금지한 것이다. 또한 「호전」 '전택田宅' 조에서는 5년이 지난 사건의 수리를 원칙적으로 금지했는데, 이를 '청송聽訟 기한' 또는 '정소呈訴 기한'이라고 한다. 심지어 소를 제기하는 행위 자체에 대해서도 처벌했다. 소송은 한 번에 끝나는 법이 거의 없다. 이긴 자는 이긴 자대로 진 자는 진 자대로 판결에 불만을 품게 마련이고, 그 불만을 속으로 삭이기보다는 다시 재판을 해서 결국에는 이기려고 했다. 이렇게 여러 번 소송을 쉬지 않고 하는 사람에 대해서는 '비리호송非理好訟', 즉 까닭 없이 소송을 즐기는 사람이라 단정하여 사형 아래의 형벌인 전가사변全家徙邊 : 전 가족을 변방으로 강제 이주시키는 형벌으로 처벌했고, 이러한 소송을 수리한 관원은 장杖 100으로 처벌한 다음 다시는 벼슬살이를 못하도록 '지비오결죄知非誤決罪 : 그릇됨을 알고 잘못 판결한 죄'로 다스렸다.

때로는, 소송 자체를 금지하지는 않지만 판결의 최종 결과를 제시하여 소송을 억제하려고도 하였다. 1413년(태종 13)에 나온 '노비중분법奴婢中分法'이 그 대표이다. 당시 일어난 소송 중에 특히 노비 소송이 가장 많았는데, 대부분 상속에 따른 불만에서 불거졌다. 소송 당사자는 형제나 사촌 등 상속인이었다. 이 때문에 소송의 싹을 자르는 방법으로 분쟁의 대상이 된 노비를 반으로 나눠 원고와 피고에게 고루 주는 방안이 시행되었다. 이 법은 처음에는 어느 정도 효과를 거두었지만, 곧 악용되었다. 상속이 부모의 유언이나 법에 따라 이루어지긴 했어도 불만을 품은 어느 한 상속인이

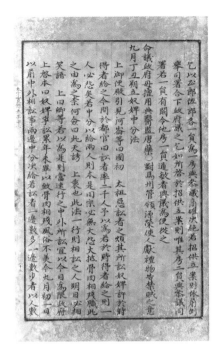

**〈그림 1〉『태종실록』, 태종 13년(1413) 9월 1일,
노비중분법을 제정하는 기사**

노비중분법이란 조선 초기 노비에 관한 쟁송(爭訟)
이 그치지 않은 탓에, 왕명으로 소송 중에 있는 노
비를 원고와 피고에게 똑같이 나눠주게 한 제도이
다. 2,000명이 소송을 하고 있다는 내용이 눈에 띈
다. 규장각한국학연구원 소장.

불균분^{不均分}이라고 제소하는 순간, 다른 상속인이 이미 정당하게 받은 노비를 절반에 맞춰 가져가는 일이 나타난 것이다. 승소하면 노비를 더 받고, 설사 패소하더라도 손해 볼 일이 없는 이상한 결과를 낳았기 때문에 노비중분법은 곧 폐지되었다.

정부의 지속적인 단송 정책에도 불구하고 조선시대 내내 소송은 계속 늘어났다. 형조나 장예원^{掌隷院} 등 사법기관 외에 임시로 기관을 설치해서 재판을 독려해도 결과는 마찬가지였다. 청송 기한으로 대표되는 단송 정책은 정당한 권리자를 희생시켜 분쟁을 종식하는 것이다. 즉 사건의 시시비비를 가리지 않은 채 오직 사건의 발생 시점만 문제 삼아 5년이 지난 사건의 수리를 금지함으로써 부당하게 재산 등을 차지한 이를 보호하는 결과를 낳았다. 그러니 억울함을 호소하며 단송 정책의 완화를 주장하는 논변이 필연적으로 나올 수밖에 없다. 그 결과 『경국대전』에 "토지를 훔쳐 판 경우, 소송이 5년 이상 지속된 경우, 부모의 유산을 독차지한 경우, 빌려서 경작하다가 땅을 차지한 경우, 세 들어 살다가 집을 차지한 경우(盜賣者, 相訟未決者, 父母田宅合執者, 因并耕永執者, 貰居永執者, 不限年―「호전」 '전택' 조)"에는 예외를 인정하여 비록 5년이 지났더라도 제소할 수 있게 하였다. 그리고 1518년(중종 13)에는 앞의

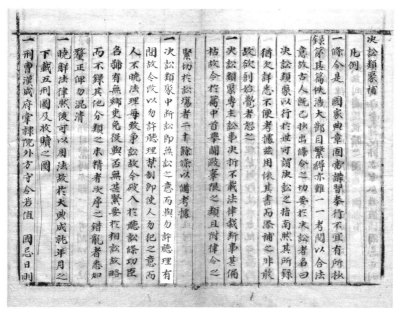

〈그림 2〉『결송유취보』「범례」
국가의 법령이 방대하기 때문에 소송에 관련되는 규정만 초록하였다. 여기에는 '단송(斷訟)' 항목을 '물허청리(勿許聽理)'로 변경한 이유가 밝혀져 있다. 규장각한국학연구원 소장.

두 가지 경우를 제외하고는 30년이 지나면 제소할 수 없도록 규정하여 단송 정책을 더욱 강화하였다.

그러나 단송 정책은 한편으로는 강력한 권리 의식, 다른 한편으로는 절차적 정의正義보다는 실체적 정의를 중시하는 관념 때문에 실패할 수밖에 없었다. 1585년(선조 18)에 간행된 『사송유취詞訟類聚』의 '단송' 항목을 약 50년 뒤 간행한 『결송유취보決訟類聚補』에서는 소송의 접수를 허용하지 않는 '물허청리勿許聽理'로 바꾸었는데, 그 이유를 「범례凡例」에서 "'단송'은 소송을 없게 한다는 뜻이나, 소송을 접수하지 않는, 즉 '재판하지 않는다'라는 의미와 차이가 있기(決訟類聚中 斷訟卽無訟之意, 而與勿許聽理有間 故今改以

勿許聽理) 때문"이라고 했다. 결국 무송 사회는 이상일 뿐이고, 소송을 현실적으로 수용하고 이를 합리적으로 해결하는 방향으로 선회할 수밖에 없었다. 이에 소송법도 자연스레 발달하게 되었다.

무엇 때문에 다투는가

사람들이 살아가는 모습만큼이나 분쟁의 양상도 다양하다. 돈 때문에 발생하는 채송債訟, 노비 소유권을 둘러싼 노비송奴婢訟, 묘지에 관련된 산송山訟 등이 분쟁에 따른 대표적인 소송이다. 조선 전기에는 노비송이 많았지만 후기에는 산송이 절대적이었다. 대부분의 소송은 경제적 이익 때문에 발생하며, 때로는 개인이나 가문의 사회적 위신이 관건이 되기도 했는데, 이런 소송일수록 오랫동안 심각하게 진행되었다. 이 외에도 다양한 갈등에 따른 소송의 종류가 많았다.

오늘날엔 거의 보기 힘든 옛날의 소송 사례를 몇 개 살펴보자.

생거진천生居鎭川, 사거용인死居龍仁

용인에 사는 어떤 사람이 벼락이 치는 통에 쏟아져 내린 돌무더기에 깔려 갑자기 죽었다. 사람들은 돌무더기를 치울 수 없어서 그대로 시신을 매장하였다. 그 사람이 저승에 가서 조사를 받으니, 죽을 때가 아니라며 이승으로 다시 돌려보내졌다. 그런데 영혼이 돌아갈 시신이 없어서 그냥 떠돌다가 진천까지 가게 되었다. 그곳에는 그 사람과 나이가 비슷한 부잣집 아들이 자식도 남기지 않고 죽었는데, 부모는 혹시나 하면서 죽은 아들을 매장하지 않고 있었다. 이에 용인 남자의 영혼은 그 시신에 들어갔고, 죽은 사람이 다시 살아났다. 되살아난 남자는 진천 이야기는 하지 않고 용인 이야기만 했다. 결국 진천의 부인은 용인을 찾아가서 수소문 끝에 모든 사실을 알게 되었다.

그렇게 해서 그 남자는 용인에서도 살고 진천에서도 살면서 각각의 부인에게서 아들들을 얻었다. 그럭저럭 살다가 그 남자가 죽었는데, 진천과 용인의 아들들이 서로 아버지의 혼백을 모시겠다고 다투었고, 결국 진천군수에게 소장을 올렸다. 소장을 본 진천군수가 "고인이 살아서는 어디에 살았는가?" 하고 물으니, "진천에서 살았다"라고 답하였다. 그러자 진천군수는 "살아서는 진천에서, 죽어서는 용인에서 살아라"고 판결하였다.

— 『한국구비문학대계』

지방자치단체의 홍보로도 활용되는 위 이야기는 아버지의 제사를 서로 모시겠다고 자식들 간에 다툰 사례이다. 이는 경제적 이해관계나 사회적 위신과는 관계없는, 오늘날의 관점에서 보면 소송거리가 전혀 되지 않는 것이다. 그러나 당시 인식에서 볼 때, 살아서는 아버지가 있었지만 죽어서 아버지가 없는 것(즉 제사를 모시지 못하는 것)은 사회적으로 용납되지 않았기 때문에 용인과 진천의 아들이 다투었고, 현명한 수령이 이 문제를 깔끔하게 해결했다.

그런데 위의 이야기는 오늘날 비슷하게 재현된 적이 있다. 2008년 11월 20일 대법원 전원합의체 판결은 위와 비슷한 사례를 다루었다. 어떤 사람이 본부인에게서 자녀를 얻은 뒤, 법적으로 이혼을 하지 않은 채 다른 부인과의 사이에서 자녀를 낳고 함께 살았다. 그 사람은 둘째 부인의 자녀와 함께 자신의 묏자리를 잡고 그들에게 제사를 부탁했다. 그 남자가 사망하자 첫째 부인의 아들들이 둘째 부인의 아들을 상대로 아버지의 제사를 지내겠다고 소송을 제기했다. 대법원에서 내린 결론은 이렇다. 장남이 당연히 제사를 잇는다는 관례에서 탈피하여 자녀들이 합의하여 봉사^{奉祀}를 결정하고, 그렇지 못하면 적자와 서자를 가리지 않고 장남·장손이 우선하며, 그것조차 안 될 경우 딸도 출생순으로 지낼 수 있다는 것이었다. 그러나 다수 의견에 대한 반대 의견도 있었는데, 제사를 지낼 후손을 그들의 다수결로 결정하거나 법원에서 정해줘야 한다는 의견, 그 밖에 매장이나 제사 방법에 대한 망인의 유언이 있다면 이를 존중해야 한다는 것이었다.

'누가 제사를 지낼 것인가'를 놓고 벌어진 이 분쟁은 생전에 아버지 없이 살아온 생활에 대한 설움을 해소하려는 목적이 밑바탕에 깔려 있었다. 소송에 따른 경제적 이익이 전혀 없고, 또 사회적 위신과도 상관없지만, 본인들에게는 아주 중요한 사안이었다.

씨·밭 논쟁-누가 아버지?

경남 하동 지방에 내려오는 이야기다. 한동네에 아들이 없는 부잣집과 아들이 많은 가난한 집이 있었다. 부잣집 마나님은 대를 잇고자 남편에게 양자를 들이자고 했으나, 남편은 묵묵부답이었다. 이에 걱정이 된 마나님은 가난한 집 남자와 이러저러해서 아들을 낳았다. 그 아들이 무럭무럭 자라자 이웃집 남자는 마나님에게 자기 아들이라면서 이를 이용해 한몫 챙기려고 하였다. 참다못한 마나님이 이 사실을 아들에게 털어놓았다. 아들은 어머니에게 걱정 마시라고 하면서 자기 생일에 동네 사람들을 모아 큰 잔치를 열어달라고 하였다. 생일 잔칫날이 되어 동네 사람들이 모이자, 아들은 다음과 같은 수수께끼를 냈다. "밭이 나란히 붙어 있는데, 씨앗을 뿌리다가 어떻게 해서 한 톨이 이웃집 밭으로 떨어져 곡식이 열렸다면, 그 곡식은 씨앗임자 것인가, 아니면 밭 임자 것인가?" 그러자 동네 사람들이 이구동성으로

"당연히 밭 임자 것이지"라고 답하였다. 이 대답을 들은 이웃 남자는 더 이상 말이 없었다.

— 『한국구비문학대계』

한 아비가 아들을 빌미로 재산을 차지하려는 욕심에서 분쟁의 싹이 튼 사례이다. 이는 아들의 재치로 쉽게 해결되었다. 얼마 전 호주제戶主制의 존폐를 둘러싸고 호주제를 찬성하는 유림 측에서는 아버지는 '씨'이고 어머니는 '밭'이며 밭보다 씨가 중요하기 때문에 자녀의 성姓과 본관本貫은 씨인 아버지를 따라야 한다면서 그 씨를 잇는 것에 바탕을 둔 호주제는 존속되어야 한다고 주장했다. 그런데 위 사례는 전혀 반대의 이야기를 하고 있다. 무엇이 옳을까?

다양한 분쟁의 사례는 또 있다. 퇴계退溪 이황李滉의 수제자 자리를 두고 안동 지역의 명문 사족인 풍산 유씨와 의성 김씨의 후손들은 200여 년 동안 다퉜다. 이른바 '병호시비屛虎是非'이다. 유성룡柳成龍의 후손과 그 제자들은 영의정을 지낸 유성룡이, 김성일金誠一의 후손과 제자들은 연장자인 김성일이 이황의 수제자이어야 한다며, 서원에서 퇴계 신주의 좌측에 있어야 한다고 서로 주장하였다. 2013년 5월에 두 문중과 유림의 대표가 합의하고 경상북도지사가 함께 선언하여 400여 년에 걸친 갈등이 해결되었다. 복잡한 정치적 명분이 깔려 있기는 하지만 아버지의 묘지명을 둘러싸고 윤증尹拯이 송시열宋時烈에 대해 사부가 아니라고 주장하여 벌어진 '회니시비懷尼是非'도 있다. 이 외에도 적자 없이 죽은 율곡栗谷 이이李珥의 적자 논쟁(이 사건은 식민지 시기까지 지속되어 1921년 당시 최고법원인 조선고등법원에서 내린 판결도 있다), 회재晦齋 이언적李彦迪의 서자와 양자의 후손 사이에 적통을 다투는 등 다양한 분쟁이 일어났다. 이는 모두 경제적 이익이나 권리 확보와 관계없는, 개인이나 집단의 주관적 만족을 위한 소송이라 할 수 있다.

이와 같은 분쟁은 오늘날의 관점에서 보면 별 것 아닌 듯이 보이지만 당시에는 목숨보다도 소중하여 결코 양보할 수 없는 문제였다.

어쨌든 해결해야 할 분쟁

갈등이 사회적으로 표출된 분쟁은 공식적으로 어떻든 해결을 해야 하는데, 그 방법은 다양하다. 가장 손쉬운 해결 방법은 분쟁 자체를 무시하거나 분쟁이 일어날 만한 일에서 떨어져 있는 것이다. 어느 한쪽이 힘으로 억누르거나 이사를 가거나 해서 관계를 단절하는 방법도 있다. '똥이 무서워 피하나 더러워 피하지'라는 우리 속담이 이를 잘 나타낸다. 그러나 이는 궁극적인 해결책이 아니다. 겉으로는 해결된 것처럼 보이지만, 속으로 곪아들어 언제 터질지 모른다. 결국 다른 사람이 개입하여 좀 더 적극적으로, 그리고 권위에 의해 종국적으로 분쟁을 해결해야 한다. 공식적인 권위로 분쟁을 해결하는 방법에는 대표적으로 재판이 있고, 비공식적인 방법으로는 조정調停이 있다.

처음에는 당사자들이 협상을 통하여 해결을 시도한다. 하지만 협상만으로 쉽게 끝날 일이었으면 분쟁으로까지 나아갔겠는가. '싸움은 말리고 흥정은 붙이랬다'는 말이 있다. 둘 사이에 협상이 되지 않으면 친구가 끼어들어 적당히 타협을 보게 하여 둘을 화해시킬 수 있다. 이것이 바로 '조정'이다. 그런데 그 내용이 아무래도 내게 불리한 것 같다. 또 그의 말을 듣지 않아도 아무런 불이익이 없는데, 굳이 따를 이유도 없다. 그래 끝까지 가보자. 하지만 원님 앞에까지 가기에는 거리도 멀고, 괜히 갔다가는 쓸데없이 트집만 잡혀 볼기만 맞을 수도 있다. 그렇다면 덕망이 높고 권위가 있는 마을 어른에게 분쟁을 해결해줄 것을 부탁하고 그 결정에 따를 것을 약속할 수도 있겠다. 그 결정에 따라 분쟁이 강제적으로 해결되기도 하는데, 이를 중재仲裁라고 한다. 이 결정에는 국가적 권위나 강제는 없지만 공동체의 권위가 있기 때문에 해결이 가능하다. 그러나 어느 한쪽이 분쟁 조정을 부탁하는 것 자체에 동의하지 않는다면 아무런 소용이 없다. 결국 모든 것을 무릅쓰고 재판을 감행해야 한다.

요컨대 분쟁을 해결하는 방법에는 당사자들끼리 자율적으로 처리하는 정치적 방법인 '협상'과 '조정'이 있으며, 제삼자가 개입하여 권위를 갖고 강제적으로 해결하는 사법적 방법인 '중재'와 '재판'이 있다. 가장 빠른 방법이 협상이라면, 궁극적 방법은 시간과 돈이 드는 재판이다. 협상과 조정이 당사자의 의지에 따른 자율적 방법이라면, 재판은 당사자의 의사와 관계없는 강제적 방법이고, 중재는 그 중간이다.

조선시대에 모든 분쟁이 재판으로까지 확대되지는 않았을 것이다. 조정이나 중재에 따르지 않은 사람은 공동체로부터 유·무형의 압력과 불이익을 받았을 것이다. 그러나 이런 방법만으로도 해결되지 않을 때가 분명히 생긴다. 이를 위해 관권의 도움이 필요하다. 다음은 마을의 공론만으로 최종적인 해결을 보지 못해서 관권의 힘을 빌린 사례다.

원님의 확인이 있어야 안심하지

내(문제준) 아내의 불미스런 일로 인해 변문거와 몇 달 동안 서로 소송을 하고 있는데, 이치가 꿀리는 것을 알아서 전후의 곡직을 불문하고 동네의 공론에 따라 화해하고, (변문거가) 재취할 때 들어간 비용 185냥을 변문거에게 준 뒤 법정에 알려서 문서를 받는 바, 나중에 다시 영구히 야료를 부릴 일이 없다는 뜻으로 이 수표를 작성한다. 계묘년 11월 초2일.

　　문재준(수표의 작성자)의 아내가 변문거의 재혼에 중매를 섰는데, 이유는 알 수 없지만 그 일이 수포로 돌아갔다. 변문거는 그 때문에 허비한 돈을 문재준이 책임져야 한다며 소송을 몇 달 동안 진행했다. 문재준은 소송에서 질 것 같아 동네의 공론에 따라 변문거에게 비용을 치러주었지만, 나중에 그가 다시 시비 걸 것을 우려하여 수표에 관(법정)의 인증을 받았다.

　　이 사례에서 보듯이 당사자 사이의 협상이나 조정, 나아가 중재까지도 구속력이 약했기 때문에, 결국 국가의 권위와 강제력이 뒷받침되는 재판이 분쟁 해결의 최종적 방법이 되었다. 재판은 공식적인 분쟁 해결 방법이므로 그만큼 절차가 까다로웠다. 우선 백성이 상전인 원님 등에게 호소하는 것이기 때문에 존경과 존엄을 표시하는 형식을 갖추어야 했고, 정해진 절차를 엄격히 지켜야 했다. 원님도 제 마음대로 재판해서는 안 되며 증거에 따라 판결을 해야 했다.

　　백성이 수령 등에게 재판을 요청하는 문서를 '소지所志'라고 하는데, 신청하는 사람의 신분에 따라 그 형식이 달랐다. 그것을 부르는 명칭도 달라서 양반이 신청하는 것은 '단자單子', 평민이 하는 것은 '발괄白活'이라고 하였다. 일반 백성이 지엄한 관에 재판을 요청하는 일이므로 소지를 작성할 때는 형식 자체에서 '존경'을 표시해야 했다. 이러한 형식을 지키지 않으면 억울함을 풀기는커녕 볼기만 맞고 관청에서 쫓겨날 수도 있었다. 이 때문에 각종 소지의 양식을 정리한 『유서필지儒胥必知』가 등장했다.

　　'선비와 아전이 반드시 알아야 하는' 『유서필지』는 백성이 관아에 호소할 때 사용할 수 있는 각종 문서 양식을 예문과 함께 수록해 놓았다. 이 서식집은 서리나 그와 유사한 계층이 1785년(정조 9) 이후 1844년(헌종 10)

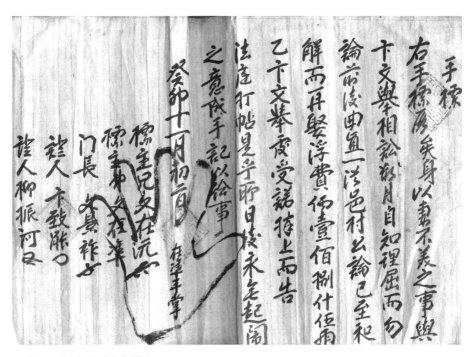

〈그림 3〉 문재준과 변문거가 작성한 수표
분쟁의 당사자들이 서로 화해한 뒤, 이에 대해 다시 관의 확인을 받은 사실을 기재하였다. 중권박물관 소장.

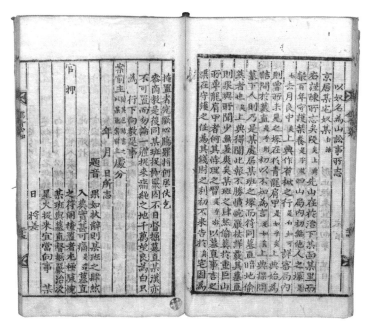

〈그림 4〉 『유서필지』 '노비 명의로 올리는 산송 소지'
서울에 사는 상전을 대신하여 노비가 소지를 올렸으며, 이에 대해 수령은 뎨김(제사)에서 피고와 함께 묘지를 침탈한 묘직노(墓直奴)를 잡아 올 것을 명령하고 있다. 규장각한국학연구원 소장.

이전에 편찬한 것으로 추정된다. 그중에서 재판과 관련되는 내용은 「격쟁원정擊錚原情」, 「소지所志」 등이다. 「격쟁원정」은 국왕이 거둥할 때 백성이 꽹과리 등을 쳐서 호소하는 것으로, 조상의 설원雪冤: 원통한 사정을 푸는 것과 관작官爵의 복구, 입후立後: 양자를 세우는 일와 산송山訟 등 4개의 서식이 소개되어 있다. 「소지」에는 9종 16항목이 소개되어 있는데, 신분과 절차에 따른 4개의 '산송' 양식, 돈을 받기 위한 '채송債訟', 집문서나 땅문서 등을 도둑맞거나 그것이 불타버렸을 때 나중에 다른 사람이 문서가 없는 것을 빌미로 다툴 경우를 대비하여 권리를 확보하기 위한 '입지立旨', 그리고 자기를 구타한 이를 처벌해줄 것을 호소하는 '구타毆打' 등이 있다. 『유서필지』에는 당시 일상적으로 발생하는 분쟁과 이에 대한 구제를 호소하는 방법이 잘 드러나 있다.

『유서필지』는 1844년의 판본을 비롯하여 한일합방 이후인 1911년 판본까지 있는 등 여러 곳에서 판을 거듭한 베스트셀러이자 스테디셀러였다. 『유서필지』가 판을 거듭하여 유통되었다는 사실은 당시에 그만큼 분쟁이 많았고 이를 공식적 절차인 재판으로 해결하려 했던 사회적 현실을 반영한다.

원고가 소지를 제출하면 수령은 이를 접수한 사실과 다음 절차 등을 간단하게 적어주었는데, 이를 데김^{題音} 또는 제사^{題詞}라고 한다. 제사(데김)를 받은 원고가 피

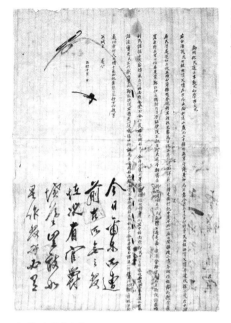

〈그림 5〉 산송소지(山訟所志)
상주에 사는 이돈구가 조상의 산소가 침탈되었다고 소지를 올리자, 수령은 데김에서 피고를 데리고 올 것을 명하였다.

고를 송정^{訟庭}에 출두시키고 피고가 원고의 주장에 대해 답변을 하면 재판이 시작되는데, 이를 시송다짐^{始訟侤音}이라 한다. 소송을 제기한 원고가 자신의 주장을 말하고 스스로 증거를 제출하는 등 모든 절차는 철저히 당사자가 진행했다. 한편 소송 기간이 늘어져 한 해 농사를 망치는 일이 없도록 하기 위해 원칙적으로 추분 이후 춘분 이전에만 재판을 열었는데, 이를 무개^{移開 : 추분 이후에 소송을 진행하는 것} 또는 무정^{移停 : 춘분에 소송을 중단하는 것}이라고 한다. 재판 절차는 법과 관행에 따라 진행되었다. 『사송유취』에는 이를 정리한 「청송식^{聽訟式}」이 있는데, 주된 내용은 위조문서를 감별하는 방법이다. 재판을 끌면 권리를 침해한 자가 유리해지는 반면, 진정한 권리자는 불리

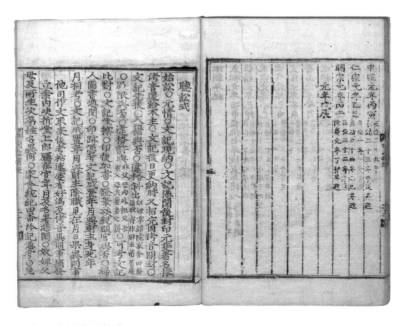

〈그림 6〉『사송유취』「청송식」

조선시대 재판 절차는 당시의 법과 관행에 따라 진행되었다. 『사송유취』「청송식」에는 바로 이러한 관행적 소송 절차가 정리되어 있는데, 조선 후기까지 이용되었다. 규장각한국학연구원 소장.

해진다. 이를 막기 위해 친착결절법親着決折法이 만들어졌다. 이는 재판이 시작된 뒤 50일 동안 까닭없이 30일 이상 출석하지 않은 이에게 시비곡직을 가리지 않고 패소 판결을 내려 소송의 촉진을 도모하고 진정한 권리자를 보호하기 위해서였다.

당사자들이 재판에서 자신의 주장을 다하고 증거를 모두 제출해야만 법관인 수령이 판결을 내렸다. 이를 결송입안決訟立案이라 하는데, 소송이 진행되는 동안 당사자들이 주장한 내용과 증거를 빠짐없이 기재하고 마지막에 판결을 밝혀 놓았다. 그런데 세상에는 공짜가 없는 법, 소송 비용인 질지作紙를 납부해야만 결송입안을 받을 수 있었다. 결송입안을 받는 데는 절차가 까다로울 뿐더러 비용도 많이 들기 때문에 조선 후기에는 이를 갈음하여 소지에 간단한 처분을 기재한 입지立旨가 성행했다. 결송입안은 사건의 해결을 명시할 뿐 아니라 이후에도 절대적인 효력을 갖기 때문에 소송 당사자는 이를 잘 보관해 두었다. 이 덕택에 많은 결송입안이 현재까지 전해오고 있다.

재판은 한 번에 끝나는 것이 이상적이다. 하지만 한 번의 재판만으로 결정짓는 것은 어쩐지 불합리하다. 그래서 재판에 승복하지 않는 이를 위해 상소 제도를 두었다. 국왕 – 관찰사 – 수령의 지방행정 체계에 따라 수령의 재판에 불복한다면 관찰사에게 다시 재판을 신청할 수 있는데, 이를 '의송議送'이라고 한다. 만약 관찰사의 처분에 대해서도 승복하지 못하겠다면 형조 등에 또다시 불복 신청을 할 수 있고, 최종적으로는 국왕에게 호소할 수 있었다. 다음은 이런 과정을 알 수 있는 『춘향전』의 한 대목이다.

이 도령님! 나 끝까지 갈거요

이러구러 분명 못 데려 가겠소? 진정 못 데려 가겠소? 종내 아니 데려 가시려 하오? 정 아니 데려가실 터이면 날 죽이고 가오. 그렇지 않으면 광한루서 날 호리려고 명문明文하여 준 것 있으니, 소지 지어 가지고 본관 원님께 이 사연으로 원정발괄原情白活 하겠소. 원님이 만일 당신의 귀공자 역성을 들어 낙송落訟시키거든, 그 소지 첨련添連하여 원정 지어 가지고 전주 감영 올라가서 순사도巡使道께 의송하면 도련님은 양반인 고로 편지 한 장만 부치면 순사도라도 동시 양반 편을 들어 또 나를 낙송시키거든, 그 제사題辭 또 첨련하여 가지고 한양 성중 들어가서 형한양사刑漢兩司 : 형조, 한성부, 사헌부, 사간원 비국備局 : 비변사까지 정呈하오면 도련님은 사대부로 좌청우촉左請右囑 결련結連 있어 또 송사를 지우거든, 그 제사題辭 모두 첨련하여 똘똘 말아 품에 품고 팔만

장안 억만가호로 촌촌걸식 다니다가 돈 한푼씩 빌어 얻어 동의전東衣廛에 들어가서 바리뚜껑 하나 사고 지전紙廛으로 들어가서 장지 한 장 사 가지고 언문으로 상언上言 쓰되 심중의 먹은 뜻을 세세 성문成文하여 가지고, 이월이나 팔월이나 동교로나 서교로나 능행거둥陵幸擧動 하실 때에 문 밖으로 내달아서 만인총중 섞였다가 용대기龍大旗 지나치고 협년자개창 들어서고 홍양산이 떠나오면 가교에나 마상에나 한가로이 지나실 때 왈칵 뛰어 내달아서 바리뚜껑 손에 들고 땡땡하고 세 번만 쳐서 격쟁擊錚까지 하오리다.

춘향은 서울로 떠나는 이 도령에게, 나중에 데리고 가겠다는 약속을 지키지 않으면 광한루에서 예전에 만났을 때 자신에게 써준 명문으로 소지를 지어 남원 원님, 전라 감사, 형조와 한성부, 사헌부, 사간원, 비변사에까지 소訴를 올릴 것이고, 마지막으로 국왕이 거둥할 때 격쟁 원정도 할 것이라며 을렀다.

지엄한 판결에도 억울함이 여전히 풀리지 않을 때가 있다. 알고 보니 판관이 상대방을 편들어 제대로 재판하지 않았기 때문이다. 그렇다면 내게 유리한 판관이 올 때 다시 소송을 하자, 그러면 반드시 내가 이길 것이다. 이런 심리는 상대도 마찬가지일 것이다. 이렇게 되면 소송이 무한정 길어질 수밖에 없다. 이를 막기 위해 처음에는 두 번 승소하면 소송이 종결되는 이도득신법二度得伸法을 적용했는데, 기술적인 문제와 재판의 공정을 위해 3판 2승, 5판 3승 등으로 확장했다가 최종 3판 2승으로 확립했다. 이를 위반하면 비리호송非理好訟 죄로 처벌하였다. 하지만 이것으로도 소송을 근절하거나 억제할 수 없었다. 조선 후기에는 심급審級에 따른 상소 제도를 두었는데, 이를 어기고 소송하면 월소越訴 죄로 처벌하였다. 그럼에도 불구하고 이는 제대로 지켜지지 않았고, 심지어 같은 소송을 여러 곳에서 제기

〈그림 7〉 〈화성행행도〉 중 '시흥환어행렬도' 부분

정조의 수원화성 행차 그림인 〈화성행행도(華城行幸圖)〉 8폭 병풍 중 제7폭 어가 행렬을 그린 '시흥환
어행렬도'의 부분으로(전체 그림은 이 책의 '권두 화보 : 미리 보는 조선의 법정' 참조), 사도세자의 묘
소인 현륭원을 참배한 뒤 창경궁으로 돌아오는 장면이다. 국왕의 거둥이 있을 때 백성은 격쟁을 통해
억울함을 직접 호소하기도 했다. 국립고궁박물관 소장.

하기도 했다. 소송이 끝나는 것은 나의 억울함이 풀릴 때다. 하지만 상대방은 오히려 억울함이 생기게 마련이다. 이 때문에 소송이 거듭되다 보니 결국 조선은 '동방소송지국'이라 해도 과언이 아닐 지경에 이르렀다.

왜 재판을 하는 걸까

분쟁이 생긴다고 해서 저절로 재판이 열리고 법정 다툼이 전개되는 것은 아니다. 주위 사람이나 어른이 나서서 다툼 당사자들을 말리지만, 결국 화해하지 못해서 법관 앞에서 얼굴을 붉히며 다투고 만다. 이제 둘 사이의 인간관계는 파탄이 나고, 나는 착하지만 상대방은 아주 나쁜 놈이라는 그야말로 선과 악, 정의와 불의의 대립만 남게 된다. 소지는 원통하거나 억울한 사정을 호소하는 것에서 시작하여 상대방뿐 아니라 조상이나 이웃까지 치열하게 공격하면서 권리 주장을 하여 자기의 정당성을 설득하고, 끝에는 그런 자신의 억울함을 풀어줄 것을 원님에게 울부짖는 글로 맺는다. 조선시대에는 피고를 '척隻'이라 일컬었는데, 척은 바로 '원수'이다. 재판을 거치면서 친한 사이는 원수 사이로 그 관계가 돌변해버린다.

재판의 목적과 기능은 분쟁을 해결하고 권리를 보호하여 사회질서──거창하게는 '사회정의'──를 유지하는 것이다. 재판의 대상이나 분쟁의 내용은 앞에서 본 것처럼 경제적 이익만이 아니라 사회적 위신의 보장 등 다양하다. 그런데 주목할 만한 사실은 개인의 주관적 만족을 위해서도 소송을 제기했다는 점이다.

흔히 '재판'이라고 하면 우리는 권위 있는 제삼자가 중립적인 지위에서 당사자의 주장을 유심히 듣고 판결하는 것만을 생각한다. 하지만 이것은 재판의 한 종류일 뿐이다. 아프리카의 나이지리아나 북극 지방의 이누이트 사회에서는 '노래 시합'으로 재판을 하여 분쟁을 해결하고 있다. 분쟁 당사자들의 한쪽이 합창단을 조직하여 상대를 조롱하는 노래를 부른다. 그러면 다른 쪽에서도 똑같이 대응한다. 합창단은 지역적 경계를 넘어 확장되며 가사도 훨씬 풍부해지고 다양해진다. 소송의 승패는 청중의 판단으로 결정된다. 이긴 자는 경제적 이익이나 권리를 확보하는 것이 아니라 약간의 사회적 위세만 얻을 뿐이다. 그러나 이 과정에서 다른 것을 얻는다. 이 시합에 참여함으로써 개인적 불만을 해소하여 심리적 만족을 얻고, 나아가 사회적 형평을 이루게 된다. 즉 승패는 잊히고, 갈등으로 소원해진 구성원 간의 관계가 정상적인 상태로 되돌아간다. 이누이트 사회의 재판은 인간관계의 회복이 주목적이고, 이는 노래 시합 과정을 통해 충분히 달성된다. 노래하는 과정, 즉 재판 과정에서 당사자의 억울함은 눈 녹듯 사라지고 일상으로 돌아가는 것이다.

억울하게 죽은 영혼은 저승으로 가지 못하고 황천을 떠돌면서 살아 있는 사람을 해코지하다가 신원(伸冤)이 되면 해결해준 사람에게 인사를 하고 그제서야 떠난다거나, 신원이 되지 않으면 자연재해가 계속 이어진다는 얘기가 있다. 이 이야기에는 결국 재판을 통해 단순한 경제적 이익에 관련된 권리 확인이나 확보를 넘어서 억울함을 풀어주고 더 나아가 사회 통합을 추구해야 한다는 생각이 깔려 있다.

재판을 바라보는 관점

오늘날 사람들은 재판이 필요악이라고 여기면서 법원의 분쟁 해결, 즉 재판에 대해 신뢰해왔다. 하지만 최근에는 〈부러진 화살〉이나 〈도가니〉 등 재판을 다룬 영화에서 보이듯이 법원에 대한 신뢰도가 낮아지고 있다.

그렇다면 조선시대 사람들은 어땠을까? 법관을 신뢰했을까? 억울함을 풀기 위해서는 재판이 거듭될 수밖에 없다. 하지만 앞서 소개한 '노래 시합'처럼 재판 과정에서 승패와 무관하게 양쪽 모두 억울함이 사라져 원만하게 해결이 날 수도 있다. 조선시대 법관은 때로 강자의 억지 주장을 그대로 수긍하기도 했지만 약자를 돕는 억강부약抑强扶弱의 사회정의를 실현하기도 했다. 또한 매끄럽게 재판을 진행하지 못해 당사자의 억울함을 풀어주기는커녕 뭇사람의 조롱거리가 된 예도 있다.

그래, 네가 판관이냐?

● 언제나 『논어』를 참조하여 업무를 보는 수령이 마침 죄수 3명을 재판하게 되었다. 첫 번째 죄인은 닭 한 마리를 훔친 사람이었다. 수령은 『논어』를 펼쳐 본 뒤, 그 죄인을 저녁에 사형시키라고 판결했다. 판결이 너무 무겁다고 아전이 아뢰니, 수령은 『논어』의 "아침에 도道를 들으면 저녁에 죽어도 좋다(朝聞道 夕死可矣; 「理仁」 8)"에 따른 것이라면서 눈을 부릅뜨고 꾸짖었다. 다음은 종鐘을 훔친 죄인이었는데, 수령은 석방을 명하였다. 그 이유 역시 『논어』의 "공자의 도는 종을 훔치면 용서할 뿐이다(夫子之道忠恕己而矣 — 「理仁」 15)""에 근거하였다. 마지막 죄수는 닭 도둑에게 사형이 내려진 것을 보고 자신도 당연히 죽게 될 거라 생각하였다. 그의 아버지는 3년 전

---

* 朝聞道 夕死可矣는 '아침에 도를 들으면 저녁에 죽어도 좋다'는 뜻으로, 참된 이치를 깨달았으면 죽어도 여한이 없다는 말이다. 그러나 어리석은 수령은 '도(道)'를 '도둑(盜)'으로 이해했다. 또한 夫子之道忠恕己 而矣는 '공자의 도는 충성과 용서일 뿐이다'가 제대로 된 풀이다. 이 역시 중국어 발음으로 동음이의어인 '鐘(zhōng)'과 '忠(zhōng)'을 똑같은 단어로 보고 오역한 것이다.

에 강도·살인으로 참수형을 당하였고, 그 역시 강도·살인을 저질러 판결을 기다리고 있었다. 문서를 살피던 수령은 벌떡 일어나 죄수에게 큰절을 하고 "아버지가 살아 계실 때에는 그 뜻을 살피고, 아버지가 돌아가신 후에는 그 행적을 살펴서 3년이 지나도 아버지의 도를 바꾸지 않으면 효라고 하였는데(父在觀其志 父沒觀其行 三年無改於父之道 可謂孝矣-「學而」12), 당신은 아버지를 이어 강도·살인을 하였으니 큰 효자이다"라고 칭찬하였다.

● 재판은 하지 않고 돈만 밝히는 원님이 있었다. 원고가 오니 아전이 가서 먼저 곁채에 불러 놓고 은근히 돈을 요구하였다. 이를 알아차린 원고가 원님과 현관에게 방에 있는 초롱에 불을 붙여달라고 하였다. 원님과 아전이 "밝은 대낮에 왜 불을 붙이냐" 물으니, 그는 "방이 너무 어두워서 돈을 셀 수 없다"고 답하였다.

—『한·중 소화의 비교』

『논어』밖에 모르는 무식한 수령을 조롱하고, 돈을 요구한 원님을 면전에서 비웃는 이야기다. 이 이야기는 재판에 대한 기대를 허물어버리는 공정하지 못한 재판, 정의가 아니라 돈과 권력이 중심이 되는 재판을 풍자하고, 제대로 된 재판에 대한 염원을 표현하고 있다.

그래도 믿을 것은 재판뿐

● 한 농부가 부잣집 부부와 함께 배를 타고 가는데 사람이 많은 데다 바람까지 심해서 어쩌다 부잣집 부인의 발을 밟았다. 이 때문에 임신 7개월인 그 부인이 유산을 해버렸다. 부자는 농부를 상대로 소송을 하였다. 원님은 농부에게 부인을 데리고 가고 모든 비용은 부자가 대며 부인이 임신 7개월이 되면 부자에게 돌려보내라고 판결하였다.

● 어떤 가난한 병자가 병을 고치는 방법은 쇠고기를 먹는 것뿐이라고 들었다. 쇠고기를 살 돈이 없어 결국 죽기만을 기다리고 있는데, 마침 그때 이웃 부자가 쇠고기를 구워 먹었다. 그 냄새를 맡은 병자는 거짓말처럼 병이 나았다. 이 이야기를 들은 부자는 심술이 나, 쇠고기 굽는 냄새를 맡아서 병이 나았으니 약값을 달라고 병자를 상대로 소송을 하였다. 원님은 병자에게 약값을 주라고 판결하여 병자는 동전을 원님에게 바쳤다. 원님은 그 돈을 흔들어 소리를 내어 보이면서 약값이라고 하였다. 부자가 그 돈을 받으려고 하자, 원님은 그 돈을 도로 거두며 고기 냄새 맡은 값과 돈 소리를 들은 값이 서로 같다고 하면서 병자에게 돈을 돌려주었다. 부자가 나가려고 하자 원님이 그를 불러 세워 재판한 값을 내라고 하였다.

—『한·중 소화의 비교』

힘 있는 자가 괜히 까탈을 부리고 심지어 재판을 이용하여 약한 자를 못살게 구는 현실을 원님이 재치로 해결하고 나아가 힘없는 이의 억울함을 풀어주고 억강부약을 실현하는 모습을 그리고 있다. 이런 이야기가 전해지는 것은 참된 재판에 대한 기대와 함께 현명한 판결을 기다리는 소박한 심정의 표현이다. 이러한 심정을 저버리면 어떻게 될까?

그 놈의 양물陽物을 물어라

얼떨결에 원님이 된 사람이 있었다. 어떤 사람이 자기가 기르던 관가의 소가 죽었다고 아뢰었다. 원님은 "하찮은 일을 왜 가지고 오냐"며 나무랐다. 이를 본 부인이 원님에게 해결책을 알려주었다. 또 누가 와서 이웃 사람이 제 어미를 죽었다고 고소하였다. 원님은 옳거니 하면서 "네 어미의 머리와 팔다리, 가죽은 관에 바치고, 고기는 팔아 송아지를 사서 길러 네 어미로 삼아라"고 판결하였다. 이것을 본 부인이 기가 막혀 직접 나서기로 하여 수령 곁에다가 병풍을 두고 그 뒤에서 가르치기로 하였다. 남편에게 "손을 뒤집으면 장령을 시켜 '그 어미를 죽인 자를 잡아들여 고신拷訊을 하고 자백을 받으라'고 말하십시오"라고 하였다. 죄수를 동헌 아래에 꿇어앉히자, 부인이 손을 뒤집었고, 원님은 시킨 대로 하였다. 한참 있다가 부인이 서로 약속한 신호를 깜박 잊고 무심결에 손을 뒤집었다. 그러자 원님은 "다시 뒤집어 그를 쳐라" 하고 명하였다. 이것을 본 부인은 웃음을 참지 못하고 손가락을 입으로 물었다. 그러자 원님은 "그 놈의 양물을 깨물어라"라고 명했다. 결국 부인은 남편을 불러 "이렇게 하다가는 사흘이 되지 않아 민란이 일어날 것이니, 야반도주하는 편이 나을 것입니다"라고 하였다. 그 다음 날 동헌에는 아무도 없었다.

—『기이재상담記伊齋常談』

아무것도 모르는 사람이 원님이 되어 부인 덕에 간신히 재판을 해나갔는데, 그마저도 제대로 하지 못해 결국 스스로 도망갔다는 이야기다. 여기서 눈여겨볼 대목은 '사흘이 되지 않아 민란이 일어날 것'이라는 구절이다. 현명한 법관의 공정한 판결을 통해 백성은 원억冤抑이 해소되기를 바랐다. 그러나 이러한 작은 소망이 무너지면 백성은 권리를 스스로 실현하고 억울함을 씻기 위해 일어날 것이다.

똑같은 사람들만 사는 세상, 그래서 다툼이 없는 삶은 어떨까? 만나기만 하면 다투는 사회는 또 어떨까? 분쟁이 끊이지 않는다면 그 사회는 아마 불안해서 도저히 살 수 없을 것이다. 분쟁과 재판은 필요악이다. 이는 예나 지금이나 마찬가지. 물론 재판에 대해 거는 기대도 한결같다.

【 2장 】

법정의 풍경

판결문을 통해 소송의 진행 상황을 확연히 파악할 수 있게 하는 것이 조선시대 민사소송의 한 특징이다. 소송의 진행 과정이 그대로 보여지면서 한쪽 당사자의 논거가 빈약해지는 모습이 드러날 뿐 아니라, 심리하는 상황도 알 수 있어 판결의 정당성과 공정성이 확보되는 측면이 있다.

송정, 전통 시대 법정의 모습

동헌 가운데에는 사또가 위엄을 갖추어 의자에 정좌해 있고, 그 좌우에는 지위가 제법 높아 보이는 고을 관속들 몇이 늘어서 있다. 마루 옆에는 한 아전이 엎드려 종이에 무언가를 열심히 적는다. 대청 밑은 기단 구실을 하는 섬돌이 있고, 거기서 마루로 오르는 계단도 놓여 있다. 섬돌 위에도 양쪽으로 두 사람이 서 있다. 원님이 조용히 얘기하더라도 그들이 분부를 받들어 아래로 호령하며 전한다. 마당에는 아전들이 두 줄로 넓게 벌려 늘어서 있다. 그들 중에는 군졸 복장을 한 이도 보인다. 나름대로 서 있는 질서가 있음이 확연하다. 이 두 열 사이의 뜰에는 두 사람이 고개를 숙인 채 나란히 앉아 있다. 두 사람의 관계는 좋아 보이지 않는다. 심히 다투는 듯하다.

소송이 진행되는 조선시대 법정의 모습이다. 당시에는 일반적으로 법

〈그림 1〉 구한말 소송 모습(위)

대한제국 시기의 통감부 간행 자료에 실려 있는 사진으로, 송사의 모습을 담고 있다. 구한말의 소송 모습이지만, 조선 전기의 재판 제도가 말기까지 유지되었음을 감안한다면, 전통 시대의 법정 풍경이라고 보아도 크게 틀리지는 않을 듯하다.

〈그림 2〉 송정에서 다짐을 제출하는 모습(아래)

조선 후기 김윤보의 풍속화첩인 『형정도첩』에 실려 있는 민사 법정의 모습이다. 구한말의 사진에 나오는 풍경과 다르지 않다.

정을 송정訟庭이라 하였고, 재판을 담당한 법관은 송관訟官이라 불렀다. 그때의 광경을 이처럼 눈으로 보듯이 생생하게 묘사할 수 있는 것은 대한제국 시기의 통감부 간행 자료에서 조선의 풍속으로 예전의 재판이라며 소개하는 사진 덕분이다〈그림 1〉). 이것이 전통시대의 송사 풍경을 담고 있다고 보아도 크게 무리는 없을 것 같다. 19세기 말엽의 풍속화로 보이는 김윤보金允輔의 『형정도첩刑政圖帖』에 나오는 송정의 장면〈그림 2〉)도 이와 크게 다르지 않기 때문이다. 조선 전기에 정립된 재판 제도의 틀이 형식적으로는 조선 말기까지 거의 유지되었기에, 1583년(선조 16) 9월 전라도 나주 관아의 뜰에서 벌어진 소송도 이와 같은 풍경이었으리라.

그때 관아 대청마루에서 관복을 단정히 입고 위엄 있게 내려다보며 소송을 지휘하는 이는 이제 갓 부임한 나주목사 학봉鶴峰 김성일金誠一이다. 조선시대에 지방은 주州·부府·군郡·현縣으로 편제되었고, 거기에는 목사牧使·부사府使·군수郡守·현감縣監이 수령으로 파견되어 행정을 맡았다. 당시에는 이런 원님이 법관의 역할도 수행하였다. 아니, 어쩌면 법관으로서 맡는 소송 처리가 가장 중요한 임무였다고 해야 할 것이다. 소송을 처리하는 일은 수령의 업무 수행 능력을 평가하는 기준일 뿐 아니라, 아전에게도 미루지 못하고 몸소 해야만 하는 일이었기 때문이다. 김성일은 부임하자마자 법관으로서 뛰어난 자질을 과시하여 그 명성이 퍼지고 있었다.

뜨락에 앉아 있는 두 사람은 모두 나이 지긋한 노인네이다. 멀쩡한 자기 아들을 노비로 삼았으니 양인임을 확인해달라는 목청 높은 소리가 들린다. 원고 윤원의 목소리다. 그의 상대방, 곧 피고는 임경수이다. 노비이니 아니니 하는 말이 오가는 것으로 보아, 신분에 관한 소송이다. 조선의 신분제도에 관해 여러 이야기들이 있지만, 대체로 양천제良賤制라고 하는 질서를 말한다. 조선시대의 사람들은 양인이나 천인 가운데 하나로 태어나며, 특별한 예외가 없는 한 그 신분으로 살다가 죽는다. 그뿐만 아니라 그 신분은 자손에게 대물림된다. 양인이 자유민이라면 천인은 노예이다. 조선시대의 노예 계층인 노비는 재물처럼 취급되기도 하고 형법상의 보호도 양인보다 덜 받는 질곡 속의 존재이다. 그 때문에 할 수만 있다면 사람들은 노비이기보다는 양인이고자 했다. 실제로 갖은 방법을 써서 양인으로 행세하려는 노비들의 노력이 심심찮게 나타난다. 그 수단의 하나로 소송이 이용되기도 했다.

결송입안, 소송의 모든 과정이 나타나는 판결문

우리는 지금으로부터 꼭 430년 전 전라도 한 귀퉁이의 고을에서 열린 법정의 모습을 이야기하고 있다. 이것이 가능한 까닭은 당시 사건의 판결문이 실려 있는 결송입안決訟立案이 남아 있기 때문이다. 다시 말해 당시의 판결문이 전해오는 덕택에 오늘날의 우리도 그 사건에 대하여 소상히 파악할 수 있는 것이다. 그런데 혹시 오늘날 판결문을 받아보거나 한 일이 있는 사람은 이에 대해 의문을 가질 것이다. 지금의 판결문을 봐서는 사건의 본말까지 알기가 어렵기 때문이다. 현재의 판결문은 크게 주문主文과 판결이유로 이루어진다. 주문에서는 예를 들면 "피고는 원고에게 돈 50,000,000원을 지급하라"는 식으로 재판의 결론이 나온다. 판결이유에서는 판결에 대한 논리적 경위를 밝힌다. 하지만 법원에서 처리하는 사건이 많다 보니 판결이유는 소략한 경우가 적지 않고, 소액 사건에서는 판결이유를 아예 생략한다.

이제까지 우리 법원은 사건이 과다하다는 이유로 판결문에 판결이유를 쓰지 않아도 되는 경우의 범위를 확장해왔고, 판결이유에서 사실관계를 생략할 수 있다는 입법을 하기도 했다. 그리하여 우리의 판결문은 외국의 것에 비해 매우 짧은 편이며, 판결문만 봐서는 도대체 어떠한 사실관계에 법 적용을 한 것인지 알기 어려운 경우도 더러 있다. 반면, 조선의 결송입안에는 소송의 경과가 그대로 담겨 있을 뿐 아니라 당사자가 제출한 증거와 주장이 모두 날짜별로 수록되어 있다. 오늘날의 판결문에 해당하는 것은 문서의 끝자락에 자리한다. 여기에는 결론에 이르게 된 이유를 적고서 지금의 주문에 해당하는 것을 붙인다. 지금의 시각에서 설명하자면, 조서와 증거까지 판결문에 다 기재하는 방식이라 할 수 있겠다. 간략히 정리하면 다음과 같은 순서이다.

① 판결문을 발급한 날짜와 관청 이름
② 소지所志라고 하는 소장訴狀의 내용
③ 시송다짐(소송 개시에 대한 양 당사자의 합의)
④ 원고와 피고의 최초 진술
⑤ 이후 당사자들의 사실 주장과 제출된 증거
⑥ 결송다짐(양 당사자의 변론 종결 확인과 판결 신청)
⑦ 판결

이처럼 판결문을 통해 소송의 진행 상황을 확연히 파악할 수 있게 하는 것이 조선시대 민사소송의 한 특징이다. 소송의 진행 과정이 그대로 보여지면서 한쪽 당사자의 논거가 빈약해지는 모습이 드러날 뿐 아니라, 심리하는 상황도 알 수 있어 판결의 정당성과 공정성이 확보되는 측면이 있다. 이는 판결이 적정했는지를 상급 기관에서 그 문서만으로 확인할 수 있는 방법도 되었을 것이다. 이런 이유로 재판의 전 과정이 판결문에 기록되는 관행이 생겼을 것이다. 재판의 전 과정을 기록하는 만큼, 증거가 많이 제출되는 사건인 경우에는 판결문의 분량 또한 방대해질 수밖에 없다. 따라서 대부분의 판결문들은 빠른 필기체인 초서草書로 기록되어 있다.

판결문들이 결송입안의 형태로 전해진다고 했는데, '입안立案'이라는 것은 사람들 사이에 이루어진 법률 행위에 대해 관청에서 증명해주는 제도를 말한다. 토지·건물·노비의 매매나 양도를 했을 때, 혹은 입양을 할 때 계약 당사자는 관에 가서 그에 대한 공증을 신청할 수 있다. 그러면 관청은 그 사실을 확인하고 나서 그것을 인증하는 문서를 발급해준다. 이를 입안이라고 한다. 예를 들어 두 사람 사이에 토지 매매가 이루어진 경우, 매수인이 그간에 작성되었던 매매계약서와 함께 소지라고 하는 신청서를 관아에 제출하면, 담당 관청은 매도인, 증인, 계약서 작성인(필집筆執), 그 밖의 관계자를 불러 진술을 받고 사실을 확인하여 입안을 발급해준다. 그리하여 여기에는 계약서와 함께 입안을 신청하는 소지, 관계자들의 진술, 관청의 처분이 모두 붙어 있다. 판결에 대해서도 이처럼 공증을 신청하여 입안을 받을 수 있다. 이것이 바로 결송입안이다. 이때는 이미 소송에서 사실관계와 법률관계의 확인이 이루어진 상태이므로 바로 발급될 수 있었을 것이다.

이렇게 거래 문서를 가지고 관청에 가서 입안을 받아 오면, 이는 거의 현재의 공문서와 같은 증거력을 갖는다. 실제로 소송에서도 입안 문서에 대해서는 특별한 반증이 없는 한 그 내용을 그대로 인정했다. 입안을 받지 않은 문서는 백문기白文記라고 부른다. 이러한 백문기가 제출되면 상대방은 인정하지 않는 것이 보통이다. 송관 또한 관련자들을 다시 불러들여 사실을 확인하는 등의 절차를 진행한다. 결송입안도 쟁송爭訟을 통해 확인된 자신의 권리를 공식적으로 증명해주는 것이라서 당사자에게는 중요한 권리 문서이다. 소중히 보관하지 않을 수 없다. 그리하여 이제까지 전해지는 결송입안들은 대부분 큰 가문에서 자기 집안과 관련된 권리 문서로 소중히 보관되어 내려오는 것들이다. 그런데 학봉의 판결문들이 남아 있는 유래는 이들과 다르다.

학봉의 판결문, 숨어 있던 서민 사회상의 보고

윤원과 임경수의 다툼(이하 '윤원·임경수 소송'이라 부름)이 실려 있는 판결문은 경상북도 안동의 의성 김씨 가문에 전해 내려오는 것으로, 현재 김성일의 종손 집안에서 소장하고 있다. 종택의 운장각雲章閣에는 학봉의 유물을 비롯하여 집안 선조의 유물이 15,000여 점 가까이 보관되고 있다. 각종 문화재로 지정된 것만도 몇 십 점에 이른다. 그 가운데 56종 261점의 전적典籍이 한데 묶여 보물 제905호로, 17종 242점의 고문서가 일괄하여 보물 제906호로 지정되어 있다. 이 고문서들에서 결송입안이 6건 있는데, 이들 가운데 단 하나만 '강희康熙 61년'(1722)이라고 발급 날짜가 나와 있을 뿐, 나머지 다섯 개의 문서는 모두 앞부분이 떨어져 나가 발급한 기관과 날짜를 알 수 없는 상태였다.

이 때문에 5건의 결송입안은 연원을 알 수 없는 미스터리로 남아 있었다. 발급한 기관과 연대를 알 수 없을 뿐 아니라, 그 내용 또한 의성 김씨와 전혀 관계없는 것들이었기 때문이다. 하지만 최근에 이에 대한 분석과 연구가 시도되었다. 알다시피 당시에는 연도를 간지干支와 연호年號로 표시했다. 윤원·임경수 소송이 진행된 해는 계미년이다. 증거로 제출된 문서

〈그림 3〉 학봉 종택
맨 오른쪽에 가려진 건물이 운장각으로, 김성일 집안의 유물이 여기에 보관되어오다가 현재는 바깥에 따로 유물관을
만들어 전시하고 있다.

들은 가정嘉靖 14년과 31년, 곧 1535년과 1552년의 것이다. 노비 매매 시
점이라 주장되는 것은 가정 45년과 만력萬曆 8년(1580)이다. 호적은 기묘,
임오, 을유, 무자, 신묘, 갑오, 정유, 경자, 기유, 임자, 무오, 정묘, 경오, 계
유, 기묘년의 순서로 조사되었다. 이들 가운데 '화회문기和會文記'라 불리는
1535년(중종 30)의 상속 문서에는 "양금 나이 32 갑자년생"이라는 부분이
보인다. 그런데 이 판결문에서는 분쟁의 대상이기도 한 윤원의 아내에 대
하여 "양금 나이 80 갑자년생"이라 하고 있다. 이렇게 되면, 판결이 난 계
미년은 1583년(선조 16)이라 해야 앞뒤가 맞는다.

문서가 어디에서 발급되었는지도 알기 어려웠다. 다만 문서에 등장하
는 지명들이 광주, 함평, 영암, 남평 등지인 것으로 보아 대체로 전라도 지
역이리라는 짐작은 할 만하다. 그리고 판결한 이의 관직으로 '사使'자가 보

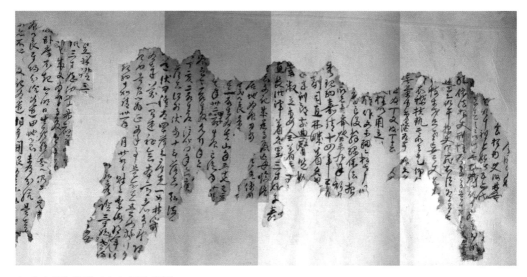

〈그림 4〉 윤원·임경수 소송의 판결문 앞부분
학봉의 판결문들은 모두 발급한 기관과 시기가 나오는 앞부분이 떨어져 나가 있다. 이 때문에 오랫동안 그 연원이 밝혀지지 못했다.

이므로 목사나 부사가 다스리는 지방일 것이다. 목사가 판결한 곳이라면 나주, 제주, 광주 가운데 하나일 것이며, 부사라면 남원, 장흥, 순천, 담양 중에 있을 것이다. 판결문의 내용을 보더라도, 현감이 다스리는 함평에서는 이곳 관아에 첩정牒呈을 올리는데 이곳 수령은 관關을 내려보낸다. 하급이나 동급의 관청에 보내는 공문을 '관'이라 하고, 상위 관청에 올리는 공문을 '첩정'이라 부른다. 그런데 광주관과 서로 관을 주고받는다. 그렇다면 이곳의 우두머리는 광주관과 같은 지위인 목사라 할 것이다. 목사가 관할하는 지역들에서 광주를 빼면 제주와 나주가 남는데, 이 가운데 문서의 다른 지명들, 곧 광주, 함평, 영암, 남평 등과 관련 깊은 쪽은 나주이다〈그림 5〉 참조).

이와 같은 분석의 결과, 윤원·임경수 소송은 1583년(계미년, 선조 16) 10

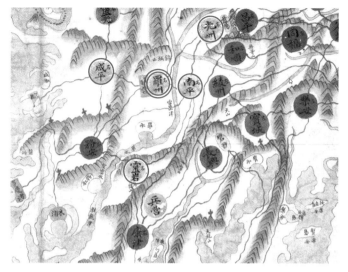

〈그림 5〉 대동총도(1750년대) 일부
학봉의 판결문에는 함평, 영암, 남평, 광주 등 나주를 둘러싼 지명들이 등장하고 있어,
나주에서 발급되었을 가능성이 높다.

월 나주관에서 판결이 난 사건임을 알 수 있다. 또한 이때의 법관이 학봉
김성일이라는 사실도 밝혀진다. 1583년(선조 16) 8월에서 1586년 12월까지
나주목사가 그이기 때문이다. 이 소송 문서의 연원이 확인되면서 연대가
떨어져 나간 다른 네 판결서들의 연대와 발급 기관 확인도 가능해졌다.

　이들 문서는 다 의성 김씨 가문과 아무 상관없는데도 학봉의 종손 집
안에 보존되고 있다. 그리고 모두 목사가 판결한 것으로 나주 인근 지역,
곧 현재의 전남 지방 지명들이 등장한다. 그래서인지 말미에 항상 창율생
과 준율생이라는 아전의 이름과 서압署押이 붙는 형식도 일치한다. 한 판
결문은 대부분이 떨어져 나가 조각만 남았으나 그 끝에 심철주라는 이름
이 있으며, 다른 문서에서도 '창율생 심철주'를 확인할 수 있어 이 둘이 비
슷한 시기에 같은 기관에서 나온 문서임을 알 수 있다. 또한 판결이 난 해

의 간지가 서로 붙어 있다. 계미, 갑신, 병술로서, 간지 표기의 약점인 60년 오차의 가능성을 무시한다면 4년 사이에 몰려 있는 셈이다. 이 가정을 밀어붙인다면, 1583(계미), 1584(갑신), 1586년(병술)으로, 김성일이 나주목사로 재직한 기간과 정확히 일치한다. 이렇게 볼 때 앞부분이 떨어져 나간 이 판결문들은 모두 김성일이 나주목사로 있으면서 처리한 소송에 관한 것들이라 할 수 있다.

이런 판결문이 소송 당사자의 가문이 아니라 판결한 관리의 집안에 보존되고 있는 것은 참으로 드문 일이다. 까닭은 알기 어렵다. 기념으로 보관했던 것일까? 아니면 뒷날 잡음이 생길지 모를 것을 대비하여 증명용으로 보관했던 것일까? 이런 이유들이라면 이 판결문들은 원본일 수도 있다. 결송입안인 경우 그것이 입안임을 표시하는 문구가 앞부분에 나오는데, 이들 문서는 앞부분이 닳아 없어져 확인할 수 없다. 하지만 김성일이 자신의 권리와 무관한 이들의 입안을 받을 리는 없다. 혹, 당사자들이 결송입안을 찾아가지 않았던 것인가? 이들 판결문은 다른 결송입안과 달리 큰 가문에서 권리를 증명하기 위해 보관해온 것이 아닌 탓에, 일반 서민에 얽힌 것이 많고, 따라서 하층민의 치열한 삶을 엿볼 수 있어 오히려 소중한 자료가 된다.

시송다짐, 어렵게 이루어지는 소송의 개시

오늘날 소송을 하려면 소^訴를 제기하고자 하는 이가 상대방인 피고^{被告}의 주소지를 관할하는 법원에 소장을 제출하는 것이 원칙이다. 이 원칙은 조선시대에도 같았다. '척^隻'이 있는 관청, 곧 척재관^{隻在官}에 소지를 제출하도록 되어 있었다. '척'이란 피고를 가리키는 말이다. 남에게 원수지지 말라는 뜻으로 쓰이는 '척지지 말라'는 말도 여기서 나왔다고 한다. 일반적으로 조선시대 판결문에는 이 용어가 쓰였다. 『경국대전』에서는 '피론被論'이라고 했다. 원고는 그때도 원고元告라고 했는데, 지금의 용어와는 한자가 다르다(오늘날의 용어는 '原告'라 하는데 조선시대에도 이처럼 썼던 예가 보이기도 한다). 원고와 피고를 함께 부를 때는 '양척兩隻' 또는 '원척元隻'이라 했다.

이와 같이 재판권을 지역적으로 분장하는 것에 대해 현재는 '토지 관할'이라는 용어를 쓰고 있다. 조선시대에는 지방관청이 행정 업무와 사법 업무를 모두 통할했으므로, 지방에서 토지 관할은 고을의 수령, 곧 목사, 부사, 군수, 현령의 직무상 책임이 미치는 범위와 일치한다. 즉 원고는 피고가 속한 주, 부, 군, 현의 관청에 제소해야 하는 것이다.

서울 지역에서는 사정이 약간 다르다. 중앙에서는 소송을 담당하는 관청으로 장예원掌隷院, 한성부漢城府, 형조刑曹, 사헌부司憲府가 있었다. 장예원은 노비에 관한 송사에, 한성부는 논밭과 집의 송사에 대해 관할권을 갖고 있었다. 형조는 민형사를 모두 포함하는 사법 전반을 관할했고, 지방에서 올라온 민사소송 가운데 전토田土에 관한 것은 한성부로 이관하고 노비에 관한 것은 장예원에 내려 재판하도록 했다. 그 밖에 왕실 종친에 관계된 소송은 종부시宗簿寺에서 담당하는 것이 원칙이었다.

소장, 곧 소지를 제출했다고 해서 소송이 바로 시작되지는 않는다. 원고만으로는 절차가 진행될 수 없기 때문에 피고를 출석시켜야 한다. 하지만 피고를 송정에 데려오는 일은 쉽지 않다. 제출된 소지에다 수령은 그저 '피고를 데려오라'고만 써줄 뿐이고, 실제 피고를 데려오는 일은 원고의 구실이었다. 소지를 접수한 관청은 그에 대한 처분을 소지의 여백에 직접 써주었다. 이를 데김題音 또는 제사題辭라고 한다. 척은 그 상황에서 이익을 보고 있는 경우가 보통이므로 농사일이 바쁘다거나 부모님이 병환 중이라는 따위의 핑계를 대면서 응하지 않는 것이 일반적이다. 몇 번에 걸친 뎨김에도 피고가 출석하지 않으면, 관장官長의 명을 거역한 놈이라 하여 형리를 시켜 잡아오기도 한다.

"우리들은 정정당당히 소송을 하겠습니다. 원고와 피고 가운데 30일간 까닭 없이 소송에 임하지 않거든 법에 따라 판결하십시오."

송정에 나온 원척은 위와 같이 다짐을 하고서 소송을 진행한다. 이를 '시송다짐始訟侤音'이라 한다. "법에 따라 판결"하라는 것은 『경국대전』「형전」 '사천私賤' 조의 "노비 소송에서 원고나 피고의 한쪽이 스스로 이치에 맞지 않는 줄 알고서 여러 달 출석하지 않는 경우, 두 차례 노복奴僕을 가둔 뒤에도 30일이 차도록 출석하지 않는 경우, 소송 개시 후 50일 안에 까닭 없이 송정에 나오지 않는 날이 30일이 넘는 경우에는 송정에 출석한 쪽에 승소 판결한다"는 규정을 말한다. 그래서 "『대전』에 따라 판결하십시오" 하고 말하기도 한다. 앞부분이 떨어져 나간 윤원·임경수 소송의 판결문에는 이 내용이 보이지 않지만, 학봉의 다른 판결문을 비롯한 대부분의 결송 입안에서와 마찬가지로 여기서도 이런 시송다짐을 하였을 것이다.

원척의 대립, 압량위천인가? 반주설계인가?

윤원이 소를 제기한 까닭은 자신의 아들인 윤손이 양인인데도 임경수의 집안에서 노비로 차지하고 있으니 시비를 가려달라는 것이다. 어미인 양금과 아비인 자신이 양인이니 아들 윤손도 양인인 것은 당연할진대, 임경수 집안이 양금을 자기네 노비라 하면서 그 아들인 윤손까지 종으로 삼아버리는, 이른바 압량위천壓良爲賤: 양인을 강제로 노비로 만드는 것을 자행하였다는 주장이다. 당시에는 부모 가운데 한쪽만 천인이어도 그 자녀들은 노비가 된다. 어버이가 모두 노비일 때는 그 자녀의 신분도 노비인 것은 말할 것도 없으며, 다만 그 역은 어미 쪽을 따르도록 되어 있었다. 따라서 어머니인 양금이 임경수 집안의 계집종이라면 그 아들인 윤손은 임씨 집안의 노비가 될 수밖에 없다. 이후에 신분은 어머니 쪽만 따르는 것으로 법제가 변화했지만, 그래도 이 사건과 같은 경우에는 마찬가지 결과가 된다. 결국 양금의 신분이 열쇠이다.

양금이 양인이라고 원고가 주장하는 근거는 이렇다. ① 양덕, 양금, 양춘 3남매 가운데 양금이 자신의 아내이고, 양덕은 임경수의 아비인 임기의 양첩良妾이다. ② 기년과 수비는 양덕의 자식들인데, 기년의 아들인 정귀생과 정귀세는 함평에서, 수비의 아들인 언수와 언희는 광주에서 정병正兵으로 있다. 이럴진대 윤손만 노비일 수 없다. 결국 피고는 ③ 내 아내인 양금을 거짓기의 아내라고 자기네 호적에 몰래 올려 압량위천을 한 것이다. 그리고 ④ 소송한 지 일곱 달이 지나도록 제출하지 못하다가 이제서야 들고 온 피고의 문서는 인정할 수 없다.

임경수는 윤손이 거짓기가 아닌 윤원의 아들이라는 점에 대해서는 다투지 않는다. 다시 말해 이 부분에서 호적의 기재가 사실과 다르다는 점은 인정한 것이다. 하지만 양금이 자기네 노비라는 점에서는 굽히지 않는다. 곧 양금, 양덕, 양춘 모두 집안의 노비이며, 양춘은 아버지의 비첩婢妾이라고 주장했다. 그리고 귀생과 귀세, 언수와 언희는 자신의 노비였는데, 양역良役을 지고 있다는 주장은 말이 되지 않는다고 했다. 이에 대한 근거로 임경수는 넉 장의 매매 문서를 제출했다. 그중 기년의 자식들을 파는 문서에는 귀생이 들어 있고, 수비의 소생을 파는 문기에서는 언수와 언희가 보인다. 이렇게 피고는 윤원의 압량위천 주장에 대해 반주설계叛主設計, 곧 주인을 배반하려는 꾀를 내는 것이라고 맞섰다.

이후 양쪽은 기일에는 서로 구술로 다투고, 법정이 열리지 않을 때는 서면으로 추정소지追呈所志를 제출하면서 공방을 이어갔다. 추정소지는 소송 중에 자신의 입장을 밝히기 위해 제출하는 문서라고 할 수 있는데, 처음에 소장으로 제출하는 소지와 구별하려고 '추정'이라는 말을 앞에 붙인 듯하다.

암록, 호적을 이용한 소송 사기

조선시대에 압량위천은 거의 일반명사로 쓰이고 법전에도 죄목의 하나로 자리 잡을 만큼 횡행하는 일이기도 했다. 압량위천의 수단으로는 폭력, 채무, 문서 위조 등 여러 예가 나타난다. 이 소송에서 윤원은 암록暗錄을 주장했다. 암록이란 '몰래 호적에 다른 내용으로 올린다'는 뜻이다. 곧 임경수 집안에서 허위로 양인인 양금을 자기네 계집종이라고 호적에 올리는 압량위천을 자행했다는 이야기다. 윤원은 특히 틀림없는 자기 아들인 윤손을 임씨네 사내종인 거짓기의 아들이라고 호적에 올렸다는 것을 제시하여 피고의 집안에 나쁜 습성이 있음을 내보이려 했다.

압량위천의 문제는 고려 말에 크게 불거졌고, 전민변정도감田民辨正都監의 설치 이유도 표면적으로는 이를 해결하겠다는 것이었다. 이 밖에도 찰리변위도감拶理辨違都監, 화자거집전민추고도감火者據執田民推考都監, 정치도감整治

74

都監, 인물추변도감人物推辨都監과 같은 특별 기구가 설치와 폐지를 되풀이하면서 양천良賤 문제를 다루었다. 특히 인물추변도감은 노비결송법의 첫 조문에서 양민을 잡다가 노비로 삼는 문제를 지적하면서, 천인이 입증되지 않는 한 양인으로 판결하도록 했다. 조선 건국 직후인 태조 6년(1397)에 노비 소송에 관한 19개조의 합행사의合行事宜가 정리되었는데, 엄중히 처벌할 사항을 열거한 제17조에서 압량위천은 첫머리로 올라 있다.

압량위천에 대한 구체적인 처벌로 태종 5년(1405)에는 장杖 80을 치고 수군水軍에 채우도록 하였다. 세조 때는 한층 강화되어 세조 9년(1427)의 호패사목號牌事目 제16조에서는 장 100 하여 온 가족과 함께 북쪽 변방으로 이주시키는, 이른바 전가사변全家徙邊이라는 무거운 형에 처하도록 하였다. 특히 여기서는 압량위천을 "남의 노비나 양인을 암록하여 노비로 삼은 경우"라고 예시한다. 호적에 관한 법률이라서 이처럼 표현했을 수도 있겠지만, 암록의 관행이 성행했음도 내비친다. 압량위천에 대한 이러한 처벌은 『대전후속록大典後續錄』(1543년, 중종 38)에 정착한다. 그리고 『수교집록受敎輯錄』(1698년, 숙종 24)에는 "다른 이의 노비를 몰래 호적에 올린 것이 적발된 경우, 비리호송非理好訟:쓸데없이 요행을 바라며 소송을 자주 일으키는 것과 압량위천의 규정으로 처벌한다"는 규정이 있어, 암록이 소송과 압량위천에 관련된 관행임을 뚜렷이 보여준다.

호적, 신분 증명의 기능과 한계

호적은 신분 질서 유지와 군정 및 수취 대상자의 확보에 기본 자료가 되므로, 국가는 정기적으로 호구를 조사하고 정확한 호적 작성을 위해 애

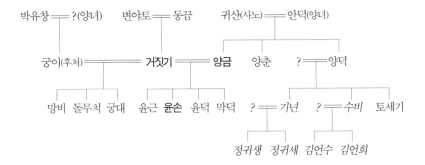

〈그림 6〉 호적에 바탕한 가계도

윤원은 자기 아내인 양금을 거짓기의 아내로 임경수가 몰래 호적에 올렸기 때문에 이 호적이 잘못되었다고 주장했다. 이탤릭체는 윤원의 주장에 따른 양덕의 가계도이다.

쓴다. 그 효과로 호적을 통해 신분에 관한 정보를 얻을 수 있다. 윤원·임경수 소송은 신분을 다투는 것인 데다 암록까지 문제되고 있어 호적에 대한 조사는 필수이다. 1519년(중종 14)의 호적(기묘장己卯帳)부터 1579년(선조 12)의 호적까지 대체로 3년마다 성실히 작성되어 보관되고 있었다. 이 기간이라면 총 21회의 호적성책이 있어야 할 터인데, 1543, 1546, 1555, 1561, 1564, 1576년의 여섯 대장만 빠져 있다. 호적에 따른 양금을 둘러싼 가계는 〈그림 6〉과 같다. 그런데 이 호적의 내용은 잘못되었으며, 이는 피고의 암록 소행 때문이라는 것이 윤원의 주장이다.

　호적대장은 3년마다 작성됐는데, 우선 호주가 2부의 호구단자戶口單子: 실태 조사 기록를 작성하여 올리면 이임里任·면임面任의 검사를 거쳐 주·군에 보내지고, 주·군에서는 예전 호구대장과 관계 서류를 대조하여 착오 여부를 확인한 뒤, 한 부는 단자를 제출한 호주에게 돌려주어 각 가정에서 보관하게 하고, 다른 한 부는 관官에서 호적을 개수하는 자료로 이용했다. 이를 바탕으로 각 지방관은 호적대장 3부를 만들어 한 부는 본도本道, 또 한 부는 본 고을, 그리고 나머지 한 부는 호조[戶曹]에 보관시켰다.

호적대장에는 호주의 거주지, 본관, 직역은 물론, 그 사조[四祖 : 부, 조, 증조, 외조]의 직역과 이름까지 기재되기 때문에 신분을 바로 파악할 수 있다. 동거 가족들이 기록되는 것은 말할 것도 없고, 종과 머슴들까지 현재 솔거[率居]하는지 외거[外居]하는지 도망갔는지 등의 표시와 함께 오른다. 기재 사항을 정리해보면 아래와 같다.

① 호적이 작성된 연월일

② 호[戶]의 소재지

③ 호주의 관직이나 신분, 성명, 나이(본관, 아버지·할아버지·증조부의 관직이나 신분, 성명, 나이 ; 어머니의 성, 본관, 나이 ; 외조부의 관직이나 신분, 성명, 나이)

④ 아내의 성, 나이(본관, 아버지·할아버지·증조부의 관직이나 신분, 성명, 나이 ; 어머니의 성, 본관, 나이 ; 외조부의 관직이나 신분, 성명, 나이)

⑤ 자녀는 출생순으로 기재. 동거하는 친족은 호주와의 관계, 관직이나 신분, 성명, 나이 기재

⑥ 혼인한 가족은 그 아내의 성, 나이, 본관

⑦ 동거하는 사위의 관직이나 신분, 성명, 나이, 본관

⑧ 소유 노비의 전래 계통(어머니의 이름, 출생한 순서, 노비의 이름과 나이)

⑨ 노[奴]가 독립호인 경우, 호주의 이름, 나이, 그 상전의 성명과 나이 ; 아내인 비[婢]의 이름, 나이, 그 상전의 성명과 나이, 소생 노비의 출생 순서, 이름, 나이

호적을 만들 때는 작성한 사람의 서명을 받는 등 정확한 기재를 위해 애썼지만, 더러 정확하지 않은 점도 나타난다. 예컨대 양금의 생년이 갑

자년(1519~1540년의 호적)과 을축년(1549, 1552년의 호적)의 두 가지로 나타나고 있으며, 윤근과 윤손이 거짓기의 아들로 기록된 것도 결국 사실과 다른 기재였다. 노비의 세계라서 소홀히 하는 관행도 있었을 것이다. 하지만 당시에도 호적이 절대적인 증명력을 갖는 것으로 인정되고 있진 않았다.

1482년(성종 13) 사덕이 봉사온의 첩 소생인데도 호적에는 여종으로 올라 있으니 바로잡아달라는 신청에 대하여 논의가 있었다. 이때 봉사온의 딸로 인정하자는 쪽인 성준과 강자평은 "호적은 모두 한때 말한 것을 가지고 시비를 따지지 않고서 기재하는 것이므로 다 믿을 수는 없습니다" 하고 말한다. 이로써 미뤄보면, 호적의 내용은 대체로 호주가 올리는 호구단자에 따라 결정되는 측면이 있었다. 이러한 상황이 암록을 가능하게 하였고, 또한 이의 성행이 잦은 소송을 불러일으키는 원인이 되기도 한 것이다.

호적에는 양금 3남매가 사노인 귀산과 양인인 안덕의 자식으로서 임경수 집안의 노비로 올라 있다. 그리고 양금은 거짓기와 사이에 윤근, 윤손을 포함하여 네 자녀를 둔 것으로 되어 있다. 윤원은 국가의 공적 장부인 호적에 올라 있는 이 내용에 대하여 전혀 인정하지 않았다(拒逆着名). 소송에서도 이것만으로 판결하지 않았고, 일부 기재가 잘못되었다는 점이 인정되었다. 호적이 입안과 같은 증거력을 갖지 못했던 것이다. 그렇다고 해서 아무런 효력이 없는 것은 결코 아니다. 사실에 대한 추정적 효력은 있었다고 할 것이다. 곧 호적의 내용과 다른 사실에 대한 입증 책임은 윤원이 지는 것이다. 그리하여 윤원은 윤손의 오촌 조카들(정귀생, 정귀세, 김언수, 김언희)이 양인이라는 사실을 들었다. 이에 이르자 호적을 상고하라는 자세를 보이던 임경수도 광주관에 먼저 소를 제기하는 등 더욱 적극적인 태도를 보이게 된다.

광주관 소송, 이례적인 중간확인의 소

윤원은 양덕의 손자 귀생과 귀세가 함평에서, 언수와 언희가 광주에서 정병으로 역(役)을 지고 있으므로 양덕은 양인이고, 그의 동생인 양금도 노비일 수 없다고 주장했다. 그런데 이에 대해 광주관에 가서 판결을 받아오라는 조치가 내려졌다. 다른 소송에서는 참으로 보기 어려운 일이다. 다른 관서로 이송하거나 거기로부터 확인을 받는 경우는 있지만, 현재 진행 중인 재판을 위해 다른 관청에 가서 판결로써 확인을 받아 오게 하는 예는 매우 드물다. 더구나 하급인 함평관에는 단순히 확인을 구하면서도, 동급인 광주관에 대하여는 가서 판결을 받아 오도록 하고 있다. 고을 간의 등차와 관계있는지도 모르겠다.

이러한 모습은 지금의 '중간확인의 소'와 유사하다고 할 만하다. 중간확인의 소란 본래의 청구에 대한 판단을 위해 미리 결정되어야 할 법률관계에 관하여 그 존부(存否)를 판결로써 확정할 수 있도록 하는 것이다(민사소송법 제264조 제1항). 나주목사는 윤원에게 공문을 주어 광주관에 가서 확인판결을 받아 오도록 했다. 그리하여 광주관에서는 단순한 조사의 차원이 아니라 원고와 피고가 등장하는 또 하나의 소송으로 진행되었다. 그런데 재미있는 것은, 광주목사가 보내온 관(關)을 보면 나주관에서 진행된 본 소송과 달리 임경수가 원고이고 윤원이 피고로 되어 있는 점이다.

나주관에서는 윤원이 원고이기에, 다시 말해 해결을 바라는 쪽이 윤원이기 때문에 그에게 공문을 쥐어 보냈을 것이다. 대개 다투는 대상을 현재 점유하고 있는 이(時執者)는 소송에 적극적이지 않으며, 될 수 있는 한 절차를 지연시키고자 한다. 그 때문에 당사자들로 하여금 법정에 성실히 출석하여 소송에 임할 것이며 그렇지 않을 때에는 패소 판결을 받겠다는 시

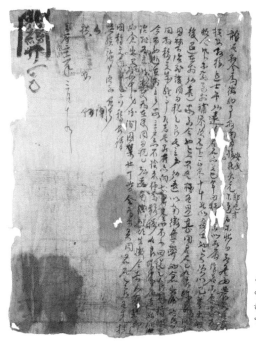

송다짐을 하도록 했던 것이다. 토지 관련 소송에서는 판결이 날 때까지 그 토지를 임시로 둔전屯田에 귀속시켜 점유로 얻는 이익을 박탈하는 조치를 취하기도 했다.

그런데 광주의 소송에서는 윤원이 미적거린다. 오히려 현재 점유자라 할 수 있는 임경수가 더 적극적이다. 그래서인지 광주목에서는 그가 원고 이다. 소송을 빨리 끝내고자 하는 쪽이 임경수로 보인다. 소량訴良하는, 곧 자신의 신분이 양인임을 호소하는 소송에서는 재판 중이라는 이유로 사환 使喚에 응하지 않거나 납공納貢을 바치지 않는 일도 있을 것이다. 이럴 때는 오히려 피고가 속이 탈 테고, 따라서 토지 소송의 경우와 다른 양상이 나 타날 수 있다. 하지만 윤원의 소극성은 스스로 불리한 상황이 예측되기 때문일 수도 있다. 광주목사가 보내온 관에 따르면, 양쪽을 불러다가 군안軍案을 펼쳐 상고하려 했는데 윤원이 이치가 꿀리자 도중에 도망해버렸고, 그리하여 원고만으로는 소송을 진행할 수 없다고 하였다. 더구나 함평에서 회신한 첩정에 따르면 정귀세 등이 보충대補充隊에 속해 있다고 한다.

보충대, 노비의 굴레를 벗어나는 길

조선의 법제는 양인과 천인이 서로 통혼하는 것을 엄격히 제한했고, 엄한 처벌 규정도 마련했다. 양천 간의 혼인으로 태어난 자손을 노비로 만든 것도 그에 대한 규제일 수 있다. 하지만 양천 교혼은 일반적으로 나타나는 현상이었고, 오히려 상전들은 노비를 늘리기 위해 사내종을 양녀와 결혼시키는 것을 조장했다. 계집종을 첩으로 삼는 사례는 무수히 많았다. 그런데 비첩婢妾의 자녀, 이른바 천첩 자녀는 또한 노비로서 아버지의 다른 자손들에게 상속될 수 있는 존재이다. 다시 말해, 자신의 배다른 형제들에게 부려지게 되는 것이다. 이는 별로 보기 좋은 광경이라 할 수 없고, 사람의 정리상 차마 못하는 일이기도 하다. 그러다 보니 사환되지 못하다가 면천免賤되거나 공노비가 되기도 하는 모양인데, 잘 부려먹도록 하라는 법령이 내려지기도 했으니 가혹한 느낌이 있다.

갑인년(1554년, 명종 9) 3월 27일 승전承傳

골육지간은 서로 부려먹을 수 없다는 규정은 법전에 실려 있지 않거늘, 습속에 전해져 법이 있는 것으로 여기고 재판할 때마다 국가에 귀속시키니 매우 부당하다. 노비와 주인의 사이는 매우 엄격한데도, 형제나 4촌을

81

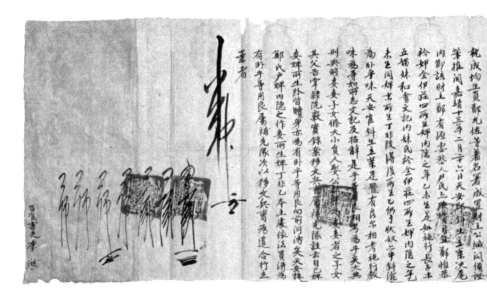

〈그림 8〉 1532년(중종 27) 보충대 입속을 허가하는 장예원의 입안
진사 하단이 자신의 비첩(婢妾)인 안지와 그의 소생 정비를 천안에 사는 정씨에게 사들인 뒤 딸 정비를 보충대에 입속(入屬)시켜줄 것을 신청했고, 장예원은 문서를 상고하여 사실을 확인한 뒤 법전의 규정에 따라 입속을 허가하여 병조에 이첩한다는 내용이다.

부리는 것이 참으로 인륜을 가로막는 것이기 때문에 당사자가 이미 천적賤籍에 있더라도 형제나 4촌이라서 사환되지 못하고 얼마 뒤 면천한다. 하지만 『대전속록』, 『대전후속록』, 『명률』에는 그런 말이 한마디도 없다. 단지 『경제육전주해』(속집)에 "할아버지의 비첩婢妾 소생은 본래 동기이니 노비의 예로써 일 시키지 못한다"고 했다. 이렇게 볼 때 형제와 4촌은 부리지 못하더라도 5, 6촌이 되면 친속親屬이 점점 멀어져 사환하여도 안 될 것이 없다. 그런데도 근래에 관리들은 골육상잔이라는 헛말에 넘어가 매번 국가에 귀속시킨다고 한다. 이는 한편으로 남의 노비를 뺏는 것이요, 다른 한편으로는 천인을 양인으로 만드는 것이니, 모두 옳지 않다. 사역使役이 면제된 노비의 경우처럼 그 자손이 5, 6촌으로 멀어지면 일을 시켜도 부당하지 않다. 골육지간에 대한 제한은 본래 법전에 없다는 취지를 서울과 지방에 잘 알려,

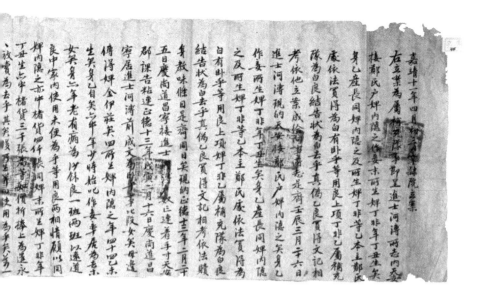

이제부터는 영원히 금지하도록 한다. 다만 이미 국가에 귀속시킨 것은 다시 심리하지 말아서 시끄러운 폐단이 생기지 않도록 한다. 형조에 전교한다.

— 『각사수교各司受教』

천첩을 얻어 그가 낳은 자기 자식으로 노비를 늘리겠다고 마음먹는 이는 극히 드물었을 것이다. 아버지의 입장에서 볼 때 천첩 자녀도 자신의 피가 흐르는 자식임이 틀림없는데, 그와 그 자손들이 다른 자식들에게 노비로 부려지면서 살아가야 한다는 것이 마음 편한 일일 수 없다. 그리하여 일정한 지위에 있는 양반 남성에 대해서는 그의 비첩 소생을 양인으로 만들 수 있는 길을 열어 놓았다.

우선, 왕실 종친과 같이 존귀한 혈통은 아무리 천한 피와 섞여도 그 자손이 천해지지 않는다. 따라서 노비를 벗어나기 위한 어떠한 절차도 필요 없다. 다음으로 2품 이상의 고관인 경우에 그의 천첩은 자신의 여종을 대신 장예원에 신고하고서 노비를 면할 수 있다. 물론 그의 자손들도 양인이 된다. 그리고『경국대전』「형전」의 '천처첩자녀賤妻妾子女' 조에는 "대소 관료(大小員人)로서 공·사노비를 아내나 첩으로 삼은 이의 자녀는 그 아버지가 장예원에 신고하면, 장예원이 사실을 확인하여 장부에 기록하고 병조에 공문을 보내어 보충대에 들어가도록 한다"고 규정한다. 그리하여 어머니가 비婢이더라도 아버지가 관료인 자녀는 보충대에 입속하고 난 뒤 양인이 될 수 있었다. 일정한 직역을 수행하고 나서는 벼슬도 얻을 수 있었다. 여성의 경우에는 입역入役이 면제되었다.

이처럼 관료의 자손은 어머니가 천인이라도 양인이 될 기회를 가질 수 있었다. 이러한 제도를 일반 양인의 경우에까지 확대하자는 논의가 일찍부터 있었다. 『경국대전』의 최종판이 시행된 지 6년 만인 1491년(성종 22) 위의 규정에서 '대소 관료'라는 낱말 다음에 '와 양인(及良人)'이라는 글자를 끼워 넣자는 논의가 제기되었다. 이때 성종은 영돈녕 이상의 대신과 육조, 한성부의 고위 관료, 삼사의 관원들까지 참여하는 회의를 열어 신하들의 의견을 들었고, 대부분 신료들의 견해와 달리 소수 관원의 주장을 따라 '와 양인'을 삽입하기로 결정하였다. 하지만 이후 집요한 반대를 이기지 못하여 이듬해 바로 폐지되었다. 이러한 식의 논방 끝에 마침내 1543년(중종 38)에 나온 『대전후속록』에는 '와 양인'이 들어가게 되었다. 하지만 법제가 이처럼 정리되었어도 실제로 일반 서민이 노비 소생을 면천시키는 데는 많은 어려움이 있었다.

이런 사정에 비춰볼 때, 정귀세가 보충대에서 입역하고 있다는 함평관의 조회는, 그가 양인의 역을 지고 있긴 하지만 어머니가 여종이라는 사실을 말해주는 것이며, 따라서 본래는 그도 천인이었다는 이야기가 된다. 윤원의 주장에서 가장 주요한 근거가 무너져 내린 것이다. 광주관의 결과도 다르지 않게 나왔을 것이다. 윤원이 도주할 만했다. 나주의 송정에도 돌아오지 않았는지 모른다. 비리호송으로 형벌을 입을 수도 있는 것이다. 이쯤 되면 소송의 끝이 보이게 된다. 증인으로 나온 윤원의 다른 아들 윤근도 아버지가 노망났다고 하는 수밖에 없었다. 그러면서 양금은 자신이 조상 때부터 임씨 집안의 여종이며, 막덕과 윤손은 임경수의 상속분이고, 윤덕과 자신은 그의 동생 덕수에게 상속되었다고 증언하였다.

판결, 근면한 법관의 모범 재판

원척의 변론과 증거 제출이 완료되면, 양 당사자는 "저희들의 소송에 대하여 그날그날의 다짐을 상고해서 법에 따라 처분하여 주십시오"라고 말하면서 판결을 신청한다. 이를 결송다짐決訟侤音이라 하는데, 지금으로 치면 변론 종결이라 할 수 있다. 이것으로 당사자들의 소송 행위는 마무리되었다고 할 수 있다. 이제 법원이 판결하는 일만 남게 되는 것이다. 그런데 윤원·임경수 소송에서는 이런 결송다짐이 나타나지 않는다. 소송의 개시도 원고와 피고가 합의한 시송다짐을 해야 이루어지듯이 판결 또한 양 당사자의 신청이 있어야 하는 것이 원칙이다. 정황으로 볼 때 윤원이 나타나지 않았거나, 결송다짐을 거부한 듯하다. 하지만 이미 원척의 변론이 충분이 이루어졌고, 증거 조사에서도 호적 검토는 물론이고 주변 고을의 조회까지 마쳤기 때문에 판결을 하기에는 부족하지 않을 만큼 절차가 진척된 상태이다. 그리하여 여기서는 결송다짐 없이 바로 "원척의 진술을 상고해보면……" 하고 판결을 진행하였다.

1583년(선조 16) 10월, 마침내 판결이 내려졌다. 요즘처럼 말하자면 주문은 "원고의 청구를 기각한다"이다. 판결이유는 다음과 같다.

1. 양금이 수철장水鐵匠 최눌산의 누이라 하는데, 그 아들인 최중문의 증언에 비추어보면 윤원이 반주설계叛主設計하여 육촌을 남매라 한 것이니, 정상이 매우 교활하다.
2. 양금의 동생 양덕의 소생인 토세기가 양역을 지고 있다지만 제출된 문기를 보면 팔려 나간 것으로서, 문서에는 하나하나 배서背書와 날인이 되어 있다. 양덕의 자식은 사노비로서 종량從良된 것이다.
3. 함평관의 군안을 상고하면 정귀생·정귀세는 정역定役을 지고 있지만, 사노비로서 종량된 것이다.
4. 김언수·김언희 건은 광주관에서 재판할 때 윤원이 스스로 이치가 닿지 않는 소송인 줄 알고 도망하여 상고할 수 없었다.
5. 임경수가 제출한 문기 3장에는 양금이 귀산과 안덕의 소생인 것이 뚜렷한 데다가, 아들 윤근도 양금이 임경수의 조상 때부터 노비라 증언하였다.
6. 무자년 호적에 거짓기가 양금의 지아비로 기록된 문제가 있긴 하지만, 양금이 경수의 여종인 것이 적실하여 종량할 수는 없다.

이렇게 볼 때 윤원은 임경수네 호적에 양금이 거짓기의 아내로 잘못 올라 있는 것을 이용하여 암록으로 몰아붙이고, 양금의 양인 친척들을 들어 그녀의 신분을 양인이라 우겨보려 했던 것이라고 짐작할 수 있다. 그리고 임씨 집안은 양금을 편의상 거짓기의 아내로 올린 일이 암록으로 공격받는 빌미가 된 것이다.

나주목사 김성일은 당사자들이 주장하는 맥락을 살피고 문서를 조사하며, 함평과 광주 등 관계 기관의 조회를 거치고, 관련된 증인들을 심문하면서 거의 두 달 정도의 기간에 심리를 마친 뒤 판결을 내렸다. 이처럼 꼼꼼하고 부지런한 법관을 만난 것이 윤원의 불행이라면 불행이다. 송관이 성실히 능력 있게 재판하는 일은 이제나 그제나 흔치 않다.

3장

법관과 변호사

오늘날의 변호사에 비견될 만한 조선시대 외지부는 사람들이 형옥에 연루되어 형벌을 피할 수 없으면 가능한 가벼운 죄목을 찾아주었고, 개인의 경제적 이익이 걸려 있는 경우는 승소할 수 있는 방향으로 유도해주었다. 소송을 대신 해주기도 하고 소송 당사자에게 법률 지식을 가르쳐주었다.

무송에서 청송으로

조선시대에 유교는 모든 사고와 판단, 행동의 기준인 동시에 법과 같은 권위와 힘을 지닌 이념이었다. 유교 질서를 해치는 범죄나 유교에 반하는 행동과 가치에는 법적으로 제재가 가해졌으며, 그 제재는 재판을 통해 형벌이라는 형태로 이루어졌다.

조선시대의 재판은 형사재판인 옥송獄訟과 민사재판인 사송詞訟 모두를 의미한다. 살인이나 강도, 도둑, 반란 등 형사상의 범죄에 대한 재판인 옥송은 조선시대 정부의 공권력과 치안 유지 질서의 중요한 방편이었다. 그와 함께 토지, 노비, 채무, 묘지 문제 등 개개인의 경제적인 이익과 손해가 직접적으로 달려 있는 민사재판인 사송도 경제적 갈등을 해결하는 하나의 통로가 되었다. 조선시대는 행정과 사법이 분리되지 않은 데다 민사 분쟁이라 하더라도 형사처벌이 따르기도 하였으므로 옥송과 사송이 분명하게 구별된 것은 아니었다. 행정관이 곧 법관으로서 형사사건과 민사사건 모두를 담당하였다.

옥송과 사송의 처리를 맡은 법관의 기본 입장이나 재판의 목표는 애초 소송 자체가 없는 '무송無訟'이었으나, 점차 소송을 공정하게 처리하는 '청송聽訟'으로 옮아갔다. 물론 이 두 가지는 대립되거나 별개의 개념이 아니라 상호 보완적이다. 조선 초기에 '무송'이 목표가 된 것은 소송이야말로 반유교적 행위의 상징이라고 보는 유교적 인식 때문이었다. 위정자들은 소송을 유교적 공동체의 평화로운 사회질서를 해치는 것으로 보았다. 따라서 소송이 없는 무송의 사회를 가장 이상적인 사회로 생각했으며, 그러한 사회를 만드는 것이 왕과 관료들의 목표이자 그들의 능력을 평가하는 기준이 되었다. 그 때문에 소송이나 미결 사건이 쌓일 때마다 단송도감斷訟都監이라는 임시 기구를 만들어 단기일 내에 처리함으로써 소송이 적체되는 것을 막고자 노력하였다.

그러나 토지, 노비, 채무 등에 관한 민사소송이 갈수록 늘어나자 위정자들은 무송이 하나의 이상 목표일 수밖에 없다는 점을 인정하게 되었다. 이에 따라 무송보다는 청송, 즉 소송을 심리하는 과정, 절차, 재판의 공정성 등에 관심을 기울이면서 조선 전기의 법전인 『경국대전』 편찬 후 꾸준히 소송절차법을 마련하여 영조 대에 이르러 『속대전』에 법문화하였다. 판결이 더욱 객관적이고 설득력을 갖게 된다면 분쟁은 종결될 것이고, 마침내 무송의 사회도 이룰 수 있다고 본 것이다.

현대사회도 개인 간의 복잡한 이해관계 속에서 생기는 갈등을 조정 또는 화해하거나 민사소송을 통해 해결하곤 하는데, 조선 사회에서도 개인 간의 분쟁을 소송으로 해결하는 모습은 낯설지 않았다. 사람들의 살아가는 방식이나 이해관계는 그때나 지금이나 크게 다를 바 없기 때문이다. 다만 조선시대는 오늘날과 달리 양반, 중인, 상민, 천민 등의 계급이 엄격한 신분제 사회였는데, 이렇게 명분名分이 엄격한 신분제 사회에서 소송이 만연하였다는 사실은 우리가 몰랐던 조선 사회의 한 단면이라 하겠다.

당시의 소송에 대한 분위기를 전하는 19세기의 자료에 따르면, 지방의 어리석은 풍속은 사소한 재물이나 작은 일로도 소송하면서 이기는 것을 위주로 하며, 소송하는 데 10냥의 비용이 들더라도 이기는 것을 통쾌하게 여긴다고 하였다(『목강牧綱』). 조정에서는 이런 현상을 이치에 닿지 않는 일로 규정하고 소송하기를 좋아하는 비리호송非理好訟이라 하여 금지해야 할 나쁜 풍습으로 평가하였다. 이에 더해 작은 일에 분노하고 싸우는 분쟁투송忿爭鬪訟에 불과한 소송을 좋아하는 것은 천박한 풍습이므로 동임洞任, 이임里任 및 면임面任이 같이 논의하여 소송을 일으킨 이에게 태벌笞罰을 가해 풍교를 돈독히 해야 한다고 보았다(『관성록管城錄』「거행조례擧行條例」).

조정의 이러한 방침에도 불구하고 조선 중기부터 이미 민은 각종의 소장訴狀, 소지所志를 관아에 제출하여 소송을 일으키고 재판 과정에서 진술서인 원정原情, 발괄白活 : 구두로 호소하는 것 등을 통해 자신의 목소리를 내고 있었다. 소송이 한번 일어나면 관련자들의 소환과 조사, 장기간의 소송 과정, 소송에 드는 비용 등의 문제로 마을이 폐허가 되고 만다는 등의 극단적인 지적도 있었지만, 그럼에도 소송은 점차 토지나 노비, 채무 등의 문제를 해결할 수 있는 방안으로 자리 잡아갔다. 소송 과정에서 그 비용을 마련하기 위해 토지를 방매하기도 하고, 승패에 집착하는 모습을 보이기도 하지만, 그렇다고 당시 위정자들이 생각하는 것처럼 상대방을 곤경에 빠뜨리기를 바라는 민의 나쁜 습성 때문에 소송이 성행했던 것은 아니다.

독일의 학자 예링Rudolf von Jhering(1818~1892)은 소송 행위에 대해 '하찮은 소송 대상물이 문제가 되는 것이 아니라 인격 그 자체와 인격에 수반하는 법 감정의 주장'이라고 하였다. 소송을 통해 드러나는 인격에 수반되는 법 감정, 권리라는 개념이 서구 근대 시민사회에만 해당되는 것일까? 이런 개념들은 물론 근대적인 것이므로 전근대 조선 사회에 적용하여 이야기하는 것이 무리일 수 있다. 그러나 전근대 조선시대를 살았던 사람들에게 권리에 대한 인식이나 인권에 대한 자각까지 없었다고 할 수는 없다.

조선 사회는 양반, 중인, 상민, 천민, 그리고 지주, 전호 등 사회적 경제적 관계가 중첩되어 있었지만, 후기로 갈수록 점차 유교적 가치는 약화되고 경제적 부에 대한 가치가 중시되면서 불합리한 신분제도에 대한 인식도 아울러 높아졌다. 이러한 시대적 흐름 속에서 인권이나 민권의 개념, 자신들의 행동이 갖는 의미에 대해 의식하지도 의도하지도 않았을지라도, 시간이 흐를수록 점차 권리나 민권으로 불릴 수 있는 것들을 생각하고 조금씩 실천해가고 있었다. 인간이 지닌 본성은 시대나 지역을 초월하는 것이 아니겠는가? 조선시대를 살았던 사람들 역시 자신의 경제적 이익을 추구하고, 신분이나 그 밖의 외적인 요소에서 비교적 독립적일 수 있는 소송이라는 합리적 방법을 통해 문제를 해결하려 했다는 점은 어찌 보면 당연하다.

이처럼 경제적 사상적 변화가 활발히 일어나고 개개인들의 이익 추구가 심화되면서, 소송에 대한 정책은 이제 '무송'에서 객관적이고 합리적인 '청송'이 되어야 했다. 이에 따라 세 번의 소송에서 한쪽이 두 번 승소하면 다시 소송할 수 없게 하는 삼도득신법三度得伸法, 피고가 법정에 출석하는 날에 대한 규정으로써 소송의 지연을 막기 위한 친착법親着法, 법관이 담당하고 있는 사건의 원고나 피고 중 법관과 사제 관계에 있거나 개인적으로 원한 관계에 있으면 다른 관아에 사건을 이첩하게 하는 상피법相避法 등 소송 절차에 대한 규정을 갖추어 나갔다.

또한 이런 절차법을 바탕으로 실제 재판을 맡은 법관에게도 그에 합당한 덕목과 책임을 묻는 법규가 마련되었고 오결誤決에 대한 법적 제재 등이 가해졌다. 다산茶山 정약용丁若鏞은 법관이 가져야 할 덕목이란 밝게 살피고 신중히 생각하는 것이라 하였다. 사람의 생사나 개개인의 이익이 법관의 살핌에 달려 있으므로 신중하게 판결하여 억울함이 없도록 해야 한다는 것이다. 이는 '빠른' 시일 안에 판결하는 것보다 '제대로' 판결할 수 있는 자질이 법관에게 더 중요하다는 의미였다. 법을 어기면서 청리聽理한 소송 관원에게는 죄를 묻는 한편, 외부의 압력이나 청탁에 구애받지 않고 소신껏 판결하도록 고소인들이 청리 관원에게 접근하지 못하게 하는 분경금지법奔競禁止法도 시행되었다.

이와 더불어 법관의 위엄 또한 보장해주었다. 법관을 허위로 무고하면 장杖 80의 형벌에 처하고, 정도가 심하면 장 100, 사리가 위중하면 도徒 : 배소에서 소금을 굽게 하거나 쇠를 불리는 등의 중노동을 시키는 형벌 3년에 처하며, 무리를 지어 법관을 공격하거나 욕보이면 변경 지방으로 유배하였다. 이처럼 법관에게는 공정하게 판결해야 하는 임무가 강조되었고, 그러한 임무를 잘 수행할 수 있도록 제도적 장치와 법적 절차 등이 아울러 마련되었으며, 그 내용은 『속대전』 「형전」에 신설된 '청리聽理', '문기文記' 조 안에 정리되었다.

수령과 관찰사는 어떻게 재판했나

조선의 재판 제도는 삼심三審으로 운영되었다. 삼도득신三度得伸, 즉 세 번 소송해서 두 번 승소하면 그대로 확정되는 방식이다. 보통 소송인이 거주하는 지방의 수령, 즉 부사, 목사, 군수, 현령, 현감 등에게 1차로 재판을 받고, 그 판결에 불복하면 2차로 해당 도의 관찰사에게 의송議送하였다. 이러한 2급심의 결과에도 불복하면 3차로 형조나 사헌부에 상고함으로써 세 번의 재판을 거칠 수 있었다. 다시 말해 지방의 경우는 수령이, 서울의 경우는 한성부가 1심 재판 기관이며, 지방은 관찰사가, 서울은 형조 등이 2심 재판을 하며, 이에 불복하여 다시 소송을 제기하면 형조나 사헌부 등이 3급 심판 기관으로서 마지막 재판을 담당하였다.

수령은 한 고을을 책임지는 목민관으로 고을의 행정 전반을 관할했는데, 특히 법관으로서 역할은 '수령 칠사七事 : 수령이 힘써야 할 7가지 사항. 농상의 번성, 호구 늘림, 학교 진흥, 군정 대비, 부역의 균등 부과, 사송의 간소화, 간사하고 교활한 이들 없애기'에도 들어 있을 만큼 중요하였다. 수령에게는 태형 이하의 죄목에 해당하는 사건을 단독으로 판결할 수 있는 권한이 있었다. 고소인의 구두에 의한 호소나 소장이 제출되면 수령은 재판의 심리審理를 시작한다. 사건에 대해 심문하고 원고와 피고에게 각각 증거 문서를 제출하도록 한 뒤 이를 조사·검토하고 나서 판결을 내렸으며, 판결문은 원고가 제출한 소지에 판결 결과인 데김題音(제사題辭)을 쓰고 서명·날인하여 돌려주었다. 농번기에는 소송을 접수하지 않았는데, 춘분일부터 추분일 전까지는 십악十惡·간도奸盜·살인한 자를 체포하여 관에 데려오거나 도망한 노비를 그대로 부리거나 남의 노비를 빼앗는 경우 등을 제외하고는 재판을 진행하지 않았다. 수령은 재판을 시작한 뒤 50일 이내에 판결을 내려야 했고 재판 과정에서 자백을 받아내기 위해 고문도 서슴지 않았으므로 종종 남형濫刑의 폐단도 없지 않았다.

옥송을 빨리 처리하지 않아 죄수들이 감옥에 오래 갇힌 채 해를 넘긴 경우 수령은 문책을 당하고 파직되기까지 하였다. 지방의 사형수에 대해서는 관찰사가 해당 지역 수령과 이웃 수령을 동추관同推官으로 정해서 함께 모여 매달 세 차례 합동으로 조사하였으며, 해당 지역이 감영에서 6~7

〈그림 1〉 강릉 동헌인 칠사당
강릉에 있는 관공서 건물로, 1632년(인조 10) 3월에 중건하고 1726년(영조 2)에 확장·중수하였다. 여기서 일곱 가지 정사(七事)를 보았다고 하여 '칠사당'이라 이름 붙여졌다.

일 걸리는 먼 곳이라 하더라도 두 차례의 재판은 이루어져야 했다. 만약 한 차례만 재판을 열었다면 그 해당 지역의 수령에게 태 50대를 치고, 두 차례나 세 차례 재판을 열지 않았다면 장 100에 처하였다. 요컨대 수령의 재판 업무는 그것을 게을리하였을 경우 태장형이 내려질 만큼 중요하였다.

그런데 수령은 실제 사법 업무에 그리 밝지 못하였다. 『속대전』 등의 법전이나 법의학서인 『세원록洗寃錄』과 『무원록無寃錄』조차 읽어보지 못하고 수령으로 임명된 경우가 많아, 실제로 재판에 임할 때는 형방 아전의 도움을 받을 수밖에 없었다.

〈그림 2〉 **차식어수포청죄인**(差食於囚捕廳罪人)
김윤보의 『형정도첩』에 나오는 그림으로, 전옥서에 수감된 죄인에게 음식을 넣어 주는 모습이다.

형방 아전들은 소장의 접수, 뎨김 작성, 청송식聽訟式의 절차에 따른 소지의 심리, 법규 적용에 대한 자문, 입안立案 : 개인의 청원에 따라 관에서 공증해준 문서이나 입지立旨 : 소지에 뎨김을 쓴 간단한 공증 문서 작성, 사건의 탐문·조사·보고, 죄인의 압송, 형신刑訊의 관장, 공안供案 : 죄인이 진술한 내용을 기록한 문서·결안結案 : 사죄인(死罪人)의 형을 확정짓기 위한 문서·검안檢案 작성, 형구 정비, 옥사 관리 등 실제 형옥 사무 전반을 관장하였다.

이처럼 형방 서리들은 재판의 실무를 담당하고 있었으나, 일정한 급료를 받지 못했기 때문에 재판 과정에서 농간을 부리거나 입안 발급 시에 납부해야 하는 질지作紙 : 판결문 용지 비용를 과다 징수하는 등 불법을 저지르는 경우가 많았다. 이 같은 부정은 재판의 결과에 영향을 미쳤을 뿐 아니라 소송인이 재판 결과에 불복하는 원인이 되기도 하였다.

억울한 판결이라고 생각되면 소송인은 수령이 교체되기를 기다려 3년 안에 다시 소송을 제기하거나, 아니면 감영에 바로 의송할 수 있었다. 2급 심의 재판은 감영의 감사監司, 즉 관찰사가 맡았다. 관찰사는 관할 수령에 대한 지휘 감독권을 가지며, 도 내 행정·군사·사법 기능을 총괄하였다. 관찰사는 올라온 사건을 검률檢律 : 사법 행정의 실무와 교육을 맡아보던 관리과 형방의 보좌하에 다시 심리하고, 사실과 증거 등을 조사하고 보완하여 시정 사항을 수령에게 내려보내면 수령은 그에 따라 판결하였다. 관찰사는 수령이 보고한 사건을 직접 재판하지는 않았으며, 사건을 조사·심의해서 의견서를 해당 고을에 내려보내고, 필요하면 다시 재판하도록 명하였다.

감영의 동헌은 관찰사가 재판하기 위하여 송사를 듣는 곳이었다. 동헌에는 문안文案과 간독簡牘이 놓이고 깃대 끝을 상아로 장식한 아기牙旗와 절월節鉞이 세워지는 등 병사와 수사를 겸하는 관찰사의 위엄이 느껴지도록 꾸며졌는데, 이는 법정의 분위기를 한층 엄숙하게 만들었을 것이다.

관찰사는 경관직京官職을 거친 자로 임명되었으며 사법적 기능을 수행해야 하므로 공평·청렴·정직함이 필수였다. 관찰사는 장杖 이상, 유형流刑 이하의 죄를 지은 범인에 대해 보고가 올라오면 이에 대해 수사를 지휘하고 해당되는 형벌을 내릴 수 있었다. 또, 관할 도 내의 미결수 현황도 파악하여 옥에 갇힌 죄수가 사망하면 경위서를 제출해야 했다. 사형죄에 해당하는 사건이 일어나면 그 고을의 수령과 함께 조사하여 보고를 올리고, 형조는 이를 다시 의정부에 보고하여 심사한 뒤 왕에게 올렸다. 관찰사는 자기의 처결 권한 밖의 죄에 대해서는 형조에 보고하고, 형조에서 조율照律 : 죄에 대해 구체적으로 율문을 적용하는 것하면 죄인을 귀양 보내거나 죄인으로부터 속전贖錢을 거두어 국가 창고에 귀속하고 공용의 용도로 써야 했다. 그러나 조선 후기에 이르러서는 형조에 보고하지도 않고 관찰사 자신이 판단하여 속전을 받아 개인적으로 유용하는 일도 비일비재하였다.

여러 사송아문의 재판 기능

2급심에 해당하는 재판 관서로는 형조, 한성부, 사헌부, 오부五部 등을 들 수 있다. 형조는 토지나 노비 등의 소송 심리에서 의금부, 한성부, 포도청 등과 중복되는 점이 많았다. 그러나 일단 모든 사송과 형옥 사건은 형조에 공문이 모아졌다가, 사안에 따라 관원에 대한 것은 의금부로, 절도 등에 관한 것은 포도청으로, 토지나 노비에 관계된 사건은 한성부로 이관하고 나머지를 형조가 처리하였다. 노비 소송의 경우 『경국대전』에 따르면 장예원에서 담당하도록 규정되어 있었으나, 실제 형조나 한성부에서 노비 소송을 맡는 경우가 많아 장예원의 기능이 약화되었다. 따라서 영조 초반 장예원 폐지에 대한 논의가 꾸준히 제기되었고, 그 결과 『속대전』에서는 장예원의 업무가 축소되었다. 이후 1764년(영조 40)에 장예원을 폐지하고 대신 보민사保民司를 설치하여 각 도에서 속전贖錢을 거두어들여 형조와 한성부의 비용을 충당하게 하였다. 결국 영조 대에 장예원은 실질적으로 폐지되었고 노비 관련 사건은 주로 한성부에서 담당하게 되었다. 조선시대는 행정과 사법이 분리되지 않았을 뿐 아니라 행정기관 내에서도 업무가 중복되었으므로 재판 관할권이 관청별로 명확하게 구분되어 있지 않았다. 이 때문에 각 기관들 사이에 사건이 오가는 번거로움이 있었지만, 일단 형조가 이들 사건을 총정리하여 배분하였다.

한성부는 서울의 행정기관이었으므로 서울에서 일어나는 토지, 가옥,

〈그림 3〉 한성부 앞(1890년대)
행정과 사법이 분리되지 않은 조선시대에 한성부는 형조, 사헌부, 오부 등과 함께 2급심에 해당하는 재판 기관의 역할도
했다. 특히 서울에서 일어나는 토지·가옥·채무에 관련된 소송을 담당하였다. 위의 사진은 1890년대 한성부 정문 앞의 모
습이다. 광화문 육조 거리 중 이조와 호조 사이에 자리하고 있었으며, 그 우두머리는 판윤(判尹)으로 오늘날 서울시장이
라 할 수 있다.

채무 등에 관한 소송을 담당하여 1급심 재판을 맡아보았지만, 조선 중기 이후부터는 관할 구역이 전국으로 확대되었다. 특히 토지·묘지 소송의 경우에는 서울에 국한하지 않았다. 검시檢屍, 금제禁制의 단속 업무 외에 산송山訟 : 묘지에 관한 소송을 비롯하여 토지·노비 소송까지 재판하면서 사법적 기능이 더욱 강화되어 조선 후기에 이르면 형조와 같은 위상을 갖게 되었다. 다만 서울에서 일어난 살옥殺獄의 경우, 한성부에서 검시하여 그 결과를 형조에 보고하고 형조가 재판을 열고 심리하는 일을 담당하였다. 즉 형조는 주로 형옥에 관련된 사건을, 한성부는 민사사건을 전담하는 방향으로 업무가 분장되었다.

사헌부는 시정을 논핵하는 업무를 담당한 관서였으나, 판결의 부당함을 호소해오는 사람이 있으면 해당 사건을 재심리할 수 있도록 검토하는 권한도 가지고 있었다. 국초에는 간관으로서 언책言責만 맡고 서무는 보지 않았기 때문에 하루에 한 번씩 모여 차를 마시며 정사를 논의하는 다시茶時만 하였다. 그러다가 점차 대간臺諫이 소송을 심리하게 되면서 모임 장소였던 다시청茶時廳은 항상 출근하여 사건을 살펴보는 곳이 되었다. 소송 심리에 대한 대간의 역할 비중이 높아진 것이다.

서울의 오부 역시 채송債訟 : 채무 관련 소송에 대한 심리를 담당하면서 사송아문詞訟衙門의 역할을 하였다. 원래 오부는 20냥 이하의 소액 소송 및 술주정이나 싸움 등으로 야기된 소송만을 처리했지만, 19세기 들어 고액 관련 소송에 대해서도 재판함으로써 법사法司와 다름없는 위상을 갖게 되었다. 처음 오부에는 주부와 참봉만 두었는데, 대부분 중서인中庶人들이 맡았기 때문에 그 지위가 낮았다. 그러다가 오부의 역할이 커지자 주부를 도사로, 참봉은 봉사로 고치고, 사대부 중에서 유능한 이를 골라 관원으로 삼았으며 수령에도 제수될 수 있도록 하였다. 형조와 한성부 외에 오법사五法司

까지 생겨 재판 기관의 난립이라는 폐단이 커지자, 20냥 이상의 소송은 한성부에서 담당케 하고 오부의 역할을 제한하는 등 수차례 소송 금지 명령을 내렸으나, 금전 문제에 관한 재판은 여전히 오부에서 도맡았다.

그렇다면 이들 관청에서 이루어지는 재판의 법관은 누구였을까? 이들 관청에서 재판은 단독 판결이 아닌 합의제로 운영되었다. 즉 지방의 수령처럼 관아의 최고위 관직자가 단독으로 판결하는 것이 아니라, 각 부서의 당상관과 당하관이 법관이 되어 합의제로 판결하였다. 한성부는 판윤, 좌윤, 우윤 중의 두 사람, 당하관인 판관과 참군 각 한 사람씩 네 사람이 합의에 따라 판결했고, 형조에서는 중죄수에 관한 사건을 완결지을 때 판서, 참판, 참의 세 당상관이 합좌하여 거행하였다.

사송아문에서는 판결 내용을 10일마다 기록하여 왕에게 보고했고, 소송을 처결한 날짜를 매달 형조에 공문으로 보냈다. 이들 관청에서 판결을 마무리한 다음에는 판결 내용을 입안으로 작성해주었는데, 이를 결송입안決訟立案이라고 한다. 『경국대전』 「예전」의 '입안식立案式' 조에 따르면 연월일과 함께 무슨 관청에서 어떤 일 때문에 작성하는 입안인지를 쓰고 당상관과 당하관이 서명하였다.

그런데 이들 2급심의 역할을 맡은 법사에는 법관 업무를 보는 관원들의 전문성이 부족하다는 문제가 있었다. 한 관원이 관직을 겸직하거나, 또는 한 관직에 오래 있지 못했기 때문이었다. 정약용은 관원이 관직을 겸직하고 자주 바뀌는 폐단에 대해 언급하였는데, 아침에는 농정農政을 담당하다가 저녁에는 군대의 일을 맡아보고 형조와 예조는 으레 겸직하는 것으로 여기고 있다면서, 당시 관직이 넘쳐나고 제대로 된 인재가 임명되지 못하고 있음을 지적하였다. 형조의 경우 앞 관장官長이 결정한 재판을 뒤 관장이 번복하기도 했는데, 이는 형조의 관리가 자주 바뀌는 바람에 나타난 현상으로, 형사재판에 대한 원망이 커지는 원인이 되었다. 실제로 일반 백성들의 생활에 직접적인 영향을 미치는 부서는 형옥과 병제兵制 등을 담당하는 관서일 것이다. 그럼에도 형옥·병제 등 실제 사무를 담당하는 관서와 관원의 전문성을 담보하지 못했던 것은 실리보다 명분을 중시하는 성리학적 관념이 관제官制에도 투영되었기 때문이다. 이는 조선 관제의 대표적 문제점이었다.

법사로서 형조나 한성부는 서울의 사송詞訟만 다루고, 지방민들은 그 지방 소속 관아에서 재판을 받아야 했지만, 이러한 원칙은 잘 지켜지지 않았다. 즉 하급 관사에서 상급 관사로 순서에 따라 제소해야 하는 원칙을 지키지 않고 지방의 소송을 형조 등 서울의 관부로 곧장 가지고 가는 월소越訴가 빈번하게 이루어졌던 것이다. 월소는 재판 기관의 계통을 무너뜨리는 행위라 여겨 법으로 금지했고, 이를 어길 경우에는 태笞 50의 형벌에 처하였다.

그런데 이러한 월소의 중심에 비변사가 있었다. 비변사가 생긴 뒤로 모든 이서吏胥와 백성들이 지방 관아 및 감영이나 중앙의 해당 관청을 존중하지 않고, 크고 작은 일을 막론하고 곧장 비변사에 제소하는 것을 능사로 삼았던 것이다. 또 비변사에서는 내용도 살피지 않고 모두 수리해서 처결하였다. 비변사는 점차 소송에 따른 재판도 진행하는 사법 기능까지 겸하였고, 이에 따라 비변사의 대신들도 법관의 역할을 겸하게 되었다. 비변사가 조선 후기 들어 또 다른 사법기관의 역할을 한 셈인데, 이는 법전 규정에도 없는 일이었다. 결국 조정은 비변사의 재판 기능을 축소시키고자, 비변사에서 청송할 경우 해당 유사 당상은 3년 동안 금고禁錮:죄가 있는 경우 벼슬을 하지 못하도록 하는 것하고 해당 법리法吏는 엄히 세 차례 형문하는 것을 정식定式으로 삼게 했지만, 그리 큰 효과를 보지는 못하였다.

양반을 위한 의금부와 추국청

또 하나의 재판 기관인 의금부는 왕부王府라고도 했는데, 형조나 한성부 등 일반 법사 기관에 비해 역할이나 다루는 죄인들의 신분이 특별하였다. 의금부는 조정 관원이나 양반만을 위한 특별한 재판 기관이라는 점에서 일반인을 대상으로 하는 형조와 달랐다. 일반 상민을 다루는 형조에 양반이 함께 있을 수 없다 하여 양반들의 재판을 따로 처리하기 위해 만들어진 기관이 의금부였다. 조정 관원이 죄를 범하여 형조, 사헌부, 사간원에 잡힌 경우 모두 왕에게 보고하고 의금부로 이송하였다. 하지만 양반 관료라고 해서 모두 의금부에서 처리한 것은 아니었다. 납속納粟이나 군공을 세워 양반 신분을 얻은 이, 상민이 과거에 급제하여 양반에 오른 이는 비록 그 신분이 양반일지라도 의금부로 이송되지 못하였다. 다시 말해 의금부는 문·무과 급제자 및 동·서반 정직正職인 양반 문무관 등 순전한 양반만을 위한 기관이었다.

의금부에서 주로 다뤄야 하는 범죄는 큰 역모 사건이나 급박한 변란에 관계된 일이었으나, 그 밖에도 대소 신료가 저지른 여러 가지 죄까지 모두 처리하였다. 사실, 역모나 반란 외에 중대한 사건이라면 의금부에서 단독 심리를 하는 것이 아닌, 의금부·사헌부·형조 등 세 법사의 당상들이 한데 모여서 논의하면 될 일이었다. 그러나 이를 대부분 의금부에서 다루면서 형조는 천한 죄수나 다스리는 관청이 되어버렸고, 의금부는 재판 범위가 넓어졌다. 게다가 강상죄에 대한 범죄도 의금부가 아울러 처리하였다. 형조에서 다루어도 충분한 강상죄를 삼성추국三省推鞫, 즉 의정부·사헌부·의금부가 합좌하여 처리하도록 한 것은 삼강오륜을 중시하는 성리학적 이념 때문이었으니, 이 또한 의금부의 재판 기능이 확대된 원인이었다.

〈그림 4〉 겸재 정선의 〈의금부〉
겸재 정선이 그린 의금부 모습이다. 의금부는 왕부(王府)라고도 하며 원래 역모·반란 사건을 다루어야
했지만, 대소 신료가 저지른 여러 가지 죄까지 모두 처리하여 재판의 범위가 확대되었다. 개인 소장.

이처럼 의금부는 역모나 반란 등의 중대 사건 외에 형조에서 다루어도 되는 사안까지 담당했지만, 정작 의금부 재판인 추국推鞫에는 정식으로 배정된 관원이 없고 당상관이 모두 그 직무를 겸대하였다. 추국청은 사안에 따라 왕이 직접 참여하여 재판 과정을 지휘하는 친국親鞫, 그리고 대신大臣 중에 임명된 위관委官이 법관이 되어 재판을 여는 정국庭鞫으로 운영되었다. 이 경우 법관은 왕이나 위관이지만 추국청 참여 관원과 합의로 결론을 이끌어냈기 때문에 독단적으로 판결을 내리는 경우는 흔치 않았다.

그러나 왕은 형률을 가감할 수 있는 권한을 갖고 있었다. 의금부에서는 범죄의 경중을 의논하여 율문의 적용을 아뢸 수는 있어도 형률을 가감하거나 취사선택하여 보고할 수는 없었다. 왕이 혹시라도 도성 밖에 나가 있을 때는 의금부 당상관들이 죄인의 구술을 듣고 조서를 작성하여 관인을 찍지 않은 채 왕에게 가서 보고해야 했다. 이를 검토한 왕이 의논하여 처리하라는 명령을 내린 후에야 의금부는 형률을 시행할 수 있었다. 즉 왕은 조율 과정에는 관여하지 않지만, 조율의 승인은 반드시 왕을 거쳐야만 집행될 수 있었다. 특히 서울이나 지방에서 재판할 때 사형에 해당되는 죄를 범한 자가 있으면, 비록 용서할 만한 사정이 있더라도 반드시 왕에게 보고하여 지시를 받아 처리해야 했고, 관원들이 마음대로 판단하여 사형을 경감할 수 없었다. 즉 전국에서 벌어진 사형죄에 관한 재판의 최종 결정은 전적으로 왕의 권한이었다.

반역·모반 사건인 경우, 죄인의 자백을 받으면 의금부는 결안結案을 작성하고 형조에서는 해당되는 형률을 찾아 조율하여 형벌을 집행하는 순서로 재판이 이루어졌다. 이 과정에서 법관인 왕은 수사 과정에 참여하여 심문 조목인 문목問目을 통해 심문하는데, 죄인이 자백하거나 죽으면 재판이 종결되었다. 재판의 종결은 죄인의 자백 여부에 달려 있기 때문이었다. 국왕이 할 일은 심문을 계속 지속시켜야 하는지를 결정하는 것이고, 죄인의 자백을 얻으면 판결은 형조에서 정한 조율을 그대로 승인하면 되었다.

그러므로 친국의 경우 국왕은 최종 판결에서 영향력을 행사한다는 점보다 죄인으로부터 원하는 답을 듣기 위한 심문 과정에 깊이 개입한다는 점에 의미가 있었다. 이렇게 볼 때 왕과 더불어 추국에 참여했던 관원들도 심문 과정에서 법관 구실의 일부를 담당한 셈이었다.

승정원의 사무를 담은 『은대편고銀臺便攷』에 따르면 조선 후기 추국에 참여한 관원들은 시·원임 대신, 의금부 당상관, 사헌부·사간원의 모든 관원들, 좌·우포도대장 등이며, 좌·우포도대장은 추국청 밖에서 대령하도록 되어 있다. 실제 추국 기록인 『추안급국안推案及鞫案』을 통해 본 참여 관원은 그 조합이 매 사건마다 동일하지는 않지만, 대체로 봉조하, 영중추부사, 행 판중추부사, 의정부의 영의정·좌의정·우의정, 의금부의 지의금부사, 승정원 우부승지, 사헌부 장령·지평, 사간원 대사간·헌납 등이다. 별문사낭청은 이조·병조의 정랑·좌랑, 홍문관 부응교·교리·부교리·부수찬, 부사과나 지평, 정언, 사간 등을 역임한 이들로 구성되었으며, 별형방과 문서색에는 도사 등이 참여하였다. 이 가운데 봉조하와 영중추부사 등은 지방에 있다거나 병환 등의 이유로 대부분 참석하지 않았다. 따라서 실제 추국청에서 재판에 관여하는 이들은 삼정승, 의금부의 의금부사, 승정원의 승지, 그리고 사헌부의 장령과 지평, 사간원의 대사간과 헌납 등 대신大臣들이었다. 실제 추국청 재판의 결과를 좌우하는 것도 바로 이들, 대신大臣과 대간臺諫들이었다.

추국청에 대신 이하 사헌부·사간원 등의 대간들이 참여하다 보니, 이들이 율법에 대해 논의하여 옳고 그름을 결정짓는 일까지 하게 되었다. 대간이 아무리 탄핵하는 일을 주관한다 해도 율법을 논정할 때는 형조나 한성부의 처분을 기다려야 했지만 자신들의 의지대로 관철하는 경우가 많았다. 대간이 곧 법관의 구실까지 함으로써 나타나는 폐해는 조선 후기의 실학자들도 지적했던 바였다. 실학자들은 대간이 죄인의 죄에 대한 참과 거짓을 제대로 조사하지 않은 채 억측으로만 생살生殺을 임의로 결정하는 것은 문제라고 비판하였다.

대간은 죄인의 공초供招를 받아서 증언을 듣거나 사실을 조사하지 않기 때문에 정형正刑을 요청할 수 있는 근거를 가지고 있지 않았다. 심리해야 할 죄인을 의금부에서 빠뜨렸을 경우, 추국청에 참여한 대간이 그 실수를 논하는 것은 옳지만, 마음대로 율법을 논정할 수는 없다. 즉 대간은 오늘날 검사의 기소에 해당하는 역할만 하면 되는데, 법사에서 재판이 끝나고 왕의 최종 판결을 기다리는 과정에서 월권하여 판결까지 좌우했던 것이다.

이처럼 추국청에서 대간의 입김이 세진 것은 거기서 다루는 사건이 대부분 모반·모역 사건이기 때문이었다. 조선 후기에는 정치적 모반 사건이 끊임없이 일어났는데, 이는 대부분 당파의 정치적 갈등에서 비롯된 것이 많았다. 이에 대간들은 추국청의 사건에 관여하여 자신들의 당파적 입장을 견지하거나 영향을 주면서 재판의 결과에 개입하였다.

반역죄를 다스릴 때는 죄인을 국문하여 정당한 율법을 적용하는 것이 규례였다. 하지만 대간들은 죄인의 국문 과정을 거치지 않은 채 바로 극률極律을 요청했고, 의금부에서는 왕의 윤허만 내리면 지시대로 시행할 뿐이었다. 상황이 이러하니 대신의 직위에 있는 이라도 역모 사건에 연루되면 사실을 진술할 겨를도 없이 한마디 해명도 못하고 죽어가는 일이 많았다. 나이 젊은 대간들이 왕을 부추겨서 법전이 아닌 경전에 나오는 '무장부도

無將不道 : 장차 반란하려는 뜻을 갖고 도리에 어긋난 일을 한다는 뜻으로, 증거도 없이 단지 반란하려 한다는

억측만으로 죄를 주는 것'를 최종 판결 근거로 삼아 곧바로 사형을 단정짓기도 하였다. 이와 같이 죄를 성토하는 일을 대간이 전담하고 의금부에서는 그에 따라 심문만 하는 것은 잘못된 관행이었다. 추국 죄인에 대해 형문, 체포, 조사를 요청할 경우 추국청에서 완전히 합의한 뒤 왕에게 보고하도록 하고 국문에 참여한 대간이 혼자 보고할 수 없도록 『속대전』에 규정해 놓은 것 역시 추국청 재판에 영향을 미치는 대간들의 입김을 배제하려는 의도였다.

변호사 구실을 했던 사람들

오늘날 재판에서 변호사의 필요성이나 역할, 그가 재판 결과에 미치는 영향 등은 두말할 필요 없다. 그렇다면 조선시대에도 변호사라는 존재가 있었을까? 앞서 말했듯이 조선은 소송이 없는 사회, 즉 무송 사회를 이상으로 삼았기에 소송을 확대하는 데 일조하는 변호사와 같은 존재를 당연히 부정하였다. 실제로 변호사 역할을 하는 존재가 뚜렷하게 잡히지는 않지만, 사료에 등장하는 외지부外知部나 쟁송위업자爭訟爲業者가 변호사와 비슷한 일을 했던 것으로 보인다. 『중종실록』에서 법률을 암송하고 문권을 위조하여 소송을 교사敎唆한 뒤 그 소송에서 이기면 이로부터 이익을 취하는 무뢰배의 존재에 대해 언급하면서, 예전엔 이들을 도관지부都官知部라고 했는데 지금은 외지부라고 부른다고 하였다.

외지부는 사람들이 형옥에 연루되어 형벌을 피할 수 없으면 가능한 가벼운 죄목을 찾아주었고, 개인의 경제적 이익이 걸려 있는 경우는 승소할 수 있는 방향으로 유도해주었다. 소송을 대신 해주기도 하고 소송 당사자에게 법률 지식을 가르쳐주었다. 일반 민들은 대부분 법정에서 어눌하고 주눅 들어 말을 잘하지 못하였기 때문에 말과 문자에 능한 이들이 그들의 친척이라면서 대송해주었다. 이렇게 대신 소송해주는 일이 늘어나자 19세기 목민서에서는 말로써 잘못을 가리거나 관문에서 비리호송非理好訟하는 자들의 말만 듣고 결송해서는 안 된다고 지적하기까지 하였다.

그렇다면 마을에서 소송을 도와주는 역할을 했던 이들은 구체적으로 누구였을까? 다산 정약용은 사람들의 소장 작성에 도움을 주는 이들로 서당 훈장을 지목하였다. 촌 백성은 법례도 모르고 문자도 모르므로 서당 훈장이 소장을 대신 꾸며주는데, 이들 역시 무식하여 사건에 대한 실증은 빠뜨리고 지엽만 늘어놓는다면서 이문吏文에 밝지 못한 훈장의 한계를 지적하였다. 그러나 실제 재판에서 변호사와 같은 역할은 했던 사람은 정약용의 지적처럼 유학적 소양을 지닌 서당 훈장이라기보다 율례에 해박한 지식을 가진 좀 더 전문적인 사람들이었다. 물론 이들 중엔 양반도 있고 중인들도 있어서 신분을 획일적으로 규정하기는 어렵다. 숙종 때 한위겸이라는 사람은 본래 중인 신분으로 잡직을 지낸 적도 있는데, 왕의 비답批答과 수교受敎, 병조의 인신印信과 대간의 계사啓辭, 공문 등을 위조하여 돈을 받은 사실이 탄로나 형벌을 받았다. 양상언, 박승창이라는 사람은 사족士族은 아니지만 양반가이고 무과 출신인데, 서로 한편이 되어 소송을 대신해주면서 승소하면 이익을 나눠 갖기도 하였다. 이들의 이름이 법조 문서에 오른 일이 거의 십여 차례라는 지적으로 추측건대, 이들은 소송 대리 업무를 업으로 삼았던 것으로 보인다.

조정에서는 이들을 '쟁송위업자', 즉 쟁송을 교사敎唆하는 것을 업으로 삼은 자들이라고 파악하였다. 1706년(숙종 32)에 편찬된 법전인 『전록통고典錄通考』에서는 교사의 의미에 대해 좀 더 자세한 설명을 덧붙이고 있다.

'교教'는 남이 고발할 수 없는 것을 하게끔 하는 것이고, '사唆'는 남이 고발하고자 하지 않는 일을 고발하도록 꾀는 것이라 하였다. 즉 쟁송을 교사하는 이들은 소송할 수 없는 일을 어떻게든 소송으로 확대하는 사람들이었다. 이들은 자신이 가지고 있는 법 지식을 팔아 대가를 챙겼다. 문기를 위조할 뿐 아니라 한 사람이 두 번 이상 기송起訟할 수 없다는 규정을 피해 몇 사람이 한 패가 되어 서로 번갈아가며 소송에 관여했으며, 승소하면 이익을 나눠 갖기도 하였다. 소장은 언문으로 작성할 수 없도록 되어 있는데도 관의 관심을 끄는 데 효과가 있다는 이유로 일부러 언문 소장을 작성하도록 지시하기도 하고, 본디 피고가 있는 곳에서 소송해야 하는 규정을 어기고 형조에 직접 소송하도록 유도하기도 하였다.

이들은 일정한 거주지 없이 소송이 있는 곳이면 어디든 가서 관여하였다. 재판이 열리는 곳을 배회하면서 고용인을 찾기도 하고 사람들로 하여금 기송하도록 부추기기도 하였다. 그뿐만 아니라 왕에게 직접 올리는 청원인 상언上言이나 격쟁擊錚에도 관여하였다. 상언이나 격쟁은 왕이 능행을 나설 때 연도에서 왕의 행차를 기다리고 있다가 억울한 사정을 글로 올리거나 징을 쳐서 호소하는 방법이다. 격쟁은 글 작성이 필요없기 때문에 나이나 신분에 관계없이 각 층에서 이용하였다.

원래 상언·격쟁은 적첩嫡妾의 분별, 형륙을 당해야 하는 경우, 양천良賤이나 부자父子의 분별 등 네 가지에 해당하는 경우(4건사)에만 허용되었다. 그러나 개인적인 원한, 부역의 편중이나 면제, 전답·조세 문제, 환곡의 폐단, 관리들의 비리 고발 등 일반 민원 전반에 걸쳐 확대되었다. 억울한 사정이 있으면 사헌부에 고소해야 하는데 오직 상언·격쟁으로만 몰렸다. 정조는 능행과 거둥 중 백성의 억울함을 들어주면서 은전을 베풀어 위민爲民정치를 한 것으로 평가받고 있는데, 한편으로는 이러한 정조의 소원訴冤 정

〈그림 5〉 한성부가 경기도 관찰사에게 보낸 관
1727년(영조 3) 한성부가 경기도 관찰사에게 거짓으로 격쟁한 박탄·박곤 등의 죄를 엄중히 다스리고 투장한 묘는 관에서 파내 이장할 것을 당부한 관(關)이다. 규장각한국학연구원 소장.

책이 법적 소송 절차를 무색하게 만든 문제점이 없지 않았다.

산송이나 토지·노비 소송 등에서 이미 세 번 소송하여 패소한 사건인데도 번번이 상언하거나 격쟁하는 일이 나타났다. 특히 산송 같은 경우 삼도득신의 규정에 불복하여 격쟁하면 다시 소송할 수 있도록 허락해줌으로써 9번이나 소송하는 경우도 있었다. 1727년(영조 3) 여러 차례 소송에서 이긴 송조석 소유의 산에 같은 마을 사람인 박탄·박곤 등이 판결에 불복하고 투장偸葬하였는데, 이들이 오히려 격쟁하여 자신들의 정당성을 주장한 사건이 있었다. 이에 대해 한성부는 판결에 불복하고 격쟁한 박탄·박곤의 죄를 엄중하게 다스리고 투장한 묘는 파내 옮기도록 경기도 관찰사에 지시하였다.

상언·격쟁이 빈번해진 것은 4건사를 벗어나 조세, 일반 민원, 소송에서 패소한 사건 등으로 그 범위가 확대되었기 때문이기도 하다. 그러나 조정에서는 상언을 작성해주고 이를 부추기는 사람들이 따로 있기 때문이라고 보았다. 정기적 거둥 때 상언을 올리는 일이야 있을 수 있지만, 불시에 이루어지는 왕 행차 때도 경기도뿐 아니라 각 도의 상언이 다 들어오는 것으로 미루어 전문적으로 제술하는 사람들이 있다고 파악한 것이다. '경거사리지도京居謝利之徒', 즉 서울에 살면서 이익을 좇는 이들, 외지부 같은 이들

110

이 미리 청탁을 받아두었다가 언제라도 왕이 거둥할 때 상언을 올리는 것이라고 보았다. 사람들의 부탁을 받아 써 놓은 소지의 초고를 상자 가득 갖고 있다가 왕이 거둥한다는 소식을 들으면 언제든 접수할 수 있도록 준비해두고 있다는 것이다.

격쟁에서도 이들의 구실을 짐작할 수 있다. 13세의 사내아이 김연서는 아버지의 전답 700마지기에 만 냥 남짓의 세금이 부과된 것과 전답이 나라의 제언提堰에 섞여 들어갔다는 등의 내용으로 격쟁하였고, 서울 서부에 사는 8세의 어린이 이아기노미는 아버지와 동업한 사람에게 2,100냥의 돈을 빼앗겼다면서 이것을 받아준다면 국곡國穀을 완납하겠다며 격쟁하였다. 두 사례 모두 아이가 아버지의 토지나 부채 문제를 가지고 격쟁한 경우인데, 이에 대해 정조는 8세의 어린아이가 어찌 이와 같이 글을 지을 수 있겠느냐고 물으며, 김연서의 경우 13세의 어린아이가 스스로 할 수 있는 일이 아니라고 하면서, 뒤에서 이를 조정하고 사주한 사람이 있을 것이라고 추측하였다. 김연서는 아버지가 정배定配를 당해 직접 격쟁할 수 없게 되자 자신이 대신 격쟁하였다고 말했지만, 결국 진술 과정 중에 격쟁을 지시하고 사주한 사람이 있다고 털어놓았다. 이와 같이 혼자 힘으로는 도저히 소송을 하거나 격쟁하기 힘들 것 같은 이들의 경우, 조정에서도 파악하고 있듯이 뒤에서 도와주고 지시하는 사람들이 있었을 것으로 추측된다.

국가에서는 이들을 붙잡으면 장杖 100, 유流 3,000리의 형벌에다 가족까지 변방으로 옮기는 전가사변全家徙邊에 처하였다. 또한 이런 이들을 관에 신고하도록 하고, 잡아 온 사람에게는 강도를 붙잡아 온 사례에 따라 면포 50필을 상으로 지급하기도 하였다. 한 사람이 두세 곳에서 사리에 닿지 않는 일을 가지고 소송하는 경우에도 역시 같은 형률로 다스렸다. 남에게 소송을 교사한 이, 남에게 소장을 만들어주면서 죄의 정황을 가감하거나 다른 사람을 무고한 이는 범인과 같은 죄로 처벌하였다.

사실 이들은 소송을 부추긴다는 점뿐만 아니라 불법적인 방법을 동원한다는 점도 문제였다. 관인官印을 도용하면서 소송 문서를 불법적으로 작성하고, 사실을 왜곡하거나 증거를 인멸하며 소송을 고의적으로 지연시키기도 했다는 점에서 부정적인 면도 없지 않다. 그러나 『속대전』이 편찬된 영조 대 전후 시기에 쟁송위업자나 외지부 등의 이름으로 등장하는, 곧 소송을 하는 사람들에게 필요한 지식을 제공하고 직접 소송을 담당해주던 이들은 분명 당시의 시대적 요구에 부응하여 형성된 계층이었다. 실제 이들이 하나의 직업군으로 형성되었는지는 확실하지 않다. 게다가 이들은 애초에 법으로 금지되었고, 소송에서 이들이 일으키는 부정행위와 금전 수수 등의 폐단도 늘 지적되었다. 그러나 민들이 권리를 찾는 데 도움을 주고, 법을 형벌의 의미로써만이 아니라 나에게 이익이 될 수 있고 나의 권리를 찾기 위한 수단으로 인식하게 하는 데 일정한 역할을 했다는 점에서 긍정적으로 평가할 수 있다.

소송이 증가하고 사회가 그들을 필요로 하는 한, 겉으로 드러나지는 않더라도 여전히 민들의 생활 내부에서 어떤 형태로든 소송에 관여하며 나름대로 소임을 수행해 나갔을 것이다. 법에 대한 민의 인식 변화, 그에 따

른 새로운 직업군의 형성 등은 조선 봉건제 사회가 내부적으로 변화해가
고 있었다는 점을 확인해주는 하나의 지표가 아닐까.

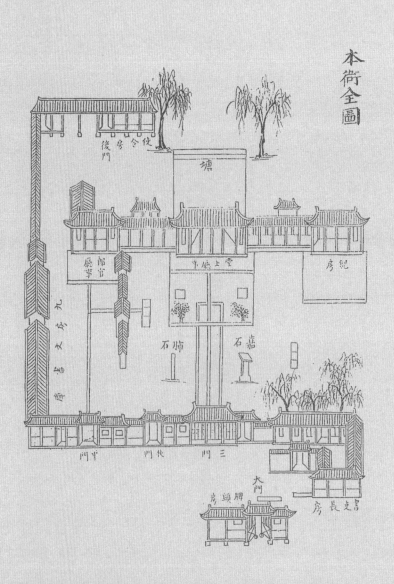

本衙全圖

제2부

경제생활과 소송

인간 세상에서 과연 소송 없는 사회를 실현할 수 있을까. 현생 인류의 조상을 호모사피엔스라고 하듯이 인간이란 존재는 집단·사회 속에서 다른 사람들과 접촉하며 살아야 하는 운명이다. 그런데 두 사람만 모여도 서로 적극적

인간 세상에서 과연 소송 없는 사회를 실현할 수 있을까. 현생 인류의 조상을 호모사피엔스라고 하듯이 인간이란 존재는 집단·사회 속에서 다른 사람들과 접촉하며 살아야 하는 운명이다. 그런데 두 사람만 모여도 서로 적극적

다르고의 견해리가 심심찮게 일어나는 것을 보면 대립과 갈등, 분쟁과 소송은 어찌 보면 인간 사회 본연의 특성이며 이류의 역사와 흐름을 같이 하는 자연스러운 현상일 것이다. "분쟁과 소송은 자신의 권리를 주장하는 적극적

인 행위에도 불구하고 부정적인 이미지로 다가온다. 유교 문화의 역사적 경험이 지금 세기를 살아가는 현대인의 가치관과 사고 특에 흐름을 남긴 것인가. 인식의 전환이 요구되는 순간이다. "분쟁과 소송은 개인과 개인,

과 집단, 집단과 집단 간의 이해가 충돌했을 때 이를 조정하고 해결하기 위한 과정이다. 집단과 사회 내의 수많은 다양한 관계들 속에서 발생하는 대립과 갈등을 조정하는 적극적인 사회 현상이자 역사의 현장인 것이다.

1장

매매 분쟁 — 재산권과 계약 제도의 발달

조선시대 사람들은 경지·가옥·산지 등의 부동산, 노비, 그리고 공인·객주 등의 권리와 같은 중요한 재산을 매매할 때 반드시 계약서를 작성했다. 이 매매계약서를 '명문', '문기' 또는 '문권'이라고 했다. 조선시대에는 재산권이 성장하고 계약 제도가 발달하여 계약 사회가 성립하였다.

시장의 성장과 다양한 상품의 거래

매매 분쟁을 이해하기 위해서는 먼저 시장 거래의 실태와 성격을 파악할 필요가 있다. 오늘날 우리는 살아가는 데 필요한 물자를 거의 모두 시장에서 구입한다. 그리고 그 구입 자금을 마련하기 위해서는 우리가 가진 재화나 노동력을 시장에 내다 팔아야 한다. 우리가 모아두는 재산 역시 화폐를 제외하면 시장에서 바로 거래될 수 있는 금, 금융자산, 부동산 등이다. 어떤 물자가 부족하거나 남아돌면 시장이 알아서 자동적으로 해결해준다. 그래서 오늘날 시장경제 체제 또는 시장 사회가 성립해 있다고 말하는 것이다.

하지만 조선시대에는 자급하는 비중이 높았고 시장은 경제생활의 부차적인 요소였다. 조선 중기까지는 서로 관계를 맺은 사람 간에 선물을 주고받거나 국가 등 공동체가 물자를 모아 재분배하는 부분이 시장에서 조달하는 물자보다 많았던 것으로 보인다.

비록 초기에는 미약했지만 조선시대 내내 시장은 꾸준히 성장했다. 그 결과 17세기 후반부터는 매매가 경제생활의 중요한 요소로 자리 잡고, 나아가 시장이 경제를 움직이는 큰 힘으로 작용했다. 서울 인구가 20만 명에 도달한 17세기 후반에 한성부 시장은 "모든 물건이 모여드는 곳이어서 제 값을 주면 물건이 다리가 없이도 다 몰려온다"(『현종실록』 5년 3월 丙子)라고 할 정도로 활성화되었다. 서울, 개성 등 대도시의 주민은 상설 점포인 시전市廛에 크게 의존했다. 대개 5일마다 열리는 장시場市가 조선 중기 각지에 활발히 출현하여 18세기 중엽에는 전국에 1,000여 개에 이르렀다. 이에 따라 18세기 중엽에는 북부의 산악 지방을 제외하면 대부분 하루 내에 장을 볼 수 있게 되었다. 농촌에서는 장시를 거치지 않은 거래도 활발히 이루어졌다.

조선 후기에는 한층 더 시장이 발달하면서 다양한 상품이 거래되었다. 서유구徐有榘가 저술한 농업백과사전 『임원경제지林園經濟志』 「예규지倪圭志」에는 장시에서 거래된 다양한 상품이 수록되어 있다. 당시 장시에서 거래된 주요 물품으로는 미곡을 중심으로 하는 곡물류, 무명을 중심으로 하는 직물류, 연초·면화 등 특용작물, 수산물과 축산물, 각종 수공업품 등이었다. 노비도 중요한 재산으로 간주되어 매매되었다. 도시에서는 더욱 다양한 상품이 거래되었다. 그뿐만 아니라 대외무역을 통해 중국, 일본 등지의 물산이 수입되었다.

재화뿐만 아니라 서비스와 각종 권리도 상품으로 매매되었다. 18세기 이후 노비제가 해체되어가고 임노동자층이 성장하면서 노동력의 매매도 늘어났다. 18~19세기에는 어음 유통이 갈수록 활발해졌다. 17세기에 대동법이 시행되면서 국가는 필요한 물자를 공인貢人에게서 조달받았는데, 이

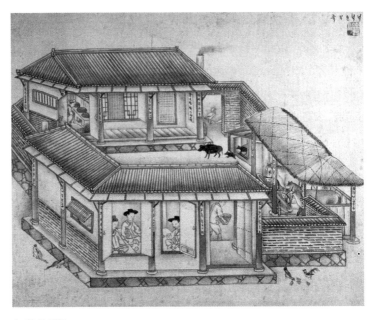

〈그림 1〉 객주
조선 말기의 화가 김준근(金俊根)이 그린 『기산풍속도첩(箕山風俗圖帖)』에 나오는 객주의 모습이다.
조선 후기에는 상업이 활성화됨에 따라 위탁매매 등의 업무를 담당하는 객주가 많이 늘어났는데, 객주
의 권리 등 이권이 재산권으로 매매되었다.

공인의 권리도 매매되었다. 또한 상업이 활성화됨에 따라 주된 운송 수단
인 선박이 출입하는 포구에 위탁매매 등의 업무를 담당하는 객주客主가 증
가했는데, 이 객주의 권리 또한 매매되었다. 공인이나 객주 등의 권리를
매매하는 계약서에서 매도인은 일반적으로 '재주財主'라고 표기되었다. 이
는 오늘날 재산권과 상통하는 개념이다.

공인이나 객주의 권리와 같은 이권뿐만 아니라 산업 경영의 권리도 거
래되었다. 물고기를 잡는 어전漁箭·어망漁網, 그리고 소금을 굽는 가마인 염
분鹽盆은 자본재로서 거래되었는데, 이때 어전·어망·염분뿐 아니라 그것이

설치된 지역까지 포괄해서 매매되었으므로, 염업권·어장권이라는 재산권의 매매로 볼 수 있다.

공업화는 근대적 경제 발전을 의미한다는 점에서 광공업에 투하한 자본의 권리인 물주권의 거래는 중요한 의의를 가진다. 실제로 국가에 도자기를 납품하는 광주의 「분원편수복설절목分院邊首復設節目」에 따르면 "대개 편수의 칭호는 어떠한 수공업자를 막론하고 반드시 그중에서 수단이 노숙老熟하여 두목으로 된 자"인데, 수공업자는 "모두 가난하고 어리석어서 그 준비한 물자를 빌리지 않을 수 없으니, 이에 협잡배가 나타나 돈벌이할 곳를 보아 처음에는 서로 얽히고 결탁하여 암암리에 편수의 물주物主가 되"었다고 한다. 광주 분원은 관영 수공업장이었으므로 그곳에 투하된 자본에 대한 권리, 즉 물주권은 암암리에 매매될 수밖에 없었다. 물주의 권리는 사기그릇을 만드는 분원 등 수공업 분야뿐 아니라 광업에서도 매매되고 있었다.

'내 것'이라는 관념의 성장

시장 거래가 원활히 이루어지기 위해서는 소유권 제도가 정비되어야 한다. 소유하지 못한 재화를 매매할 수는 없기 때문이다. 또한 매매계약의 내용이 명확하고, 소유권 이전을 포함해 그 계약이 확실하게 이행되어야 한다. 여기에 더해 매매 과정에서 분쟁이 발생할 경우 효율적으로 해결될 수 있어야 한다. 요컨대 소유권 제도, 계약 제도, 분쟁에 대한 해결 제도가 잘 정비되어야 매매 분쟁이 줄어들고, 그럴 때 시장 거래가 원활하게 이루어질 수 있는 것이다. 매매 분쟁이 빈발하면 거래가 안정적으로 이루어지기 어려우므로 시장경제가 잘 돌아갈 수 없다. 그런 상황에서는 경제가 성장하기 어렵다.

전근대 시대에도 대부분의 사회에서 일부 금지품을 제외한 동산動産의 거래는 자유로웠다. 그러나 토지의 경우 사적 소유가 진전되지 못했기 때문에 그 매매에는 제약이 많았다. 이런 까닭에 전근대 농경 사회의 소유 진전 정도를 보여주는 일차적인 지표는 기본 생산수단인 토지였다.

1391년 과전법科田法의 실시로 한때 농지의 매매가 금지되었으나, 그로 인해 경제생활의 불편이 초래되자 1424년(세종 6) 그 매매를 허용했다. 그 이후로 특수한 경우를 제외하고 국가가 민간의 토지 처분에 일절 관여하지 않을 정도로 사적 소유가 발달했다. 1460년(세조 6) 편찬된 『경국대전』 「호전戶典」, '전택田宅' 조에 따르면, 남의 토지와 가옥을 부정한 방법으로 매매한 경우, 토지·가옥의 소송이 확정되지 않은 경우, 부모의 유산을 정식으로 상속받지 못한 상황에서 처분하려는 경우, 소작인이 지주의 경지를 영구히 점유하려는 경우, 타인이 가옥을 임대하고서 영구히 점유하려는 경우에는 '재판에서 권리를 주장하지 못한다(勿聽)'고 규정했다. 이 규정에 따라 토지소유권은 높은 수준의 법적 보장을 받게 되었다. 토지 소유는 개인의 사적 권리이자 신분적 지배 관계를 수반하지 않는 재산권이었고, 노비를 포함하여 남녀노소를 막론하고 소유의 주체가 될 수 있었다.

과전법의 실시부터 『경국대전』의 편찬까지 토지소유권 제도에서 혁명적인 발전이 이루어졌는데, 이는 토지 거래의 성장과 그 편의를 제공하려는 정책에 힘입은 바가 크다. 또한 흔히 상속을 '소유권의 어머니'라고 일컫는데, 조선시대의 상속은 부모, 아버지 또는 어머니가 소유 주체로서 단독 소유한 재산을 자식에게 승계하는 것이었다. 이러한 상속 문화도 사적 소유를 진전시켰다고 보아야 한다.

　『경국대전』의 규정이 만들어진 뒤에도 토지소유권은 계속 진전되었다. 조선시대에 장기간 경작·이용하지 못한 물건의 소유권은 보호받지 못하는 경우도 있었지만, 점차 소유권의 관념성이 강화되면서 토지소유권 개념도 발달했다. 토지 거래의 성장이 그런 추세를 낳았음이 분명하다. 소유권의 관념성이 강화되는 가운데 토지·가옥 등을 현실적으로 지배하고 법률의 보장을 받는 상태를 고문서에서는 '기유己有'로 표시하고, 그러한 지배 상태에 있는 것을 '기물己物'로 표시했다. 1871년 일본인 미스쿠리 린쇼箕作麟祥가 나폴레옹 법전을 번역한 『佛蘭西法律書 民法』에서 영어로는 'property', 프랑스어로는 'propriété', 독어로는 'Eigentume'에 해당하는 개념을 『맹자』에 나오는 '소유所有'로 번역했는데, '기유'가 바로 소유에 해당하는 개념이다. 단 '기유'나 '기물'은 개인 소유라는 의미이므로 법인의 소유라는 개념을 담기는 곤란하다. 조선시대 위정자와 유학자는 모든 토지가 왕의 토지라는 이념을 표방하기도 했지만, 그것은 과전법의 해체 이후 사적 소유가 진전하는 거대한 흐름 아래 관념 이상의 힘을 발휘하기 어려웠다. 경지에 대한 소유 논리는 애당초 공유를 이상으로 삼았던 산림과 천택川澤에도 영향을 미쳤다.

　맹자는 산림과 천택을 인민이 공유하여 이익을 균점하자고 주장했으며, 유교를 통치 이념으로 삼은 조선은 맹자의 그 이념을 받아들였다. 조선 정부는 거름·땔감·목재를 조달하는 산지에 대해 인민의 자유로운 접근을 허용했다. 이 때문에 산지는 경지만큼 소유권이 발달하기 힘들었다. 그러나 조선 후기 인구 증가에 수반하여 산림의 희소성도 점차 커지자, 묘역의 확보와 사적으로 기르는 나무의 보호가 허용되어 사양산私養山 등 산지의 사유가 광범위하게 형성되어갔다. 그 결과 산지의 매매도 조금씩 이루어졌으나, 산지에 대한 소유권 제도가 불완전했던 탓에 묘지 소송인 산송山訟

이 빈발했다.

한편 권세가를 중심으로 어장과 염전을 사유하려는 시도가 15세기부터 나타났다. 수산 자원에 대한 소유권이 확대어가면서 심지어 미역이 나는 바위인 곽전藿田의 소유권도 형성되어 매매되었다. 반면 광산·어장·염전에 투자한 물주의 권리는 보호 법제가 제대로 갖춰지지 못했기 때문에 정부의 정책이 변화하면 부정당하곤 했다.

중요한 재산은 매매계약서로

소유권 제도가 발달하려면 그 증명 제도도 정비되어 있어야 한다. 그래야 소유권 분쟁, 나아가 매매 분쟁이 줄어든다. 조선시대는 전근대 시기치고는 사적 소유가 발달했을 뿐 아니라 소유권 증명 제도도 정비된 편이었다. 조선시대 사람들은 경지·가옥·산지 등의 부동산, 노비, 그리고 공인·객주 등의 권리와 같은 중요한 재산을 매매할 때 반드시 계약서를 작성했다. 이 매매계약서를 '명문明文', '문기文記' 또는 '문권文券'이라고 했다. 매매계약서를 작성하는 관행은 타인 간은 물론이고 부자 관계나 형제 관계 등 가족 간에도 지켜졌다.

현존하는 문기는 다양한 상품의 매매계약을 보여준다. 수적으로 단연 많은 것은 논과 밭의 매매명문이며, 가옥이나 산지의 매매명문도 적지 않다. 그 다음으로 많은 것은 노비 매매명문이다. 농경시대에는 토지와 노동력이 기본 생산요소이자 핵심 재산이었으므로 그 매매계약서가 많은 것은 당연한 일이다. 그 밖에 어장, 소금 제조장, 곽전, 선박의 매매명문도 있다. 조선 후기 정부에 물자를 조달하는 공인, 중앙관청과 지방관청의 연락 사

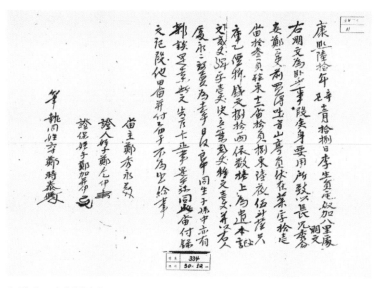

〈그림 2〉 토지 매매계약서
1721년(경종 1) 정수영이 구례현 토지면에 위치한 논 24부 2속을 이 생원에게 80냥에 팔아넘긴 매매
명문이다. 이 문서는 구례 문화 유씨 집안에서 소장하고 있다. 한국정신문화연구원, 『古文書集成 38─
求禮 文化柳氏篇(Ⅱ)』, 103쪽.

무를 맡은 경주인京主人, 위탁매매를 주된 업무로 삼은 객주, 그리고 관청과
왕실의 토지를 관리하는 감관監官과 도장導掌의 권리를 매매하는 문기도 남
아 있다. 이렇게 각종 권리가 설정되고 매매되었다는 점에서 시장 거래와
그 계약이 조선시대 생활에서 중요한 위치를 차지했음을 알 수 있다. 시간
이 지날수록 매매명문이 더 많아지고 종류가 다양해지는 추세를 보인 것
은 조선시대 시장과 계약 질서의 성장을 반영한다. 물론 후대의 자료일수
록 남아 있기 쉬운 점도 고려해야 한다.

　〈그림 2〉의 토지 매매계약서를 살펴보자. 첫 줄에는 매매계약이 성립
된 날짜가 적혀 있는데, 중국 연호로 강희康熙 60년이면 1721년(경종 1)이다.
매매계약의 핵심은 소유권 이전인데, 날짜 아래에 매수인의 성명이, 문기

의 마지막에는 매도인, 증인, 문서 작성자의 이름과 서명이 나온다. 서명하는 방식은 신분과 남녀에 따라 달랐다. 양반을 비롯하여 글을 아는 사람은 오늘날 사인과 비슷한 수결手決을 하고, 글을 모르는 상민이나 천민은 손가락 모양을 본뜬 수촌手寸을 했다. 인장은 오직 양반만 할 수 있으며, 개화기 이후 널리 사용되었다. 〈그림 2〉에는 수결이 보인다. 오늘날과 다르게 계약서의 맨 처음에 매도 사유를 적었는데, 이는 조선시대 사람들이 소유물과의 인연을 소중하게 생각했음을 알려준다. 여기서는 '요긴한 일로(要用所致)'라는 가장 흔히 사용된 사유를 적고 있다. 이어서 토지를 소유하게 된 내력인 '권원權原'을 밝혔는데, 큰형수에게서 매득했다고 썼다. 매매계약서에서 주로 밝히는 '권원'은 매매·상속·양도·개간이었다. 다음으로 경지의 위치, 종류, 규모, 거래 시세가 나온다. 규모를 헤아리는 단위로서 결부속結負束은 과세를 정하는 단위이기도 하며, 1마지기(두락斗落)는 종자 1말을 파종할 수 있는 면적이다. 동전 80냥이 시세였는데, 1678년(숙종 4)부터 주조된 상평통보가 1721년 구례현에서도 사용되었음을 알 수 있다. 동전 주화가 통용되기 전에는 쌀이나 벼, 무명, 소 등으로 결제했다. 그 다음에 구문기 2장, 배자(牌子) 1장, 결송입안決訟立案 2장, 이문移文 1장을 동시에 준다고 하면서 '영영방매永永放賣 한다'고 했다. 분쟁 대상의 토지에 대한 판결을 통해 소유권의 귀속을 공증한 문서가 결송입안이다. '영영방매'라 했기 때문에 원칙적으로 훗날 이를 되돌려 사는 환퇴還退가 불가능하다. 구문기와 결송입안 등은 소유권의 내력이 분명함을 입증한다. 따라서 구문기를 잃어버렸거나 어떤 사정으로 줄 수 없을 때는 그 사실을 문기에 밝혔다. 등기 제도가 없던 조선시대에 구문기 등의 증명 서류를 온전히 갖추고 있으면 소송에서 절대적으로 유리했다. 이 생원이 구입한 이 논은 뒷날 구례 유씨가에게 이전되는데, 이 신문기가 나중에는 구문기가 되어 유씨가의 소유권을

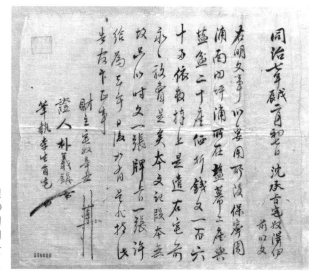

〈그림 3〉 염분의 매매계약서
1868년(고종 5) 노(奴) 신축의 주인이 심승지에게 염막 2좌와 염분 20좌를 160냥에 판매한 문기이다. 염분의 매매계약서 양식도 토지 매매계약서와 크게 다르지 않음을 알 수 있다. 규장각한국학연구원 소장.

입증하는 데 이바지한다. 마지막으로 훗날 '잡담(雜談)'이 발생하면—요즈음 법률 용어로 '분쟁'이 일어나면—이 문서들을 가지고 '관에 고하여 바로잡아라(告官卞正事)'라는 문구가 나온다. 이상에서 보면 매매에 따른 소유권 이전의 계약 내용이 포괄적이고 명확하게 수록되어 있음을 알 수 있다.

선박, 물레방아 등 값비싸면서 산업 생산에 필요한 물적 자본의 매매계약서도 작성되었다. 대한제국기 양안(量案)에는 수용(水舂 : 물레방아)의 소유자가 기재되어 있는데, 물레방아의 주인(舂主)과 땅주인(垈主)이 동일한 경우도 있고 다른 경우도 있었다. 물레방아의 설치와 수리·보수에는 상당한 비용이 들어갔다. 염분 등 소금을 만드는 시설의 매매계약서, 그리고 어전과 어망이 설치된 어장의 매매계약서도 남아 있는데, 그 계약 대상에는 소금 생산 시설과 어업의 도구라는 자본뿐만 아니라 염전과 어장에 대한 이권도 합쳐 있었다. 염분에 대한 매매계약서의 한 실례가 〈그림 3〉이다. 모든 물종의 매매계약서는 대동소이해서 염분을 매매한 문기의 양식도 앞서 살펴본 토지 매매계약서와 크게 다르지 않다.

쌀이나 옷감과 같은 일반 재화를 매매할 때는 오늘날과 마찬가지로 계약 문서를 작성하지 않았으나, 동산 중 소와 말은 값비싼 데다 농업에 꼭 필요하고 중요한 재산이어서 매매계약서를 작성했다. 시장에서 거래되는 각종 동산 가운데 『경국대전』에서 그 매매에 대해 규정해 놓은 것은 소와 말뿐이다.

노동력의 매매 등 서비스 거래에는 재화 거래와 달리 매매계약서가 발달하지 못했다. 중국에서는 문권文券을 만들어 일정 기간 동안 임노동 계약을 하는 관행이 있는데, 조선에서도 그런 제도를 도입하려는 시도가 있었다. 1783년(정조 7)에 임금 10냥 이상을 받고 5년 이상 고용된 경험이 있는 사람을 고공雇工으로 삼아 호적에 올리는 제도를 마련한 것이다. 그러나 자유계약 노동자로서 고공 제도는 확산되지 않았던 것 같고, 예속 노동력인 고공으로 자신을 파는 계약 문서와 그러한 사실을 공증한 입안立案은 남아 있다. 신분적 예속성을 가지지 않는 장기 노동력의 고용에 계약 문서가 작성되었는지는 확실하지 않다. 지주와 소작인 사이에는 '시작표時作票', '이작표移作票', '배지牌旨' 등의 계약 문서가 만들어졌으며, 일제 강점기에는 '소작계약서' 등의 문서가 보급되었다. 돈을 빌려 이자를 부담하는 채권·채무 관계에도 문권이 작성되었는데, 그 양식이 『유서필지儒胥必知』에 소개되어 있다. 조선시대에는 이렇듯 문서로 매매계약을 하는 관행이 발달한 편이었다.

슈토 요시유키周藤吉之는 1937년에 전답문기에 관한 선구적인 연구를 발표했는데, 그 가운데 1878년(고종 15) 물레방아 1대 및 풍고風鼓 1대를 경지와 더불어 방매한 문기 및 이 물레방아를 둘러싼 권리 분쟁을 소개했다.

풍고는 곡물에 섞인 먼지나 왕겨 등을 풍력을 이용해 제거하는 농기구로 당기^{唐箕}라고도 불린다. 슈토가 소개한 내용은 이렇다. 1872년(고종 9) 경기도 진위현에 거주하는 김 생원이 현의 실력자인 퇴리^{退吏} 조진영을 상대로 소장을 냈다. 내용인즉, 김 생원의 묵은땅에 이미 자신의 물레방아 1대가 설치되어 있는데, 조 퇴리가 근처에 또 물레방아를 세워 이익을 독차지하려 했다는 것이다. 판결은 김 생원과 조 퇴리가 함께 이익을 나누라고 내려졌다. 그런데도 조 퇴리는 김 생원의 물레방아를 철거하려고 했다. 이에 다시 소송을 제기하여 승소한 김 생원은 1878년 물레방아를 매도했다. 조 퇴리가 김 생원의 물레방아를 철거하려 했던 것은 그것의 소유권이 경지만큼 확고하지 못했다는 사실을 드러내지만, 어쨌든 물레방아의 재산권을 보장해주려는 국가의 의지 또한 확인된다. 슈토는 또한 이 논문에서 수리시설의 이용료를 징수할 수 있는 권리인 보수세^{洑收費}를 밭과 더불어 1864년(고종 1)에 매매한 문기도 소개했다. 이와 같이 조선 후기에는 자본의 매매계약서를 포함하여 다양한 물종을 매매하는 계약서가 출현했다.

시장 거래의 흥정이 이루어져 문기를 작성하면, 매수인이 매도인에게 물건 값을 치른 뒤 문기와 물건을 넘겨받음으로써 소유권이 이전되었다. 『경국대전』 「호전」 '매매한^{買賣限}' 조는 경지와 가옥의 매매계약에 대해 15일이 지나면 계약을 해제하거나 취소할 수 없도록 규정했다. 소와 말의 매매계약은 5일을 기한으로 했다. 노비는 움직이는 재산이라 매매한 뒤 그 노비가 도망하면 대금을 둘러싼 분쟁이 발생했으므로, 1745년(영조 21) 편찬된 『속대전』 「호전」 '매매한' 조에는 도망한 뒤 2년을 기한으로 하여 그 기한 내에는 판 사람이 산 사람에게 대금을 돌려주도록 했다. 『속대전』에는 또한 경지와 가옥을 판매한 뒤 15일 이내에 계약 취소의 소송 문서를 올렸더라도 30일간 법정에 나타나지 않으면 소송을 들어주지 않도록 했다. 이러한 법적 정비는 소유권을 강화하고 분쟁을 줄였음이 틀림없다.

계약을 할 때는 새로운 매매계약서인 신문기뿐만 아니라 과거에 작성되었던 구문기도 매수인에게 주어야 했는데,

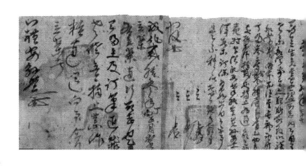

이것은 이중매매를 막기 위해서였다. 계약 문서에는 여러 장의 문기가 연대 순서로 잇대어 있으며—이를 점련粘連이라고 한다—여기에다 신문기를 붙여 넘겨주었다. 그런데 구문기가 없다는 핑계를 대고 넘기지 않으면서 그것으로 토지를 또 다른 사람에게 다시 팔아버리는 이중매매가 일어나기도 했다. 정부는 이것을 엄격히 금지하여, 어길 경우 절도죄로 다스렸고 그런 사실을 알고 산 사람도 처벌했다.

국가의 소유권 공증

상속·양도문기를 비롯하여 앞서 살펴본 매매문기는 매매 당사자 간의 확인용이며, 공적인 보증은 아니었다. 매매에 따른 소유권의 이전을 공증한 문서가 사급입안斜給立案이다. 세종 때 토지 매매의 합법화와 더불어 정부가 그것을 보증하는 입안 제도도 마련되었다. 매수인이 매매계약서를 첨부하여 관할지 수령에게 입안 발급을 신청하면, 수령은 그 문서를 검토하고 매도인과 증인을 심문하여 사실에 부합할 경우 입안을 작성하여 입안 신청서와 명문 등과 함께 붙여 매수인에게 교부했다. 『경국대전』 「예

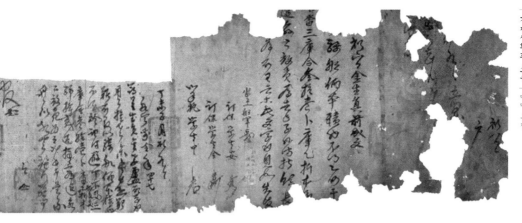

〈그림 4〉 토지 거래와 이의 공증
1487년(성종 18)에 김효로가 토지를 사들인 뒤 이에 대해 공증하는 입안을 요청하여 경상도 예안현으로부터 발급받은 점련 문서이다. 안동 오천 광산 김씨 후조당 소장.

전禮典」 '입안식례立案式例' 조에 따르면, 입안의 형식은 먼저 판결 연월일과 관청 명칭을 쓰고, 다음에 무슨 일로 입안을 작성한다는 판결 내용을 적고, 끝으로 담당관이 수결했다. 이런 형식은 토지·가옥·노비를 매매할 때 입안을 작성하는 것과 같았다. 당시 중국에서는 토지 매매에 대해 등기 제도와 같은 것을 두었는데, 조선은 그런 제도를 채택하지 않은 대신 고유한 입안 제도를 만들었다.

〈그림 4〉는 매매계약의 공증 과정을 보여주는 점련 문서이다. 김효로는 1487년(성종 18) 정월 초6일에 우령으로부터 논 31부를 사고서 계약 문서를 작성한 다음 예안현에 입안을 요청하는 청원서인 소지所志를 올렸는데, 이 두 문서가 잇대어 앞에 나온다. 이어지는 내용을 정리하면, 8일에 예안현 호방戶房이 이를 접수했고, 9일에 우령이 매매 사실을 확인하는 초사招辭 : 심문에 대한 진술서를 예안현에 올렸으며, 같은 날 매매명문을 작성할 때 증인과 필집筆執 : 계약서 작성인으로 참여한 이들도 초사를 올렸다. 마지막은 김효로가 논을 사들였다는 사실을 예안현이 공증해준 입안이다. 8일 신청서

129

가 접수된 이튿날 예안현에서 입안을 만들어주었으니, 매우 신속한 행정이었다.

『경국대전』「호전」'매매한' 조에는 경지와 가옥의 매매가 이루어지고 나서 100일 이내 관에 고하여 입안을 받도록 규정했다. 입안 등의 관청 문서가 있으면 그 소유권의 증명 효력은 거의 절대적이었다. 하지만 입안 제도는 실시 초기부터 잘 지켜지지 않았다. 임진왜란과 병자호란 뒤에는 관의 공증 없이 사고파는 백문白文 거래가 성행하여 18세기에는 그런 관행이 당연시되었다.

입안 제도는 왜 유명무실해졌을까? 이런 변화는 기강의 해이로만 보아서는 곤란하다. 오히려 입안 제도의 비용과 편익을 따져보면 쉽게 설명될 수 있다. 입안을 신청할 때는 수수료인 질지作紙를 납부해야 했다. 게다가 매매인과 증인이 함께 관청에 출두해야 해서 적지 않은 품도 들어갔다. 이렇게 입안 발급에 따른 비용이 만만찮은 반면, 소유권의 성장으로 매매계약서만으로도 소유권을 인정받는 데 어려움이 없어짐에 따라 입안 발급의 편익이 적어졌다. 그러니 구태여 관에 가서 상당한 경비를 들여 입안을 만들 필요가 감소한 것이다. 결국 국가는 매매계약서의 법적 효력을 인정했고, 이에 따라 매매계약서는 입안 없이도 소유권을 증명하는 근거로 활용되었다. 인정仁政 이념에 따라 정상을 참작하는 유교 지배의 사회에서 법률 조문에 철저히 따르는 법가주의는 환영받지 못했는데, 역설적으로 그런 문화가 입안 제도를 무력화하는 데 일조했다. 한편, 경지와 달리 소유권이 취약한 어장·염전·산림·객주권에 대해서는 입안이나 입지立旨로 공증하려는 분위기가 약화되지 않았다. 공증의 편익이 컸기 때문이다.

국가가 토지조사인 양전量田의 결과를 기초로 작성한 양안量案은 토지세를 걷는 동시에 소유권을 입증하는 근거 자료였다. 양안에는 매 필지마다 토지의 등급, 지형, 위치, 결수結數 등과 함께 토지의 소유자를 명시해 놓았다. 그런데 20년마다 한 번씩 경지 측량을 하라는『경국대전』의 규정이 준수되지 않았기 때문에 양안을 통해 토지 소유의 변화와 개간을 파악하는 데는 한계가 있었다. 그래서 토지소유권은 실질적으로 매매계약서인 문기로 인정받았다. 점련된 구문기에서 어떤 매도인이 양안에 소유자로 나오면, 그 소유권은 절대적이었다. 만약 원고와 피고가 모두 문기를 가져서 그 내력과 기재 인물에 대해 논란이 있을 때, 참조할 만한 양안이 있으면 그것이 판정의 최고 근거가 되었다. 이것은 의성 김씨 집안이 보관하고 있는 1722년(경종 2)의 안동부 입안에서 잘 드러난다. 양안에 오르지 않은 토지에 대해서 입안을 받고 개간하면 그 땅의 소유권을 인정해주었다. 하지만 양안에 주인이 없는 것으로 나오는 땅에 대해 입안을 받아 두었더라도 이후 경작하지 않으면 소유권을 박탈당했다.

입안 제도가 유명무실해진 조선 후기에도 소유권을 확실히 하고자 하는 사람이나 질지를 부담할 재력이 있는 사람은 입안을 받았다. 매매명문의 경우 전답을 사고판 것이 가장 많이 남아 있는 반면, 사급입안의 경우에는 노비 매매명문이 더 많다. 이것은 움직이는 재산인 노비에 대한 소유권 보증이 더 힘들고 그에 따른 분쟁도 많았기 때문일 것이다.

국가가 공유를 이상으로 삼았던 산림과 천택에서도 소유권이 형성되고 매매계약서가 작성됨에 따라, 이에 대해서도 입안이나 입지가 발급되었다. 산지에 대한 입지는 17세기부터 발견되며 19세기에는 널리 확산되었다. 어장과 염전의 이익을 독점하려는 시도는 조선 초기부터 있었고 그 입안이 작성되기도 했는데, 조정에서는 이에 대한 논란이 끊이지 않았다. 이 때문인지『명종실록』8년(1553) 8월 22일자 기사를 보면, 선왕先王이 내린 어전魚箭을 제외하고 사입안私立案은 모두 환수하라는 왕의 분부가 있었다.

1750년(영조 26) 균역법의 시행으로 어장과 염분의 사적 권리가 부정되자 '그것에 투자했던 물주는 어떻게 처리할 것인가'라는 문제가 제기되었다. 물주가 없어지면 어염업에 대한 투자가 줄어들 것이라는 우려도 제기되었다. 이런 상황에서 경지와 달리 법적 권리가 취약한 어장과 염분에 대해서는 입안을 받으려는 시도가 끊이지 않았고, 국가는 그런 입안을 부정하기도 했다.

1689년(숙종 15) 서울 마포에 거주하는 양시홍이 같은 나루에 살고 있는 이찬이로부터 외지에서 온 상인인 여인旅人 8명의 위탁매매를 전담할 권리를 비싼 값에 사들였지만, 노비나 전답을 사는 것과 달리 그에 대해 사출입안斜出立案을 얻지 못했다. 이에 입지를 성급成給하여 증빙할 수 있도록 요청하는 소지를 올려 뜻을 이루었다. 이후 주인권에 대해서도 입지를 받는 일이 종종 나타났다. 주인권은 단순한 이권이라서 분쟁의 소지가 컸기 때문이다.

어용상인인 공인의 권리를 공증해준 '공물입안貢物立案'이 작성되는 것은 당연한 일이겠지만, 특정 지역의 사람이나 특정 물종에 대한 위탁매매를 독점하는 이권에 대해서도 정부가 입지로 공증해준 사실은 흥미롭다. 한편으로 생각하면 권리 의식이 넓은 영역에 적용되었다고 볼 수도 있겠고, 다른 한편으로는 거래하러 가는 객상客商의 자유 영업을 제약한다는 점에서 법의식이 미성숙했다고 볼 수도 있겠다. 광공업 경영이나 금융자산에 대해 입안이나 입지로 공증해준 사례는 발견되지 않는데, 그 공증 제도가 미미했던 것은 분명하다.

권리의 전승을 보여주는 문서가 없어지거나 내용을 알아보기 힘들게 훼손되었을 때, 그 난처한 처지를 구제하는 관의 증명 제도로서 입지가 있다. 그러한 사정으로 입지의 발급을 청구하는 소지를 제출하면, 관에서는

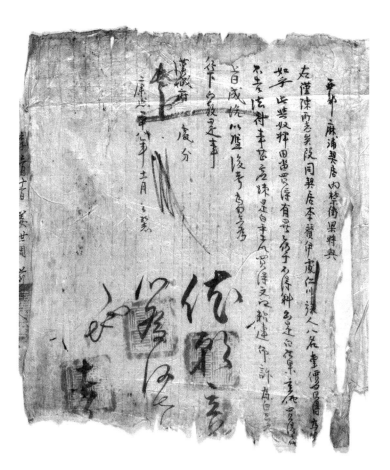

〈그림 5〉 객주의 권리에 대한 관의 공증을 요청하는 청원서

1689년(숙종 15) 서울 마포에 거주하는 양시홍이 같은 나루에 살고 있는 이찬이로부터 '여인(旅人)' 8명의 위탁매매를 전담할 권리를 사들인 뒤, 이에 대한 입지의 성급(成給)을 요청한 소지이며, "원하는 대로 입지를 하여 뒷날의 참고로 삼아라(依願立旨 以爲後考)"라는 판결문이 뒤에 적혀 있다. 규장각한국학연구원 소장.

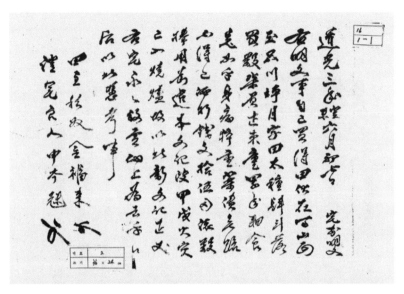

〈그림 6〉 매수인이 적혀 있지 않은 토지 매매계약서
사노(私奴) 김복래의 주인이 1823년(순조 23)에 밭을 매도한 문기인데, 첫 줄의 매매 일자 아래에 매수한 사람을 적는 부분이 비어 있다. 한국정신문화연구원, 『古文書集成 38-求禮 文化柳氏篇』, 1998, 498쪽.

사실을 확인하고 증인의 다짐을 받은 뒤 〈그림 5〉와 같은 양식으로 소지의 끝에 '입지를 발급한다(立旨成給向事)'라고 적은 다음 도장을 찍어 신청자에게 교부했다. 입안과 달리 입지는 수수료를 받지 않았다. 매매할 때도 문기 대신에 입지를 내어주면 되었으므로 17세기 이후에는 입지가 거래에서 중요한 역할을 했다. 입지는 이처럼 간편했지만 입안만 한 확정력을 갖지 못했으며, 반증이 나타나면 효력을 상실했다.

토지 매매계약서의 경우 공증인 보증을 한 것은 아니었으므로 이중매매나 위조의 문제가 있었다. 그럼에도 그로 인한 분쟁은 많지 않았다. 지역 주민이 누가 땅의 주인으로서 현실적으로 지배하고 있는지를 알았기 때문에 사기가 통하기 어려웠다. 〈그림 6〉처럼 19세기에는 사는 사람의 이름이 기록되지 않은 문기가 유가증권처럼 유통되기도 했다. 또한 매수인이 기록되지 않은 주인권 매매계약서도 있었다.

보통 재화를 매매할 때는 계약서가 작성되지 않았으나, 값비싼 재화를 도난당했을 때는 국가가 그것이 누구의 소유물이라는 증명을 해주었다. 『경국대전』「형전」'장도贓盜'조에서는 "무릇 도둑을 맞은 사람은 잃어버린 물건의 형태를 상세히 기록하고 관에 고하여 그 소유권을 공증하는 입안을 받아, 나중에 고려할 자료로 삼는다"고 규정했다. 『경국대전』의 법규가 시행되기 전인 1463년(세조 9)에 도적맞은 물건을 나열하면서 자기 물건임을 공증받은 입안이 현재 남아 있다. 매매계약서가 작성되지 않는 재화라도 국가는 그 소유권의 보호에 힘썼던 것이다.

매매 분쟁의 조정에 꼭 필요한 매매계약서

조선시대 매매계약 제도의 발전은 크게 네 측면에서 정리할 수 있다. 첫째 매매계약서의 내용이 명확하고, 둘째 매매계약서를 작성하는 물종이 다양해졌으며, 셋째 분쟁 조정 제도가 정비되고, 넷째 계약이 비교적 충실하게 이행되었다는 것이다. 앞의 두 가지는 이미 언급했으니, 이제 뒤의 두 가지를 살펴보도록 하자.

오늘날 매매와 관련된 법은 민법에서 다룬다. 조선시대의 법전은 형법 등 공법公法을 위주로 했으나, 그렇다고 사법私法 또는 민법이 부재했던 것은 아니다. 15세기에 이미 형사소송은 형조에서 담당하고, 민사소송 중 원칙적으로 토지에 관계된 것은 한성부, 노비에 관한 소송은 장예원에서 담당하는 등 담당 기관이 분리되어 있었다. 또한 형사소송은 옥송獄訟, 민사소송은 사송詞訟 또는 쟁송爭訟이라 불러 개념도 분화되어 있었다. 『경국대전』에 민법이 상당히 갖추어져 있기는 했지만, 비체계적으로 흩어져 있었다. 이런 문제 때문에 재판을 담당하는 지방관들이 16세기 중엽에 민사소송에 관련된 내용을 따로 정리한 법률서로 『사송유취詞訟類聚』를 편찬했다. 그런데 조선시대의 재판은 경중의 차이를 가져도 형벌이 부과될 가능성을 내포하고 있었다는 점에서 모두 형사재판이라고 볼 수 있다. 즉 민사와 형사가 완전히 분화되어 있지는 못했던 것이다. 민사 소장에서도 분쟁의 해결뿐만 아니라 형사처벌까지 요구한 경우가 자주 발견된다.

『경국대전』「호전」'전택田宅' 조에 따르면, 토지·가옥에 관한 소송은 분쟁이 발생한 때로부터 5년이 지나면 심리審理하지 않으며, 5년 내에 소송을 제기했더라도 그 기간 내에 소송을 진행시키지 않으면 역시 심리하지 않았다. 이렇게 소송의 악용을 막는 제도에도 예외가 있었는데, 사기 매매인 도매盜賣에 대해서는 5년이라는 기한의 제한 없이 언제든 소송을 제기하여 환수할 수 있었다. 그 밖에 방매한 경지의 문기가 없어졌다고 거짓으로 입지를 발급받아 이중으로 매매하는 행위를 처벌하는 규정도 있었다.

매매 분쟁이 발생하면 매매계약서에 의한 증명이 소송의 승패에 결정적인 영향력을 미쳤다. '계약 문서에 따라 시행하라(從文券施行)'는 지침은 재판에서 절대적인 힘을 갖고 있었다. 증인도 물론 중요했지만, 문서 증거를 보조하는 역할에 그쳤다. 이런 까닭에 계약서 작성을 매우 중시했다. 조선시대 민사재판에서 가장 중요한 증거는 권리의 존재를 입증할 계약 문서인 문기였고, 법관도 그러한 문기의 심사에 온 힘을 쏟았다. 다산 정약용은 『목민심서』「형전」'청송聽訟'에서 "재판의 근본은 오직 계약 문서(契券)에 있다"며 수령이 문기를 검토하는 방법에 대해 자세히 설명해 놓았다. 위조 문기(僞券) 탓에 재판이 결코 쉽지 않았던 모양인지, 『사송유취』의 청송식聽訟式 24개 항목 중 20개 항목이 문서에 대한 조사 절차로 채워져 있다.

옛날에는 난리가 나거나 천재지변을 당해 피난할 때 만사를 제쳐 놓고 반드시 조상을 모시는 신주神主, 자신의 신분을 증명할 수 있는 족보, 그리고 땅문서·집문서·노비문서 등을 챙겼다고 한다. 요즘에는 간편하게 등기권리증 하나면 충분하지만, 등기 제도가 없던 조선시대에는 매매·양도·상속 등을 통한 권리 전승을 보여주는 문서를 갖고 있어야 했다. 동산의 경우 일반적으로 계약과 증여의 문서가 따로 없으며 그것을 소유하고 있다는 사실만으로도 권리가 추정되었지만, 부동산이나 노비의 경우에는 권리 전승을 입증하는 문서를 지니고 있어야 했다.

매매 분쟁의 다양한 사례들

박병호는 조선시대 계약에서 문서가 널리 작성되었으며 권리 관계의 분쟁이 발생하면 계약 문서의 "내용대로 판결된다고 하는 관념이 뿌리 깊이 박혔고 여기에서 권리 의식의 보편화 현상이 생긴 것이다"라고 했다. 이제 다양한 매매 분쟁 사례를 통해서 계약 이행의 정도를 살펴보자.

공자는 자신이 정치를 하게 된다면 소송이 일어나지 않는 도덕적 사회를 만들겠다고 했다. 공자와 유학 사상을 받들었던 조선시대 위정자와 관료 역시 소송이 적은 사회를 지향했다. 유교 문화가 지배한 동방예의지국 조선이니 당연히 그 시대 사람들은 분쟁을 기피하여 소송이 적었을 것이라 생각한다면, 그것은 오해다. 특히 19세기에는 분쟁이 활발해져, 가히

'소송의 홍수'라고 해도 과언이 아니었다. 전라도 영광의 민장치부책民狀置
簿冊은 1870 / 1871 / 1872 / 1897년의 4년 동안 7,291건의 민소民訴를 정리
하여 수록했다. 조선 말 개화기에는 일본인 법관들이 거의 모든 권리 분쟁
이 소송으로 제기되는 것을 보고 조선인의 권리 의식이 높다고 평가하기
도 했다.

현존하는 각 지방의 민장치부책은 19세기 조세 부과에 따른 갈등과 민
간인들의 각종 분쟁을 요약해서 수록하고 있다. 박명규의 연구에 따르면,
1872년 2월과 5월 영광의 민장 437건 중 민사 분쟁은 248건이었다. 소유
권 관련 분쟁 87건 가운데 매매 분쟁은 환퇴還退가 36건으로 가장 많고, 투
매偸賣·암매暗賣 9건, 이중매매 8건, 매매 방해 3건이었다. 이미 판 토지를
다른 사람에게 다시 파는 이중매매도 사기 매매라는 점에서 투매나 암매
와 다를 바 없다. 이런 사기 매매는 위조 문기로 이루어졌다. 1897년 2, 3,
5월의 민장 370건 가운데 민사 분쟁은 231건으로 압도적으로 많았으나,
그중 소유권 관련 분쟁은 29건으로 비중이 크게 줄어들었다. 매매 분쟁은
투매·암매 9건, 환퇴 10건이었다. 환퇴 분쟁을 제외하면 매매 분쟁이 많지
않았음을 알 수 있다. 매매에 따른 이 정도의 소유권 분쟁으로 상거래가
위축되지는 않았을 것이다.

민장에 수록된 매매 분쟁의 한 사례를 살펴보자. 1736년(영조 12) 오운
이라는 사람은 남원의 오명신에게 논 7마지기를 매각한 뒤, 문기가 불탔다
는 거짓 핑계로 입지를 받고서는 그것을 다시 김만주에게 팔았다. 이 토지
의 귀속을 둘러싸고 오명신과 김만주 사이에 분쟁이 일어났는데, 관에서는
오명신의 전래傳來 문기가 김만주의 입지보다 확실한 법적 권원을 가진다
고 판단하여 오명신에게 승소 판결을 내렸다. 문서의 법적 권원이 분쟁 처
리의 근본 논거가 된 것이다.

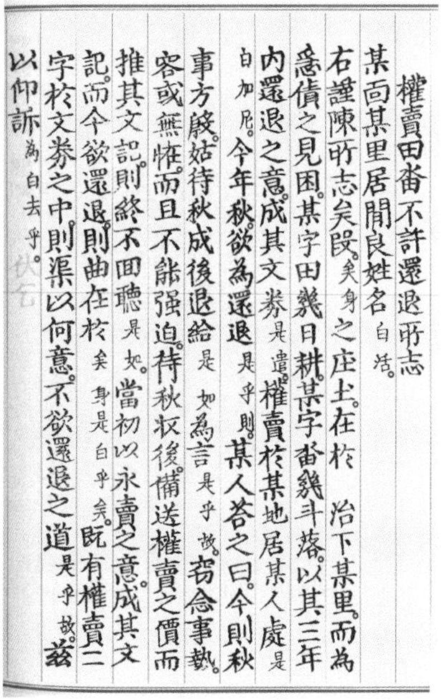

權賣田畓不許還退所志
某面某里居閒良姓名 白活
右謹陳所志矣段 矣身之庄土在於 治下某里而為
急債之見困其字田幾日耕某字畓幾斗落以其三年
內還退之意成其文券是遣 權賣於某地居某人處是
白加尼今年秋欲為還退是乎則 某人答之曰今則秋
事方殷姑待秋成後退給是 如為言是乎 故 窃念事勢
容或無怪而且不能强迫待秋收後備送權賣之價而
推其文記則終不回聽是 如 當初以永賣之意成其文
記而今欲還退則曲在於 矣身是白乎矣 旣有權賣二
字於文券之中則渠以何意不欲還退之道是乎 故 茲
以仰訴 為白去乎

〈그림 7〉 임시로 판 논이나 밭을 물려주지 않을 때 올리는 소장(權賣田畓不許還退所志)
임시로 판 논이나 밭을 물려주지 않을 때 올리는 소장으로, 『유서필지』의 소지 규식 중에 들어 있다.

토지 등의 매매는 원칙적으로 영구적이고 무조건적이므로 매매명문에 '영영방매永永放賣'라는 문구를 담았다. 다만 경지나 소 등은 농민의 목숨 줄이기도 하므로 뒷날 자력이 생기면 되살 수 있도록 환퇴 제도를 마련해 놓았다. 그런데 매매 분쟁에서 환퇴에 관련된 분쟁이 적지 않았다. 문기에 '권매權賣 : 도로 무를 수 있도록 약속하고 임시로 팖', '환퇴방매나중에 자력이 생기면 되사겠다 하고 팖', '고위방매姑爲放賣 : 일정한 기한 안에 다시 사겠다는 약관을 붙여서 팖'라는 구절이 있으면 환퇴하는 데 문제가 없지만, 만일 그런 문구를 명시하지 않고 팔아넘겼다면 분쟁이 일어나기 일쑤였다. 더구나 이 제도를 악용해 토지 가치가 올라간 뒤 환퇴 소송을 제기하는 일이 생겨났다. 한편 제사 비용으로 쓰기 위해 마련한 제위토祭位土라며 환퇴하고자 할 경우에는 영구적 매매라 해도 환퇴가 허용되었다. 생존 위기의 시대인 전근대에 널리 나타난 도덕경제론이 환퇴 제도를 낳았고, 동아시아의 유교 문화가 법질서를 제약하기도 했던 것이다. 그러나 특수한 용도의 환퇴를 제외하고 토지 분쟁은 문서의 법적 근원, 곧 법리法理에 따라 처리되었다.

『유서필지』에는 임시로 판 논이나 밭을 물려주지 않을 때 올리는 소장(權賣田畓不許還退所志)이 있는데, 〈그림 7〉이 바로 그것이다. 내용을 요약하면 다음과 같다. 급한 빚에 쪼들려 토지를 팔기는 했지만, 3년 안에 다시

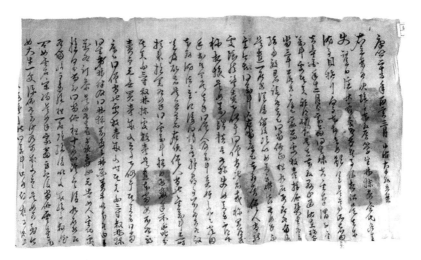

<그림 8> 해남현에서 작성된 결송입안

해남현에서 일어난 토지 매매 분쟁의 처리 경위와 최종 판결을 수록한 1686년(숙종 12)의 결송입안이다. 한국정신문화연구원, 『古文書集成 3－海南尹氏篇 影印本』, 16~19쪽.

물릴 수 있다(환퇴還退)는 조건으로 임시로 논을 팔았고, 그리하여 나중에 당초 팔았을 때의 값을 마련하여 그 값을 지불하고 물리려 했는데, 상대방이 끝내 들어주지 않자 부당하다며 소송을 제기했다. 이 소장의 말미에 법관인 수령은 문기에 이미 '권매權賣'라 밝혔으니 원래 판 사람에게 토지를 되돌려주어야 하고, 그 사람이 끝내 생각을 바꾸지 않으면 붙잡아 와서 엄히 다스리겠다는 판결문(데김題音)을 적었다. '권매'라는 문구가 환퇴를 결정하는 법적 판단의 근거가 된 것이다.

〈그림 8〉은 1686년(숙종 12) 해남현에서 매매 분쟁의 처리 경위와 최종 판결을 수록한 결송입안의 앞부분이다. 그 내용을 간단히 정리하면 다음과 같다. 임간은 생질인 김만두로부터 논 3마지기를 구입하면서 값을 모두 치르지 못하여 문기를 작성하지 않았다. 그런데 임간이 사망한 뒤 김만

두가 임간의 동생 임률과 임간 전처의 아들 임화영 등을 증인으로 내세워 그 논을 다시 상능 스님에게 팔았다. 이에 임간의 처가 억울함을 호소하며 소송했다. 김만두를 심문하니, 그는 수년간 임간에게서 이용료로 화리禾利만 받았을 뿐 방매하지는 않았다고 주장했다. 결국 임률을 잡아들여 곤장으로 다스린 뒤에야 김만두가 이중매매했다는 자백을 받아냈다. 이에 따라 임간의 처에게 논의 소유권을 귀속시키고, 김만두 등 당사자에게는 친척을 속이고 법으로 금지한 '중복 도매盜賣'를 했다는 죄를 물어 처벌했다.

경지와 가옥의 소유권은 일찍 형성된 데다 조선 후기에 이르면 더욱 강고해졌기 때문에 매매 과정에서 분쟁에 휘말릴 확률이 그리 높지 않았다. 조선 후기에는 경지 매매가 활발했던 만큼 매매명문도 많이 남아 있지만, 매매 분쟁에 관련된 문서는 많지 않다. 민장치부책을 보아도 19세기에 민사 분쟁이 급증하는 가운데 경지 분쟁은 오히려 적다. 경지보다는 노비 소유권을 둘러싼 분쟁이 많았는데, 이는 노비가 도망가버리면 그 권리 입증이 곤란했기 때문이다.

산림에 대한 개인 소유권은 조선 중기에야 형성되었고, 조선 말까지 그 제도가 취약하였다. 게다가 매장을 근거로 삼아 주장하는 소유권의 내용이 명확하지 않은 것이 많았다. 그로 인해 산송이 빈발했다. 1887년(고종 24) 이기섭이 남원부사에게 제출한 원정原情에서 "산지를 사서 매장하는 것은 불가하고 그것을 팔고서 매장을 금지하는 것은 옳단 말입니까" 하고 호소하였는데, 이것은 산지 매매에 따른 소유권 이전이 명확하게 이루어지지 못하는 실태를 잘 드러낸다. 다른 예를 들면, 충청도 보은에 사는 전종록이 부모 묘소의 경계를 둘러싼 분쟁을 해결하기 위해 박선호에게서 그 선산 부근의 산지를 송추松楸:묘지 둘레에 심는 나무. 주로 소나무와 가래나무까지 포함하여 35냥에 수표手標를 받고 구입했다. 그런데 며칠 지나지 않아 박선호의 동족

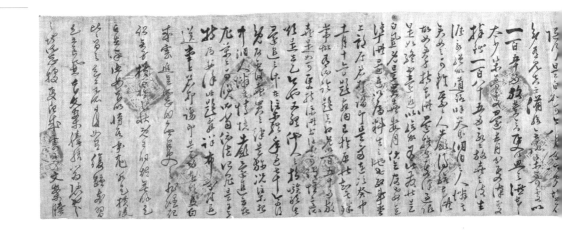

同族이 행패를 부려 20냥을 더 주었다. 심지어 5, 6년 뒤에는 박선호가 송추를 베어 갔다. 박선호가 자신의 집안 묘소 경계에 포함된다고 주장하는 곳에 전종록이 매장한 특수한 사례이기는 하나, 산지의 소유권 제도가 경지와 달리 취약했음을 보여준다. 그래서 분쟁이 빈발하는 산지에 대해 입지를 받는 관행이 갈수록 확산되었다.

객주의 이권인 주인권을 둘러싸고 일어난 매매 분쟁에 관한 흥미로운 자료를 서울대학교 규장각한국학연구원 소장의 『경기도장토문적京畿道庄土文續』89책에서 찾아볼 수 있다. 여기에는 남양부 일대의 여러 섬과 포구에 거주하는 상인들의 위탁매매를 전담하는 주인권의 매매와 관련된 26건의 문서가 있다. 이렇게 서로 관련되어 점련된 다량의 문서가 확인되는 것은 흔하지 않다. 이 가운데 가장 이른 시기의 문서는 1700년(숙종 26) 민자귀가 남양부 여러 섬에 거주하는 '여인旅人'의 주인권을 마포에 거주하는 김해민에게 50냥을 받고 매도한 계약서이다. 김해민이 1727년(영조 3) 이 권

142

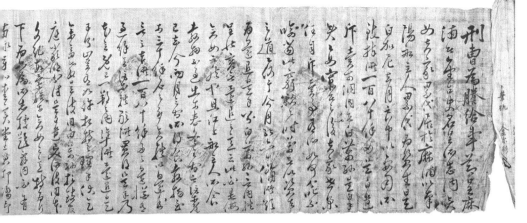

〈그림 9〉 남양 선주인권의 분쟁을 처리한 1787년(정조 11) 형조등급
김득대의 부인 도씨가 1783년(정조 7) 백성운에게 남양부 일대 여러 섬과 포구에 거주하는 상인들의 위탁매매를 전담하는 주인권을 매매했는데, 그로부터 발단한 분쟁의 처리 과정을 보여준다. 『경기도장토문적(京畿道庄土文績)』 89책. 규장각한국학연구원 소장.

리를 아들 김득대에게 상속한 별급문기가 있고, 1746년(영조 22) 남양 유돌 모지의 뱃사람 6명이 소금을 싣고 한강변 마포로 팔러갈 때 주인이 필요하다고 판단하여 김득대로부터 60냥을 받고 그의 주인권을 인정한 문서가 있다.

김득대의 사후 그의 부인 도씨는 1783년(정조 7) 8월 그 권리를 한강변 토정에 거주하는 양달하에게 150냥에 방매했다가 환퇴하여 9월에 다시 백성운에게 200냥에 방매했다. 도씨는 이 200냥도 헐값이라는 말을 주위에서 듣고 또다시 환퇴하고자 했으나, 백성운에게 거절당하여 소송했다. 형조는 원고와 피고를 불러들여 증언을 들었다. 피고 백성운은 "무릇 물건의 매매는 이미 정해진 기한을 두는데, 환퇴를 임의대로 해서야 말이 되겠는가"라며 항변했다. 법관은 환퇴를 반복하는 도씨의 탐욕을 꾸짖고 "비록 나이가 칠십을 넘었더라도 어찌 매매를 반복하는 데 따른 죄의 형률을 면하겠는가"라고 하면서도 특별히 용서했다. 판결이 내려진 11월, 도씨는 그간의 경위를 적고 자신의 과오를 인정한 매매계약서를 다시 작성하면서 백성운이 '동내 후의'로 소송 비용 85냥을 추가 지급해준 사실을 밝히고 '영원히 소송하지 않을 뜻'을 천명했다.

그러나 1787년(정조 11) 1월 백성운이 사망하자 도씨는 1783년과 1784년의 매매계약서를 작성한 필집 김진빈을 증인으로 내세워 한성부에 소송을 제기했고, 마침내 승소하여 160냥에 환퇴해서 김진빈에게 팔았다. 그러자 백성운의 부친 백세채가 형조에 재판을 요청했다. 백세채가 낸 소지에는 일전에 85냥을 추가 지급한 것은 도씨가 목을 매달아 "강퍅한 여자와 겨루어 버틸 수가 없어서"라는 이유를 적은 구절도 있다. 도씨와 김진빈은 "여항閭巷에서 매매할 때 명문에 물건 값을 올려 기록하는 관례(俗例)"에 따라 160냥에 팔고도 200냥으로 문기에 기록했다고 주장했다. 판결문에서는 "무릇 소송 이치(訟理)와 관련해서는 한결같이 문권에 따라 시행하는 것 외에 달리 도리가 없다"는 원칙을 제시하고, "이 소송은 문권에 따라 원고 백세채의 승소로 결정한다"라고 판결했다. 1783년과 1784년의 매매계약서가 결정적인 증거로 작용한 것이다. 환퇴의 법은 기한이 있다는 점도 지적되었다. 법관은 환퇴할 마음을 가진 도씨가 실제 매매가보다 비싸게 적은 것은 말이 안 된다는 등 피고의 주장이 조리에 맞지 않음을 조목조목 지적했다. 그런 다음 도씨와 김진빈에게 '비리로 소송을 주도한' 형률을 적용하려 했지만, 금전이 정산된 뒤에 방면했다. 1787년(정조 11)의 재판 경위를 정리한 형조등급刑曹謄給의 긴 문서 중 앞부분이 〈그림 9〉이다. 제일 마지막 매매계약서는 1870년(고종 7) 이승업이 매도한 것인데, 구입한 사람은 표시되어 있지 않지만 일제의 강점 직전 이 권리를 보유한 용동궁인 듯하다. 이 계약서에는 구문기를 중심으로 하여 모두 29건의 문서와 신문기를 인도한다는 사실이 명기되어 있다. 여기에 입지 2장도 포함되어 있다.

1802년(순조 2) 백인이라는 사람이 이 주인권을 750냥에 판 사실로 짐작하건대, 주인권 가격이 빠르게 상승하던 시기에 도씨가 200냥의 헐값에 팔았다고 생각하고 주위의 부추김을 받아 무리한 소송에 돌입했을 것이다. 나이 많은 여자가 목을 매달아 죽으려 했으니 승소한 백성운이 도씨에게 소송비를 지급해준 것에는 인정의 논리가 작용했다. 그런데 전반적으로는 법리法理에 따라 재판이 진행되었다. 문서 증거에 충실히 따르는 것이 '소송 이치(訟理)'라고 천명한 부분이 주목된다.

조선 후기에 광산에 자금을 투자하는 물주物主가 출현했다. 우하영禹夏永은 1800년 전후에 편찬한 『천일록千一錄』에서 "물주는 이미 허다하게 재력을 썼으니 납세는 고사하고 먼저 들인 비용을 거둬들이려고 하는데, 이것은 일의 형세가 본디 그러한 것이다"라고 했다. 1775년(영조 51) 수안군수 이언배는 군 내 은광의 물주인 개성의 부유한 상인에게 단지 절반 값만 지급하고 은광을 자기에게 팔도록 요구했다. 하지만 그 상인이 관례를 들어 거부하자, 형벌을 가하여 죽였다. 인명과 부패에 관련된 이 일로 이언배는 문책을 받았다. 이 사례는 조선 후기에 광산의 물주권이 성립하고 물주가 수령의 강매 요구에 관례를 들어 거부하는(據例不納) 수준까지 이르렀으나, 여전히 그 재산권이 국가의 공인을 받지 못하여 취약했음을 보여준다. 경지와 같은 재산권 보장을 받는 물종이었다면, 지방관이 강매 요구를 하고 이에 불응했다고 형벌을 가할 수는 없었을 것이다.

1801년(순조 1) 발급된 전라도 부안현의 결송입안은 벼 껍질을 벗기는 방아라는 자본 설비에 대한 권리를 국가가 소액이라도 보호해줬음을 보여준다. 김기정이 아버지 대에 강재봉에게 넘어간 집터와 전답을 환퇴하고자 소송을 제기했는데, 관에서는 집터와 전답의 원래 가격인 650냥에다 강재봉의 아들 강기태가 새로 만든 방앗간 비용 10냥을 더하여 김기정이 강기태에게 지급한 뒤 환퇴하라고 판결했다. 국가가 광업 투자의 보호에 소극적이거나 무관심했던 반면, 방아의 소유권을 적극 보호했던 것은 농업을 장려하고 광업을 억제하려는 정책 이념에서 비롯되었던 것으로 이해할 수 있다. 광업이 농업과 미풍양속을 해친다고 보았기 때문이다.

18세기의 조선, 계약 사회가 성립하다

지금까지 살펴본 바와 같이 조선시대에는 소유권 제도와 매매계약 제도가 발전하였다. 과전법의 해체 이후 경지의 소유권이 강고해지는 가운데 산림의 소유권은 조선 중기에야 형성되었다. 조선 중기에는 시장이 성장함에 따라 매매계약서가 작성되는 물종과 권리도 늘어났다. 매매계약서의 내용이 명확하고, 분쟁 조정 제도가 정비되었으며, 계약이 비교적 충실하게 이행되었다. 매매계약에 관련된 분쟁은 기본적으로 법 제도와 문서 증거를 중심으로 하는 법리에 의거하여 처리되었다. 국가가 공증하는 입안 제도가 무력화된 상황에서도 토지 매매는 활발하게 이루어졌고, 그 소유권이 효과적으로 보장되었다. 나아가 토지를 사는 사람의 이름이 적혀 있지 않은 매매계약서가 유통되었는데, 이것은 매매에 수반된 소유권 이전을 보증하는 지역의 법공동체가 이미 형성되어 있었다고 볼 수 있는 근거이다.

메인[H. S. Maine]은 "지금까지 어느 곳에서나 사회적 진보는 신분에서 계약으로의 변화였다"고 했는데, 18세기 조선에서 노비제가 급격히 축소되고 다양한 물종의 매매계약이 이루어졌다는 점에서 계약 사회가 성립했다고 볼 수 있다. 노비 매매가 이루어졌다는 사실은 신분제를 나타내지만,

예속 신분인 노비는 불완전하나마 재산권을 가졌으며 소송의 주체가 될 수 있었다.

전근대의 기준으로 보면 조선시대의 소유·계약·분쟁 처리에 관한 제도는 발달한 편이지만, 근대적 기준으로 보면 문제점과 미비점이 많았다. 특히 민법이 체계적으로 정비되어 있지 않았다. 매매계약에 대한 국가의 공증제도가 유명무실했고, 계약을 되돌리는 환퇴제가 있었다. 분쟁 처리는 제도적 한계로 판결의 자의성을 충분히 극복하지 못했고 기술적 한계로 불편한 면도 있었다. 확고한 증빙을 갖춘 경지 소유권은 절대적인 보호를 받았으나, 국가의 공증이 없이 상속·매매된 일부 경지는 권력의 침해를 받은 사례도 있었다. 산송의 처리는 도덕적 판단과 신분의 영향을 상당히 받았으며, 법 제도와 상급 판결을 무시하는 일들도 종종 확인된다. 산지의 소유권 제도가 미비하고 매장이 유교 도덕에 깊이 연루된 문제이기 때문이었다. 이렇게 제약점들이 있긴 했지만, 전반적으로는 법적 논리가 관철되었다. 분쟁과 억울한 사정을 비교적 공정한 법 논리로 해소한 제도 덕분에 조선왕조는 오랜 기간 유지될 수 있었을 것이다.

조선시대의 법 제도는 문호 개방 이후 서구에서 성립한 근대법과 대비되고 그것에 익숙한 외국인에게 적용되었을 때는 문제점들이 명확히 드러났다. 토지 매매의 공증 제도가 그 두드러진 예다. 외국인은 농지를 구입하지 못하게 되어 있었음에도 불구하고 일본인에 의한 불법적인 토지 매입이 성행했다. 이 과정에서 현지 실정을 모르는 일본인에게 위조 문기로 토지를 매매하는 일이 빈발했으며, 거꾸로 일본인이 위조 문기로 토지를 샀다는 거짓 구실을 대고 분쟁을 일으키기도 했다. 사실 개항 전의 토지 매매 제도는 법공동체가 잘 작동하는 지역 내 주민 간의 거래에서는 유효했지만, 등기 제도가 없는 상황에서 외지인이 들어와 거래했다가는 사기에

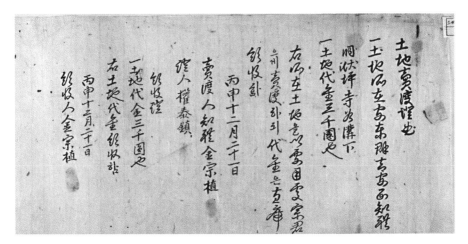

〈그림 10〉 개화기에 개량된 양식으로 작성된 토지 매매계약서
안동의 의성 김씨 집안이 1896년에 거래한 토지의 매매계약서로, 기록 양식, '토지매매증서', '영수' 등의 표현 등에
서 오늘날의 매매계약서에 접근했음을 알 수 있다. 한국정신문화연구원, 『古文書集成 6－安東 義城金氏川上各派篇』,
1990, 246쪽.

휘말릴 수 있었다.

　이런 상황에서 기존의 백문 거래에 대한 비판이 고조되었으며, 조선 정
부는 1893년부터 지계地契를 발급하여 토지 매매를 공증하고자 하였으나,
그 제도가 널리 시행되지는 못했다. 일반적인 사례는 아니지만, 안동의 의
성 김씨가에서 1896년 근대적 양식에 근접한 토지 매매계약서로 거래한
것이 보인다. 바로 〈그림 10〉의 문서인데, 근대적 제도에 대한 민간의 수
용 역량을 보여주는 한 사례이다.

　일본의 요구로 1905년 토지가옥증명규칙土地家屋證明規則, 이어서 1908년
토지가옥소유권증명규칙土地家屋所有權證明規則이 시행되어 소유권을 공증하는
등기 제도가 도입되었다. 하지만 농촌에서는 1964년 '일반 농지의 소유권
이전등기 등에 관한 특별조치법'이 시행되기 전까지만 해도 대부분 등기

를 회피했다. 그런데도 소유권 증명에는 별 문제가 발생하지 않았으니, 이는 조선시대부터 내려오는 소유권 존중 의식의 규범력을 말해준다. 광업권자의 권리는 1906년 한국광업법에 따라 법적으로 보장받게 되었다. 그에 반해 어장의 권리는 1909년 어업법으로 상실되었다.

1912년 조선민사령朝鮮民事令과 더불어 근대적 민법이 조선에 적용되었다. 유럽에서 확립된 근대적 민법이 일본을 통해 조선에 이식되었다고 해서 조선시대 법 제도의 유산이 아무런 의미가 없는 것은 아니다. 근대적 법 제도가 일제시대에 순조롭게 수용되고 해방 뒤 뿌리를 내린 것은 조선시대 법 제도의 기반이 있었기 때문에 가능했다. 근대 제도의 정착은 외래적 이식만으로는 곤란하며 내부의 소화 능력을 필요로 한다.

2장

상속 분쟁 — 법과 도덕 사이에서 유지된 균형

재산상속 분쟁 중 비교적 빈번한 것은 처가와 사위의 사이가 벌어지면서 발생하는 분쟁 사례들이다. 처가에서 사위에게 이미 상속한 재산을 되돌려달라고 요구하거나, 처가로부터 불합리한 재산상속을 받은 사위 측이 소송을 제기하기도 한다. 도대체 무엇이 처가와 사위 간에 재산상속 분쟁을 유발했을까?

상속 분쟁은 언제 발생했나

조선시대 가족 간 혹은 친족 간에 벌어진 분쟁은 대부분 재산의 소유와 귀속을 목적으로 했다. 직접적인 재산상속 분쟁은 물론이고, 외적으로 드러난 계후繼後 : 양자로 대를 잇는 것 갈등이나 봉사권奉祀權 : 조상에 대한 제사권 다툼, 양자 입양의 진위 여부를 묻는 분쟁도 내용을 파고들어가 보면 대체로 재산을 차지하려는 의도가 숨어 있었다. 다만 재산 때문에 친족 간에 다툼을 벌이는 일은 조선시대 양반들에게도 부끄러운 행위로 인식되었기 때문에 다른 이유로 포장을 했던 것이다.

조선 초기 실록에는 몇 건의 상속 분쟁 사례를 비롯해 상속으로 인한 논란과 이를 바로잡기 위한 논의 과정이 수록되어 있다. 계모와 의자義子 : 의붓아들 사이의 소송, 적처嫡妻의 딸과 첩의 아들(서자) 간의 소송이 비교적 자주 등장한다. 또 공신전功臣田 세습을 둘러싼 처첩妻妾 자식 간의 갈등뿐만 아니라, 재산상속에서 유서와 법 가운데 어느 쪽이 우선 고려되어야 하는가 등을 놓고 벌이는 분쟁 사례도 찾아볼 수 있다. 하지만 이들 사례는 대부분 성종 대 이전의 것이다. 성종 대에 『경국대전』이 반포된 이후에는 상속 분쟁에 대한 언급이 현저히 줄었으나, 명종·중종 대까지는 이따금 언급되고 있다. 상속 분쟁에 대한 언급은 이렇게 줄어들다가 임진왜란 이후에는 『조선왕조실록』에서 거의 자취를 감춘다. 그렇다면 재산상속 분쟁은 임란 이전, 즉 조선 전기에만 있었던 것일까?

재산상속은 사유재산제도가 성립한 사회라면 어디에나 존재하던 관행이다. 상속 분쟁 역시 재산상속이 이루어지는 사회라면 크든 작든 어떤 형태로든 존재했을 것이다. 다만 분쟁 사례가 기록되고 해석되며 처리되는 방식이 사회마다 시기마다 달랐기 때문에, 상속 분쟁의 시기적 변화를 밝히기 위해서는 기록의 측면과 사실의 측면을 모두 고려해야 할 것 같다.

기록의 측면에서 고려해야 할 사실은 『조선왕조실록』을 기록하는 방식이다. 『경국대전』이 성립하는 성종 대까지 실록은 민간의 풍속과 관련된 여러 가지 사실을 수록해왔다. 민간의 풍속을 대신들의 논의 대상에 올려, 이를 권장하거나 억제할 법 체계를 수립하는 데 열중한 시기였기 때문이다. 이 시기에 재산상속과 봉사, 입양 등이 빈번히 논의되었고, 논의된 사항들은 차근차근 법제화되어갔다. 『경국대전』이 완성된 뒤에도 논의는 지속되었고 논의의 결과는 수교受敎로 순차적으로 발표하였으나, 이는 『경국대전』을 보완하는 과정에 지나지 않았다. 시간이 흐르면서 조선왕조가 점차 안정적인 국정 운영에 접어들자 조광조趙光祖 등의 도학道學 정치로 대표되는 유교 이념이 국정의 기조로 정착되었다. 중종 대 이후 실록에서는 점차 풍속 관련 기사들이 자취를 감추고 경연 등을 통해 유교 경전이나 유교적 정치 이념을 논의하는 내용이 그 자리를 대신하고 있다. 조선 중기 이후에 『조선왕조실록』에서 재산상속 분쟁 사례를 찾기 어려워진 이유는 이와 같이 상속 분쟁이 사라졌기 때문이 아니라 실록의 집필 방향이 달라진 데 있다.

사실의 측면에서 보면, 재산상속 분쟁은 『조선왕조실록』에서 발견되는 것보다 조금 더 오래 지속되기는 했지만 17세기 이전까지의 기간에 한정되는 경향이 있다. 즉 조선 후기에는 상속 분쟁이 별로 나타나지 않는다. 고문서를 통해 보면 16세기 소송 문서에서 상속 분쟁 문서의 비중은 꽤 큰 편이다. 아쉽게도 조선왕조 개창부터 15세기까지는 고문서가 그다지 많이 남아 있지 않지만, 16세기의 상속 분쟁은 15세기부터 이어진 결과라 추측할 수 있다. 따라서 『조선왕조실록』에서 상속 분쟁에 대한 언급이 사라진 이후에도 실제 민간에서는 지속되었을 것이다.

16세기에는 노비 등의 재산에 대한 소유권 분쟁이 활발했는데, 이때 일어난 상속 분쟁 역시 소유권 분쟁의 하나로 이해할 수 있을 것 같다. 특히 재산상속 방식과 그에 따른 가족 간의 갈등, 그 갈등의 조정 양상을 하나의 문서에서 확인할 수 있는 방대한 내용의 16세기 결송입안決訟立案은 매우 주목할 가치가 있다. 그런데 17세기 이후에는 상속 분쟁 문서가 거의 없다. 상속 분쟁과 관련하여 작성된 소지所志나 입안立案 등이 급격히 감소한다. 실록과 같은 기록에서만 상속 분쟁이 사라지는 것이 아니라 실제 조선 사회에서도 자취를 감추고 있는 것이다. 상속 분쟁이란 부모의 상속 내용이나 형제간의 협의 사항에 대한 일종의 반발이고, 그것이 가족 내에서 해결되지 못하고 법정까지 가게 되는 사건이다. 따라서 17세기 이후에 상속 분쟁이 감소하는 것은 유교 윤리가 심화되면서 효제孝悌를 가장 중요한 덕목으로 생각하는 조선 후기의 사회 분위기와 깊은 관련이 있을 듯하다. 부모의 상속 내용에 반발하는 것은 효孝를 어기는 것이요, 형제간에 몫을 다투면 제^悌에 어긋나기 때문이다.

하지만 분재기^{分財記 : 재산의 상속 또는 증여 문서} 등에서 상속과 관련한 갈등이
언급되거나 가계 계승 분쟁에 상속 문제가 연루되는 것으로 보아, 조선 후
기에도 재산상속으로 인한 갈등은 존재했던 것 같다. 사유재산제도가 존
재한 사회라면 재산상속은 늘 있었을 테고, 상속이 이루어졌다면 이에 따
른 소소한 분쟁은 언제나 따라오게 마련이다. 다만 유교 윤리의 영향으로
갈등이나 소소한 분쟁을 법정까지 가지고 가지 않도록 양반 가문 내에서
자기 규제나 검열이 이루어졌다고 할 수 있다.

아내의 죽음으로 처가와 의절하는 사위들

재산상속 분쟁 중 비교적 빈번한 것은 처가와 사위의 사이가 벌어지면
서 발생하는 분쟁 사례들이다. 처가에서 사위에게 이미 상속한 재산을 되
돌려달라고 요구하거나, 처가로부터 불합리한 재산상속을 받은 사위 측이
소송을 제기하기도 한다. 도대체 무엇이 처가와 사위 간에 재산상속 분쟁
을 유발했을까?

조선 전기의 재산상속 관행을 흔히 아들·딸에 대한 차별 없는 균분상
속이라고 말한다. 그러나 재산상속에 참여하여 분재문기에 서명을 남긴
사람이 아들과 사위라는 점에서 실제로는 아들과 사위에 대한 균분상속이
라 해도 틀리지 않다. 〈그림 1〉에서 보듯이 이함 남매의 분재기에서 딸 세
명의 이름은 보이지 않는다. 단지 맏사위 이선도와 막내 사위 박응발이 서
명했으며, 사망한 둘째 사위를 대신하여 그 아들 태운이 참석하여 서명했
다. 재산상속에 참여해서 서명하는 의례적 행위이지만, 딸보다 사위가 우

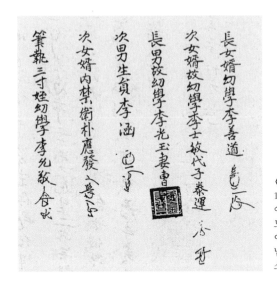

선순위에 있다는 느낌을 지울 수 없다.

사위가 재산상속에서 아들과 같은 대우를 받을 수 있었던 것은 이들이 아들과 똑같이 처가의 제사를 모셨기 때문이었다. 아니, 재산상속을 아들처럼 받았기 때문에 처가에 대한 봉사 의무를 다했다고 보아야 할지도 모르겠다. 무엇이 원인이고 무엇이 결과인지 단언하기 어렵지만, 여하튼 사위들도 아들과 같은 혜택을 누렸고 처가에 대한 의무 역시 소홀히 하지 않았다.

문제는 처가와 매개 고리가 되는 아내, 그리고 자식의 부재 때문에 발생한다. 아내가 사망하고 난 이후에도 처가와 관계가 원만히 유지되는가가 관건이었다. 조선시대에는 출산 후유증으로 인한 여성의 조기 사망률이 매우 높았고, 남성은 가계를 이어가야 한다는 명분 때문에 재혼·삼혼을 하는 것이 일반적이었다. 이런 상황에서 사망한 아내의 집안과 관계를 어떻게 유지하는가는 사람에 따라 다를 것이고, 그 관계에 따라 처가로부터 받는 상속 내용도 달라졌을 것이다. 특히 아내가 자식을 낳지 못하고 사망한 경우 그 처가와 예전 같은 관계를 유지하기란 쉽지 않을 것이다. 아내가 사망한 뒤 처가와 사위의 관계가 소원해질 가능성은 얼마든지 있으며, 서먹해진 관계는 분쟁의 씨앗이 되곤 했다.

처가와 사위의 관계를 다음 분재기에서 짐작할 수 있다.

> ● 사위 장응필은 내 딸이 죽을병을 얻어 고생할 때 거들떠보지도 않더니, (딸에게) 죽을 날이 임박해오자 예천 집에 있던 딸의 재물을 모두 자기 노奴의 집으로 옮겼고 …(중략)… (처모妻母인) 내가 몸져누워 신음할 때도 한번 와 보지 않았을 뿐 아니라 사람을 시켜서라도 문안 한번 하지 않았으니 더욱 무정하다 하겠다. 이에 이미 허급許給한 노비라 하더라도 모두 빼앗아도 되겠지만 …(중략)… 딸의 봉사조奉祀條로 딸의 신노비新奴婢 등을 허급하니 …(하략)…
>
> ──안계종 처 김씨 분급문기, 1535년

> ● 막내 사위 양종락이 처가 죽은 뒤 나를 한번도 와서 보지 않았을 뿐 아니라 처의 제사도 한번도 돌아보지 않았으니, 정리가 매우 야박한 것이 길거리에서 만나는 타인과 다를 바가 없다. 내가 살아 있을 때도 오히려 이와 같은데 죽은 다음이야 어떻겠는가?
>
> ──고운 처모 성씨高雲妻母成氏 분급문기, 1580~1610년

두 문서는 어머니가 자식들에게 재산을 상속하는 분재기인데, 사위에 대한 장모의 서운한 심정이 묘사되어 있다. 전자는 안계종의 처 의성 김씨가 막내 사위 장응필을 원망하는 내용이다. 딸이 병을 얻어 고생할 때 보살펴주지는 못할 망정 딸의 재물을 차지했으며, 더구나 장모인 자신에게

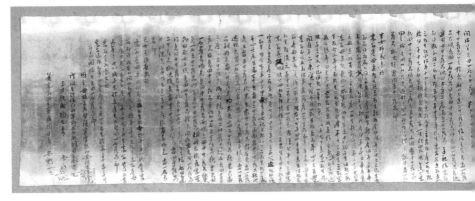

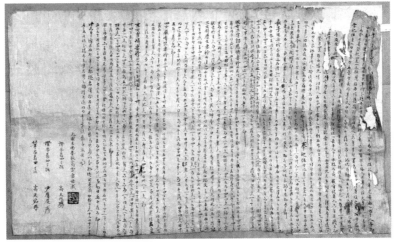

〈그림 3〉 고운 처모 성씨 분급문기
성씨 부인이 맏아들 윤종을 비롯한 1남 4녀의 자녀들에게 재산을 나눠주면서 작성한 분재기이다. 앞부분이 마멸되어 정확한 작성 연대는 알 수 없으나, '만력(萬曆)'과 '경(庚)'자가 보이므로 1580~1610년 사이에 작성된 것으로 추정할 수 있다. 한국학중앙연구원 소장.

문안조차 하지 않은 사위에 대한 원망이 담겨 있다. 이런 이유로 사위에게 균분상속은 하지 않았지만 봉사조 명목으로 딸의 신노비 등 일부 재산을 상속했다. 봉사조란 제사를 봉행하기 위해 별도로 떼어 놓는 재산을 말하며, 신노비란 혼인할 때 부모로부터 증여받는 노비를 말한다. 즉 혼인할 때 친정에서 받아 간 노비를 딸이 죽은 뒤 용도 변환하여 제사지낼 수 있

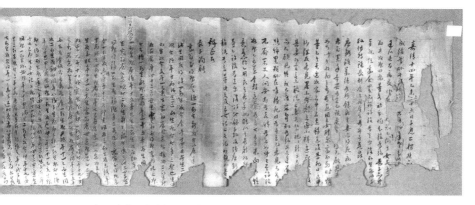

〈그림 2〉 안계종 처 김씨 분급문기
1535년(중종 30), 안동 갈전의 순홍 안씨인 안계종의 아내가 자식들에게 재산을 나눠주면서 작성한 분재기이다. 한국학중앙연구원 소장.

도록 조처한 것이다.

후자 역시 사위 양종락에 대해 딸이 사망한 뒤 장모를 한번도 찾아오지 않고 처의 제사에조차 참석하지 않는 것을 원망하는 내용이다. 그러나 두 사례 모두 사위를 상속에서 배제하지 못하고 일부 재산을 나눠주었다.

요컨대 딸이 사망한 뒤 처가가 사위에게 차등 상속하는 것은 이처럼 처가에 소원한 사위의 태도가 원인이 되었다. 처가에 발길을 끊고 의절까지 했다면 처가의 제사를 지냈을 리 없다. 그러니 처가에서도 그에게 균분 상속할 이유가 없었던 것이다. 하지만 사위를 상속 대상에서 빼지 못하고 일부 재산이라도 준 것은 죽은 딸의 제사 때문이다.

그렇다면 딸이 사망한 뒤 사위가 제사를 지내주었던 것일까. 딸이 자식을 낳지 못하고 사망했는데도? 기제사만 사위 집에서 지내고 사명일四名日 : 설, 단오, 추석, 동지 제사는 친정에서 지낸 집안도 있고, 신주를 아예 친정으로 가지고 와서 모든 제사를 친정에서 지내는 집안도 있었다. 즉 딸의 제사를 사위가 지내주었다고 단정하기는 어렵다.

딸이 사망한 뒤 재혼한 사위에게는 새로운 처가와 인척이 생긴다. 나

157

이 쉰도 안 된 양반가의 남성이 여성처럼 수절하는 경우는 거의 없었다. 재혼을 한 뒤라도 전처의 제사를 지낼 수는 있지만, 그 제사를 누가 물려받느냐가 관건이다. 정해진 규범이 없으니 자식 없이 죽은 여성의 제사를 누가 지내며, 그 재산은 어디로 가는가를 놓고 분쟁이 발생하는 것은 어찌 보면 당연한 일인지 모르겠다.

자식 없이 죽은 여성의 재산은 어디로?

혼인은 했지만 자식을 낳지 못한 채 요절했으면, 그 여성의 집안에서는 흔히 '무자녀망녀無子女亡女'로, 남편 입장에서는 '무자녀망처無子女亡妻'로 칭한다. 다음에 소개할 두 소송은 16세기 후반 경상도 지역의 사례로, 모두 무자녀망녀의 재산 귀속을 둘러싸고 벌어진 처가와 시가의 분쟁이다.

1560년(명종 15) 양동 손씨와 화순 최씨 간의 소송

경주 양좌동의 양동 손씨가에는 길이 6.5미터에 달하는 방대한 내용의 결송입안이 있다. 사돈인 화순 최씨 집안과 재산 관련 소송을 벌인 끝에 소송의 전 과정과 판결 내용을 하나의 문서로 작성하여 경주부로부터 발급받은 문서이다. 이 문서를 통해 16세기 중반에 일어난 두 집안의 재산상속 분쟁을 재구성해볼 수 있다.

이 소송은 손씨 가문에 시집가서 후사를 낳지 못하고 요절한 최씨 부인의 재산을 친정으로 돌려달라며 화순 최씨 측에서 양동 손씨를 상대로 제기한 것이다. 1560년(명종 15) 11월 1일부터 같은 해 12월 10일까지 약 40일간 소송이 진행된 끝에 경주부에 의해 판결이 내려졌다. 원고는 최세

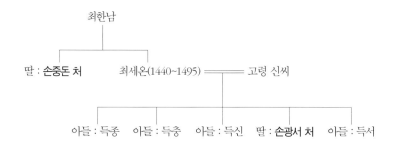

〈그림 4〉 소송 당사자의 관계도

온의 처 신씨와 아들 최득충이며, 피고는 손중돈의 손자인 손광서·손광현 등이다.

두 가문은 오랜 인연이 있었다. 양동 손씨 집안의 손중돈이 화순 최씨 최세온의 여동생과 혼인하였고, 손중돈의 손자인 손광서는 최세온의 딸과 혼인한 것이다. 즉 손씨 집안에서 조손祖孫 관계인 두 사람이 최씨 집안의 고모와 질녀 사이인 두 여성에게 각각 장가를 간 것이다. 손씨와 혼인한 두 명의 최씨 부인은 공교롭게도 모두 자식 없이 요절했다. 그런데 두 최씨 부인이 친정에서 받은 재산을 손광서의 후처인 경주 김씨 소생들이 차지해버렸다. 화순 최씨의 재산이 손광서의 후처 소생들에게 넘어가자 최씨 측에서 재산을 돌려달라는 소송을 제기했다.

소송 과정에서 일곱 명의 당사자 및 관련자에 대한 수차례의 조사와 다섯 차례의 대질 심문이 진행되었다. 그 기간 동안 원고인 최씨 측은 무자녀망녀의 재산을 본족本族인 자신들에게 귀속해야 한다는 입장을 고수했다. 현재 그 재산을 전혀 혈연관계가 없는 후처 소생들이 소유하고 있는 것이 부당할 뿐 아니라, 최씨와 혼인한 손중돈·손광서 두 사람이 아내가 사망한 뒤 처가에 박절하게 대했다는 것이 이유였다.

〈그림 5〉양동 손씨 결송입안
1560년(명종 15) 양동 손씨와 화순 최씨 간에 무자녀망녀의 재산을 놓고 벌어진 분쟁의 전말을 기록하여 경주부에서 발급한 결송입안이다. 한국학중앙연구원 소장.

　　반면 피고인 손씨 측은 최씨 부인의 재산을 승중의자承重義子가 소유해야 한다고 주장했다. 의자義子란 전모前母 입장에서는 계모의 아들을, 계모 입장에서는 전모의 아들을 말한다. 손씨 측에서 승중의자를 언급한 것은 단순히 시가가 소유해야 한다는 주장이 아니었다. '승중承重', 즉 봉사와 재산의 귀속처가 함께해야 함을 강조한 것으로 해석할 수 있다.

　　원고와 피고 측의 의견, 증거 문서, 관련자의 진술을 모두 참고한 끝에 소송의 담당 관청인 경주부는 어느 한쪽의 손을 들어주지 않고 소송에 계류된 재산을 본족과 의자녀 양측이 법전의 규정에 의거하여 나누도록 판결했다. 경주부가 제시한 판결에 적용된 규정은 다음과 같다.

　　① 자식이 없는 전모와 계모의 노비는 의자녀에게 1/5을 주고, 승중자에게는 3분分을 더해 준다.
　　② 조부모 이하는 유서遺書를 사용한다. 3세 전에 삼은 양자녀, 승중承重한 의자義子는 곧 친자녀와 같이 한다. 비록 유서에 남에게 주지 말라는 말이 있더라도 효력이 없다.

　　이 두 규정은 모두 『경국대전』「형전」에 수록된 내용이다. 첫 번째 규

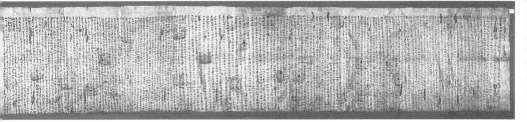

정은 재산상속 시 의자녀에 대한 상속분을 지정하고, 승중한 경우 우대 조
건을 제시하고 있다. 두 번째 규정은 유서의 적용 범위를 밝히고 있다. 조
부모 이하가 비속卑屬에게 유서를 통해 상속한 내용은 법전의 상속 규정보
다 우선적으로 적용될 수 있으나, 그 예외 대상이 있다. 친자녀, 수양자, 승
중의자로서, 이들에게는 유서의 내용과 관계없이 법정상속분을 보장해주
어야 한다는 것이다. 피고인 양동 손씨 측이 승중의자의 자격으로 재산상
속에서 정당한 자격이 있음을 명시하고 있다 하겠다. 즉 이 두 규정은 의
자녀 측인 손씨가 사망한 최씨 부인의 재산에 대해 정당한 상속인임을 명
확히 해준다.

한편 경주부는 이미 과거에 이루어졌던 최씨 측의 재산상속에도 주목
하고, 본손인 최득충의 처지도 헤아렸다.

김씨가 현재 가지고 있는 비婢 청금 등 3명과 밭 72복卜 3속束은 재주財主
최씨가 지난 정유년에 손광서에게 별급하여 관에 인증을 받은 것일 뿐 아니
라 …(중략)… 제사위祭祀位 밭도 법에 의거하여 헤아려주는 것이 마땅하므로 위
의 노비와 토지는 원래의 재주 최씨가 처리했던 그대로 손광서의 후실인 김
씨에게 줄 것을 결정한다. 그 외에는 노비 5명밖에 남지 않으므로 김씨의

〈그림 6〉 소송의 피고인 손씨가 세거해온 경주 양좌동 전경

양동마을은 경주에서 형산강 줄기를 따라 동북 포항 쪽으로 40리 정도 들어간 곳에 자리 잡고 있으며, 경주 손씨와 여주 이씨가 세거해온 동성 촌락이다. 무첨당(無忝堂), 향단(香壇), 관가정(觀稼亭) 등과 본 소송의 당사자인 손씨 종택 서백당(書百堂) 등 옛 건물이 문화재로 지정되어 있다. 피고인 손씨는 본관이 경주이지만 양동에 세거해왔으므로 양동 손씨로 불린다.

아들 및 양첩자養妾子에게 각 1명씩 주고, 남은 3명의 노비는 본손 최득충에
게 결급한다.

최세온의 누이 최씨가 손광서에게 주었던 노비를 그대로 인정하고, 더
불어 손씨 측에서 망녀들의 제사를 지내므로 봉사조 역시 되돌리지 말고
그대로 시행하도록 한 것이다. 나아가 현재 소송에 연루된 재산을 소유하
고 있는 손광서의 후실 김씨의 소생들에게도 노비 1명씩 지급하고, 본손
몫으로 남은 노비 3명을 최득충에게 귀속시켰다.

경주부의 판결에 따라 소송을 제기한 원고 최씨 측은 30명의 노비 중
15명을 되찾았다. 그리고 나머지 15명의 노비는 원래대로 손씨 측이 소유
하게 됨으로써 어느 한쪽의 일방적인 승리가 아니라, 원고와 피고가 재산
을 나눠가진 셈이 되었다. 이것은 과거에 이미 이루어진 분재分財를 분재
이전으로 돌이키기 쉽지 않다는 점, 처가에 대한 사위의 태도는 다분히 인
정적 차원의 호소일 뿐 법적 처분을 좌우할 수 없다는 점, 죽은 딸의 제사
를 누가 어떻게 지내느냐가 판결의 주요 요인이 된다는 점을 보여주는 사
례이다.

1583년(선조 16) 재령 이씨와 안동 김씨 간의 소송

무자녀망녀의 재산을 놓고 벌어진 또 하나의 주목할 만한 분쟁이 16세
기 후반 영해의 재령 이씨와 그 사돈인 안동 김씨 사이에 일어났다. 1583
년(선조 16)에 의성관에서 판결한 이 소송은 앞의 화순 최씨와 양동 손씨의
사례처럼 무자녀망녀의 재산을 놓고 벌어진 분쟁이지만, 세밀하게 관찰해
보면 몇 가지 차이가 있다. 소송을 제기한 측이 망녀의 친정이 아니라 시
가라는 점, 그리고 관청에서 명확한 판결을 내리기 이전에 양측이 화해하

여 소송을 중단한 점 등이 그것이다.

이 소송을 제기한 사람은 재령 이씨가의 이함으로, 그는 자신의 전모인 안동 김씨가 시집올 때 가져온 신노비 등의 재산을 김씨의 친정 측으로부터 돌려받아야 한다는 취지로 소장을 올렸다. 이함의 전모 안동 김씨는 이씨가에 시집온 지 열 달 만에 자식 없이 사망했는데, 그 뒤 그녀의 재산을 친정아버지 김당이 빼앗아가 현재는 김씨 부인의 조카와 그 자식 등이 소유하고 있다는 것이다. 김씨 부인이 사망한 뒤 그 남편은 재혼하여 이함 등 자녀를 낳았다. 이함에게 김씨 부인은 전모가 되며, 죽은 김씨 부인에게 이함은 의자이다.

이 소송 역시 이함으로 대표되는 의자녀 측과 현재 김씨 부인의 재산을 소유하고 있는 친정 조카를 포함한 본족本族 측의 대립이었다. 이함은 소송 상대방을 현재 김씨 부인의 재산을 소유하고 있는 이들이 아니라 안동 김씨 집안의 종손 김사원으로 지목했다. 이 소송을 승중의자인 이함과 본족 대표인 김씨 종손의 분쟁으로 파악하기에 충분한 이유다.

본족 측의 주장은 법과 정리情理적 측면의 두 가지 관점으로 나눌 수 있다. 먼저 법적인 관점의 주장이다. 그들은 1554년(명종 9) 이후 수교로 반포된 법 규정을 자신들 주장의 근거로 삼았는데, 바로 '원재주元財主가 이미 처리한 재산은 이를 다시 고칠 수가 없다'는 내용이다. 즉 아버지 김당이 이미 재산상속을 통해 자신들에게 나누어준 재산에 죽은 김씨 부인의 재산이 포함되어 있으므로, 이제 와서 이함의 주장대로 돌려줄 수는 없다는 것이다. 다른 하나는 법과 무관한 정리적인 관점의 주장이다. 김씨 부인이 요절한 뒤 그 남편, 즉 이함의 아버지가 처가의 상제喪祭에 전혀 참여하지 않았고 더욱이 40여 년간 처가와 의절하며 지냈다는 것이다. 이 사례 역시 처가와 의절한 사위의 태도가 문제였다.

〈그림 7〉 소송의 원고인 영해 재령 이씨의 종가 충효당 전경
경상북도 영덕군 창수면에 소재한 충효당은 재령 이씨 입향조인 이애가 조선 성종 때 건립한 가옥의 사랑채이다. 이후
이함이 옛날집을 없애고 후세의 교육을 위해 충효당 종택을 완공하여 살림집과 교육장으로 사용했다.

원고인 의자녀 측은 본족의 주장에 대해 다음과 같이 반박했다. 먼저 자신들이 돌려받고자 하는 재산은 전모 김씨가 시집올 때 가지고 온 신노비이므로, 본족이 주장하는 '원재주가 이미 처리한 재산'에 포함될 수 없다. 또 자신의 아버지가 처가에 박절하게 굴었다는 것 역시 신노비를 내주지 않으려는 본족의 일방적 주장일 뿐이라고 강변했다. 나아가 이함은 전모의 봉사조 재산을 분급받아야 한다고 주장했다. 즉 원고 이함이 소송을 제기한 것은 빼앗긴 전모의 신노비를 돌려받으려는 것, 그리고 전모의 봉사조를 새롭게 분급받으려는 것, 이 두 가지 목적이었다.

그런데 뜨겁게 달아오르던 이 소송은 무슨 까닭인지 양측의 화해로 중단되었다. 1583년(선조 16) 4월 19일, 대질 심문을 위해 모인 원고와 피고는 다음과 같은 내용의 소장을 동시에 올리고 화해할 뜻을 표명했다.

원고 이함 김사원이 우리 선모의 신노비 및 봉사조 재산 등을 함부로 지니고 내놓지 않기에 의송을 올려 서로 소송하기에 이르렀사오나, 김사원과 저는 의사촌義四寸 간이고, 모두 선비로서 다투는 일이 불미스러울 뿐 아니라 (김사원은) 지금 바야흐로 상중喪中에 있으니 더욱 마땅치 않습니다.

피고 김사원 숙모의 봉사조로 비婢 막장 등 5명을 내어주고, 화론하고자 하는 뜻을 아뢰는 바입니다. 살펴서 분간하시고 시행해주십시오.

두 사람이 서로 의사촌 사이라는 점, 사대부 집안에서 재산을 놓고 다투는 일이 아름답게 보이지 않는다는 점, 그리고 현재 김사원이 상중에 있다는 점을 이유로 들어 소송 중단의 뜻을 밝혔다. 또한 김사원 측이 이함에게 숙모, 즉 이함의 전모 김씨의 봉사조로 노비 5명을 자진해서 내놓았으므로 소송의 원인이 사라졌다. 소송의 원인이 없어졌으니 화해하지 않을 이유가 없었다. 봉사조로 내놓겠다던 노비 5명의 이름을 열거하고 원고와 피고가 동시에 서명하는 것으로 소송은 끝이 났다.

결과적으로는 원고인 의자 이함 측의 주장이 거의 받아들여졌다고 할 수 있다. 이함은 신노비와 그 소생을 포함하여 5명의 노비를 봉사조로 받게 되었다. 이는 결국 무자녀망녀의 제사를 친정에서 지내는 것이 아니라 의자녀가 지내도록 봉사권을 인정한 것이기도 하다.

입양을 하지 않은 것과 한 것의 차이

앞에 소개한 두 사례는 시집간 지 얼마 되지 않은 여성이 자식도 낳기 전에 일찍 사망함에 따라 그 재산을 둘러싸고 벌어진 소송이다. 흔히 이들 여성을 무자녀망녀라고 말하는데, 자식을 낳지 못한 데다 아직 양자도 들이지 못한 상태에서 부모로부터 재산상속을 받기 전에 사망했다. 그러므로 이런 여성이 사망한 시점에서 문제가 되는 재산은 혼인할 때 친정에서 받은 신노비와 그 소생들뿐이었다. 이 때문에 신노비가 시가에 그대로 남아 있다면 친정에서 되돌려달라고 소송을 제기하고, 친정에서 빼앗아 간 경우에는 의자녀 측에서 다시 돌려달라고 요구했던 것이다. 그러나 신노비는 정식으로 재산상속이 이루어지기 이전에 일종의 별급別給처럼 혼인하는 자식에게 특별히 지급하는 노비였으므로, 시집가서 죽은 뒤에 그 노비를 어느 측이 소유해야 하는지에 대해서는 정식 법조문이 존재하지 않았다. 사위가 처가와 의절했다거나, 이를 이유로 신노비를 빼앗아 이미 정식 재산상속 시에 다른 자식들에게 나눠주었다는 것은 신노비를 소유하려는 명분에 불과했다.

두 집안의 소송 사례에서 모두 본족이 강조한 것은 '망녀의 제사를 누가 지내는가' 하는 점이었다. 아내를 여읜 남편이 재혼하는 일은 일반적이었으며, 그가 재혼하여 아들을 낳으면 망녀에게는 의자가 생기는 셈이었다. 조선 전기까지 일부 집안에서 망녀의 신주를 친정으로 가져와 친정 조카 등이 제사 지내는 경우도 있었으나, 16세기 후반에는 시가에서 의자가 망녀의 제사를 지내는 것이 일반적인 관행이었다. 따라서 봉사자들은 자신을 승중의자로 칭하면서 봉사조 재산을 요구했다. 이때 망녀의 신노비를 봉사조로 자연스럽게 전환한 경우가 많았다. 물론 그렇지 않은 경우도 있었는데, 정식 재산상속에서 망녀의 남편에 대해 처가와 의절했다는 핑계로 차등 상속하기도 했다.

이처럼 16세기는 망녀의 신노비를 친정의 재산으로 되돌릴 것인가, 또는 시가에서 그대로 소유할 것인가의 문제와 관련하여 과도기적 시기였다. 하지만 17세기 이후에는 이러한 분쟁이 사라졌는데, 이는 시가에서 자연스럽게 망녀의 봉사를 담당하면서 그 재산이 봉사조로 전환되었기 때문이다. 조선 후기의 유교적 관습하에서는 어떤 명분보다 망녀의 봉사를 의자녀가 담당한다는 사실이 중요하게 작용했던 것이다.

한편 앞의 사례들과 달리 자식이 없는 여성이 양자를 입양한 경우는 상속 분쟁이 발생하더라도 그 내용에서 확연한 차이를 보인다. 17세기에 일어난 다음의 분쟁 사례는 상속 분쟁에서 기존에 작성된 분재 문서가 얼마나 중요한지를 보여준다. 1652년(효종 3)에 오신남이라는 사람의 아내 임씨가 의송議送을 올려 억울함을 호소했다. 의송의 내용으로 이 집안의 사연을 재구성해보면 다음과 같다.

오신남과 임씨 부인 사이에는 자식이 없었다. 대신 오신남은 두 명의 첩 사이에 각각 딸 한 명씩 두고 있었다. 그런데 오신남과 임씨 부인은 오신남의 5촌 조카인 오열의 차남 상지를 어릴 때부터 수양아들로 삼아 길러오고 있었다. 문제는 오상지가 6촌 손자뻘에 해당하므로 항렬상 맞지 않는 입양이라는 점이었다. 『경국대전』에 따르면 양자 입양은 3촌·5촌·7촌 등 홀수 촌수인 조카 항렬에서만 할 수 있다. 오신남의 두 사위는 이 입후入後가 법 원칙에 맞지 않는다며 인정하지 않았고, 자신들에게만 오신남의 재산을 상속할 권한이 있다고 소송을 일으켰다. 이에 임씨는 과연 입후를 인정받을 수 없는 것인지, 또 계후자를 제외한 첩 자녀들에게만 재산을 분배해야 하는지에 대해 관에 법률 자문을 구하고자 의송을 올렸다.

판결은 이렇게 내려졌다. 항렬에 맞지 않는 계후는 위법이지만 '동종근속同宗近屬'이면 입후가 가능하다는 조항이 있으므로 오상지를 동종근속으로 보아 계후자로 삼을 수 있다는 것이다. 이는 『경국대전』에는 없는 조항이지만 나중에 『대전속록大典續錄』에 추가된 조항을 근거로 한 것이다. '근속近屬'의 범위가 몇 촌까지인지는 명확히 규정되어 있지 않았지만, 이 경우는 8촌 이내의 입후이므로 근속으로 판단했던 것 같다.

그러나 그보다 더 중요한 단서가 된 것은 오신남이 생전에 작성한 분재기였다. 그 분재기에서 오상지가 아들로 지칭되었다는 사실이 봉사자로 인정되는 데 큰 영향을 미쳤다. 분재기가 계후자 자격을 인정하는 법적 요건이 되는 문서는 아니지만, 실제 양부가 아들로 인정했다는 정황이 참작되었던 것으로 생각된다.

상속 분쟁이 의미하는 것

다양한 소송과 분쟁이 발생한 조선시대에 상속 분쟁의 빈도는 그다지 높지 않았다. 게다가 산송을 비롯하여 신분을 초월한 범사회적인 분쟁 사례가 점차 증가하는 조선 후기에 이르면, 상속 분쟁은 조금씩 자취를 감추기까지 한다. 하지만 조선 초기 실록과 16~17세기 고문서로 남아 있는 몇 건의 사례를 통해 보면 조선시대 재산상속 분쟁에서 다음과 같은 특징을 발견할 수 있다.

첫째, 일반적인 상속 사례에서 상속 내용에 불만을 갖고 재주財主인 부모를 상대로 자식들이 소송하는 경우는 찾아보기 어렵다. 균분상속이라는 원칙이 존재하였으나 이는 상식선에서 지켜졌고, 재주는 사전 증여나 유의遺意를 통해 융통성을 발휘할 수 있었다. 그럼에도 불구하고 부모가 내린 조처에 이의를 제기한다면, 이는 효의 정신에 위배된다는 사고가 유교적 가족 윤리의 지배를 받는 당시 양반 가족 내에 존재했다. 무자녀망녀의 재산 귀속을 둘러싼 소송, 적처 소생과 첩 소생 간의 재산 소송 등 특이한 경우들만 눈에 띄는 것은 이런 이유다.

둘째, 무자녀망녀의 재산 소송이든 적첩 간의 재산 갈등이든, 어떤 내용의 재산 분쟁도 가장 우선적으로 고려하는 것은 재주의 원래 상속 내용과 그 내용이 수록되어 있는 문서의 유무였다. 앞에 소개한 양동 손씨가의 소송, 재령 이씨가의 소송, 오신남 처의 사례 모두 재주가 과거에 작성한 상속 문서의 유무가 논란이 되었다. 이는 이미 상속한 내용과 재주의 상속 방침을 존중한다는 법과 관습이 강력하게 적용되었음을 의미한다.

셋째, 상속 분쟁은 산송 등 여타의 소송과 달리 재산을 소유하고 이를 후대에 상속할 만한 사회경제적 수준이 되는 집단에서 나타난다. 물론 상민이나 천민이 재산을 소유하거나 상속하지 않은 것은 아니지만, 하층민의 경우 상속은 생계 수단을 자식들에게 보전해준다는 의미가 강했다. 따라서 균분 여부나 적법 여부를 논할 여지가 별로 없었다. 상속 분쟁이 대부분 양반 신분에 국한되어 일어난다는 점, 그리고 일반적 상속 관행에서 일어나는 것이 아니라 상속인·피상속인의 조사^{早死}, 양자 수양, 가족 간의 의절 등 특별한 상황에서 발생한다는 점 때문에 그 사례가 그렇게 많지도, 또 확산되지도 않았던 것으로 보인다.

상속 분쟁의 발생과 그 내용은 조선시대 양반 계층의 의식 세계를 반영하고 있다. 예컨대 부모의 처분에 대해 왈가왈부하는 것은 유교 사상으로 교화된 사대부가에서 취할 태도가 아니었다. 따라서 원재주가 상속을 어떻게 처리했는지가 우선적 고려 대상이었고, 특별한 상황에서만 상속 내용을 문제 삼았다. 조선 전기에는 민간 생활의 모든 부분에서 아직 유교의 정착이 미진했으므로 관의 힘을 빌려서라도 상속 내용을 바로잡을 수 있다고 생각했지만, 조선 후기에는 부모의 처분을 놓고 왈가왈부하는 것 자체가 불효라는 식으로 의식의 전환이 이루어졌다. 그런 분위기에서 상속 분쟁이 확산되기 어려웠음은 두말할 여지가 없다.

다만 부모 된 이들 역시 법에 어긋나거나 자식들이 크게 불만을 가질 만한, 곧 상식에 어긋나는 재산상속은 하지 않았다. 법과 도덕 사이에서 상속인과 피상속인 양자가 균형을 유지해간 것이 조선시대 재산상속의 특징이며, 이런 관점에서 상속 분쟁을 이해하는 것이 조선시대 가족을 이해하는 하나의 열쇠가 될 것이다.

토지소유권 분쟁 — 하의삼도 주민들의 300여 년에 걸친 항거

하의삼도는 전남 신안군 하의면의 하의도, 신의면의 상태도와 하태도 등 3개 섬을 통칭하는 말이다. 그런데 이 하의삼도에서 300여 년에 걸친 토지 분쟁이 일어났다. 주민들이 대대로 일궈온 하의도·상태도·하태도의 토지를 선조의 첫째 공주인 정명공주에게 사패지로 분배해주면서 섬 주민들과 왕실 세력 간에 갈등이 불거진 것이다.

300년 동안 이어진 소송

조선시대 사람들은 섬을 어떤 공간으로 인식했을까? 섬에서 토지는 어떻게 만들어지고 그 소유권은 누구에게 귀속되었을까?

조선시대 섬에서 토지는 황무지를 개간하거나 제언堤堰을 쌓아 만들어졌다. 처음 섬에 정착한 입도조入島祖 : 섬 주민의 직계 선조는 새로운 농토를 마련하기 위해 개펄에 둑을 쌓아 밀려오는 바닷물을 차단했다. 이렇게 하면 제방 안쪽에 금새 땅이 모습을 드러냈지만 당장 농토로 이용할 수는 없다. 아직 짠물을 머금고 있는 간척지는 농사짓기에 적합하지 않기 때문이다. 섬 주민들은 오랜 시간 정성 들여 간척지에 새로운 흙을 채웠다. 도중에 둑이 무너지기라도 하면 처음부터 다시 시작했다. 간척지에서 짠물이 빠지는 데는 족히 10년이 걸렸다. 이렇게 만들어진 토지는 할아버지가 아버지에게, 아버지가 아들과 손자에게 승계하여 누대로 자급자족하며 생활했다. 섬 주민들은 이런 식으로 대대로 경작해왔기에 그 땅의 소유권을 증빙할 만한 문서를 제대로 갖추고 있지 않았다. 이것이 화근이었다.

간척지에서 제법 나락을 수확할 즈음에 중앙과 지방의 권세가들이 섬의 토지소유권을 주장하기 시작했다. 어떤 사람은 '이 땅은 본래 수군水軍의 식량을 조달하기 위해 만들어진 둔전屯田'이라 했고, 또 어떤 사람은 '국가가 왕실 친족에게 지급한 궁방전宮房田'이라 하면서 토지소유권을 주장했다. 그들은 섬 주민들에게 토지 경작권을 내놓든가, 아니면 그에 합당하는 토지세를 납부하라고 강요했다. 섬 주민들의 입장에서 보면 터무니없는 일이었지만, 그렇다고 토지문서를 앞세운 권력층과 대립을 피할 수는 없었다. 섬 주민들은 권력층이 요구한 대로 토지세를 납부했다. 그러나 권력의 횡포는 날로 심해졌다. 결국 참다못한 주민들이 왕실을 상대로 소송을 제기하기에 이르렀다. 바로 조선 경종 때 하의삼도 사람들이 제기한 소송이다. 권력을 상대로 한 힘겨운 싸움이 시작된 것이다. 섬 주민들은 직접 땅을 간척하여 누대로 경작해온 토지인 만큼, 엄정한 법질서에 따라 올바른 판결이 내려질 것이라 확신했다. 그러나 한성부에 제출한 소장訴狀은 이후 300여 년 동안 대를 이어 계속될 뿐 끝내 해결되지 않았다.

일제 강점기에도 섬 주민들은 일본인 지주를 상대로 토지소유권 분쟁을 했다. 그러다가 해방을 맞이했으나 곧이어 미군정기로 접어들면서 새로운 토지 주인인 신안공사를 상대로 토지소유권 분쟁을 또다시 진행해야만 했다. 게다가 뒤이은 한국전쟁은 섬 주민들의 토지소유권 분쟁을 원점으로 되돌려 놓고 말았다.

이 글은 조선시대 섬에서 토지가 만들어지는 과정 및 토지소유권을 둘러싼 섬 주민들과 권세가의 갈등, 일제 강점기에 섬 주민들이 일본인 지주를 상대로 제기한 '부당이득 반환 청구 소송'의 전개 과정, 그리고 1950년

한국전쟁으로 인해 또다시 새로운 국면에 처한 소작쟁의의 실체를 파악하고자 한다.

하의삼도에서 무슨 일이 일어난 걸까

하의삼도는 전남 신안군 하의면의 하의도, 신의면의 상태도와 하태도 등 3개의 섬을 통칭하는 말이다. 조선시대에 하의삼도는 나주목의 부속 도서로 편제되어 있었다. 그러나 나주목사가 돛단배에 몸을 의지하여 각 섬을 돌아다니면서 민원을 파악하는 일은 거의 없었고, 섬 주민들 역시 행정 수반인 나주목사를 평생 접견하는 일도 없었다. 어쩌다 육지의 관리가 섬에 나타나면 섬 주민들은 귀신을 만난 듯 줄행랑쳤다. 조선시대의 섬 주민들은 입지적으로나 행정적으로 절해고도의 거주민이었다. 이러한 처지에 있는 섬 주민들이 왕실을 상대로 한성부에 소송을 제기한 것이다. 무엇이 그들로 하여금 한양 천리 길을 달려가서 권력을 상대로 한 힘든 싸움을 자처하도록 만들었을까?

하의삼도 주민들의 토지 분쟁의 역사는 조선 선조宣祖 때로 거슬러 올라간다. 하의도·상태도·하태도의 토지를 선조의 첫째 공주인 정명공주貞明公主에게 사패지賜牌地로 분배해주면서 섬 주민들과 왕실 세력 간에 갈등이 불거진 것이다. 사패지란 조선시대 임금이 신하에게 내려주는 전답이다. 왕실 종친에게 주로 경기도 내에 있는 토지를 지급하여 이 토지에서 수확한 산물로 경제생활을 영위하도록 했다. 그런데 왕실 친·인척의 수가 날로 증가하면서 문제가 발생했다. 사람은 늘어났지만 토지가 한정되어 있었기 때문이다. 이에 조선 정부는 경기도 밖에 있는 토지까지 왕실 세력에게 지

〈그림 1〉조선시대 전라도 나주목의 부속 도서

조선시대 서남해 다도해는 나주목의 부속 도서로 편제되어 있었다. 그러다가 1896년 섬을 단위로 하여 지도군·완도군·돌산군 등 3군(郡)이 설치되면서 비로소 육지에서 분리되어 독자적인 행정 편제를 갖추었다. 『여지도첩』, 18세기, 규장각한국학연구원 소장.

〈그림 2〉하의삼도(현 신안군 하의도·상태도·하태도)

20세기에 상태도와 하태도를 잇는 제방이 건설되면서 두 개의 섬이 하나로 통합되었다. 상태도와 하태도는 행정구역상 신안군 신의면에 속한다.

〈그림 3〉 하의도 대리마을
하의도 대리마을의 풍경은 어느 농촌을 그대로 옮겨 놓은 듯 닮은꼴이다. 10호에 1호 정도만 어업에 종사하고 있다. 이 때문인지 하의도 포구에는 어선 출입이 많지 않다. 섬 주민들의 경제생활이 대체로 토지에서 비롯되고 있음을 실감케 한다.

급할 수 있도록 규정을 바꾸었다. 그리하여 선조 때 전라도 나주목 하의
삼도의 토지 일부가 정명공주방의 사패지로 지급된 것이다. 정명공주방은
사패지로 받은 땅에 대해 소유권은 물론 수조권收租權을 남발했고, 그로 인
해 섬 주민들과 갈등이 일어났다.

이런 상황에서 경종 때 하의삼도 주민들이 궁방宮房의 부당한 처사를
더 이상 견디지 못하고 한성부에 소송을 제기한 것이다.

정명공주 이야기

하의삼도 주민들의 토지 소송 사건은 300여 년 동안 대를 이은 항거
였다. 그래서일까? 하의삼도 주민들에게 전해 내려오는 정명공주 이야기
는 흔히 왕자와 공주 이야기에서 보이는 아름다운 동심의 세계와 동떨어
져 있다. 하의삼도의 토지에 얽힌 소송 사건이 바로 정명공주로부터 비롯
되었기 때문이다. 정명공주(1603~1685)는 선조와 인목왕후仁穆王后 김씨 사이
에서 태어난 제1공주로, 인조 때 영안위永安尉 홍주원洪柱元과 혼인했다. 그
러나 섬 주민들에게 전해오는 그에 얽힌 이야기는 사실과 다를 뿐더러 그
다지 아름답지 않다.

그 내용을 옮겨보면 다음과 같다.

선조의 첫째 따님인 정명공주는 나이 스물이 되었지만, 혼례를 올리지 못
했다. 어린 시절 공주는 소아마비를 앓았고, 그로 인해 불구의 몸이 되었다.
선조는 과년한 딸을 시집보내기 위해 '공주와 혼인한 사람에게 삼도를 하사
하겠다'라고 하여 널리 부마駙馬를 찾았다. 이때 당대의 가객 홍주원이 공주

와 혼인하겠다고 나섰다. 그런데 선조와 홍주원이 각자 생각한 삼도는 서로 달랐다. 즉 홍주원이 꿈꿨던 삼도三道는 경상도·충청도·전라도 등 하삼도이고, 선조가 생각한 삼도三島는 전라도 나주목의 부속 도서인 하의도荷衣島·상태도上苔島·하태도下苔島 등 3개의 섬이었다. 선조는 홍주원에게 세 섬을 하사하였다.

위 이야기에는 여러 가지 오류가 발견된다. 먼저 등장인물의 생존 시기와 위 이야기의 내용을 맞춰보면, 선조의 재위 기간은 1567~1608년이고, 정명공주가 혼례를 올린 것은 인조반정仁祖反正(1623년) 이후의 일이다. 또한 정명공주가 소아마비를 앓아 불구자였다는 정황도 확인되지 않는다. 아마도 정명공주에 대한 섬 주민들의 불편한 심기가 그렇게 표현되었던 것으로 보인다. 정명공주는 어린 시절 광해군의 폭정으로 인해 어머니 인목왕후와 함께 서궁西宮에 유폐된 폐서인이었다. 혼인은 고사하고 목숨까지 위태로운 상황이었다. 또 인목왕후는 의인왕후懿仁王后의 뒤를 이어 선조의 계비繼妃로 간택되어 영창대군과 정명공주를 낳았지만, 이미 동궁東宮 : 왕세자은 광해군光海君으로 책봉된 상황이었다. 광해군은 선조의 뒤를 이어 왕위를 계승하였지만 인목왕후의 아들인 영창대군을 견제했다. 이때 간신 이이첨李爾瞻이 유언비어를 퍼뜨려 옥사(계축옥사, 1613)를 꾸몄다. 결국 광해군은 왕위에 오른 지 얼마 되지 않아 어린 영창대군을 살해하고, 인목왕후와 정명공주를 서궁에 유폐했다.

광해군 정권은 곧 인조반정으로 무너졌다. 그리하여 광해군은 강화도로 유배되었고, 인목왕후는 대왕대비로 복위하였으며, 정명공주는 비로소 홍주원과 혼인할 수 있었다. 홍주원은 인조반정 때 공을 세운 김유金瑬의 제자였다. 이렇듯 '선조-광해군-인조'로 이어지는 정치적 격변으로 인해 정명공주의 혼인은 늦어질 수밖에 없었던 것이다. 이러한 역사적 흐름과 상관없이 섬 주민들에게 전해오는 정명공주는 '불구자'인 탓에 혼인이 늦어진 것으로 묘사되고 있다. 공주에 대한 섬 주민들의 회환이 얼마나 깊었는가를 가히 짐작케 한다.

정명공주방에서 올린 소지

임란 이후 황폐화된 농경지의 개간은 민생 안정을 위해 가장 시급한 일이었다. 농경지 개간은 바닷가 연안의 진황지陳荒地와 신전新田을 일구는 것으로 시작되었다. 16세기 중엽 진황지의 개간은 재상·왕자·부마 등이 주도적으로 추진하였다. 예컨대 선조 때 인목왕후는 전라도 강진현의 부속 도서인 조약도에서 토지를 개간하였다. 훗날 인목왕후는 아들 영창대군을 잃은 뒤 자신의 유일한 분신이었던 정명공주에게 조약도 개간지를 모두 하사한 것으로 전해온다.

조선 후기 왕실 세력의 토지 개간은 두 가지 측면에서 문제가 발생하였다. 하나는 개간지의 소유권과 이용권에 관한 부문이고, 다른 하나는 개간지의 면세와 감세에 관한 것이다. 예를 들어 개간 대상의 토지가 무주진황전無主陳荒田 : 주인이 없는 황무지이거나 유주진전有主陳田 : 소유주는 있으나 이사나 천재지변 등으로 인해 1~2년 혹은 수년간 경작을 포기한 토지인 경우 토지소유권과 수조권을 놓고 갈등이 발생하였다. 또 한광지閑曠地 : 한 번도 경작하지 않은 땅와 무주전無主田 : 주인이 없는 땅의 경우 그 토지를 개간한 사람을 소유권자로 공인해주었는데, 이는 법제상 무주지에 대한 취득증명서나 개간허가서인 입안立案을 발급함으로써 성립되었다.

16세기 중엽 이래로 공주와 왕자의 경제생활을 지원한다는 차원에서 조선 정부는 각 궁방에 토지를 나눠주었다. 이 토지를 절수지折受地라 부른다. 절수는 두 가지 방법으로 마련되었다. 하나는 궁방에서 무주지를 조사하여 해당 지방관으로부터 입안을 발급받는 것이고, 다른 하나는 궁방에서 절수 대상지를 내수사內需司에 신고하면 이조와 호조를 통해 지급받는 방법이었다. 궁방에서 입안을 발급받는 대상은 토지에서부터 어장에 이르기까지 모든 경제 수단이 포함되었다. 특히 그중에서 안전성이 높은 토지의 비중이 가장 컸다. 왕실 세력은 백성이 개간한 토지에 대해서도 매매, 측량, 문서위조 등을 통해 그 소유권을 점탈하였다.

이처럼 왕실 세력이 백성의 토지를 빼앗은 사건이 전라도 나주목 하의 삼도에서 발생했다. 그런데 흥미로운 사실은 이 사건의 원고가 왕실 세력이고, 피고가 섬 주민들이라는 점이다. 즉 섬 주민들이 왕실 세력을 상대로 억울함을 호소한 것이 아니라, 궁방에서 먼저 섬 주민들을 고소한 것이다. 이 사건의 발단은 1721년(경종 1년)에 정명공주방이 작성한 소지所志에서 비롯되었다. 공주방에서 올린 소장 내용은 다음과 같다.

> 저희 궁방의 절수지가 전라도 나주 땅 상태도·하태도·하의도 등지에 있습니다. 그런데 섬 주민들이 간악하여 납세곡納稅穀을 감급減給하기도 합니다. …(중략)… 하의도와 하태도 주민들은 도장배導掌輩 : 남의 논밭을 대신 관리하여 토지 주인에게 세금을 바치는 일을 하는 사람의 토지세 수납을 거부하지 않는데, 유독 상태도 주민들만 불평을 늘어놓고, 심지어 뿔뿔이 도망가는 지경에 이르렀습니다. …(중략)… 이제 저들은 궁차宮差 : 궁방을 대신하여 토지 경작자에게 소작료를 징수하는 사람를 쫓아낼 계획을 추진하고 있습니다.
>
> ─『판적사신축등록版籍司辛丑謄錄』 경종 1년(1721) 9월

정명공주방의 주장은 전라도 나주목의 하의도·상태도·하태도에 궁방의 절수지가 있는데 토지를 경작하는 섬 주민들이 세금을 납부하지 않으니 이를 시정해달라는 것이었다. 다시 말해 섬 주민들에게 토지세를 부과하는 것은 '하의삼도의 토지가 절수지이기 때문에 당연하다'는 주장이다. 이것이 사건의 서막이었다.

왕실을 상대로 한 소송

궁방에서 섬 주민들을 관에 고소하자, 하의삼도 주민들 또한 왕실 세력의 횡포를 더 이상 묵과하지 않고 권력을 상대로 한성부에 소장을 제출하였다.

> 정명공주방의 면세전 20결이 섬에 있는데 훗날 공주의 외손들에게 승계되었습니다. 그런데 공주의 외손들이 선조 때 섬 전체를 절수하였다고 하면서 민전民田 160결에 대해서도 세금을 부과하였습니다. 이에 백성들이 원통함을 견디지 못하고, 궁방을 상대로 한성부에 소장을 올린 것입니다.
> —『영조실록』 권28, 영조 6년 12월 29일 계해

즉 하의삼도 주민들은 '섬에는 면세전 20결이 있을 뿐이고, 섬 전체가 궁방의 절수지는 아니다'라고 주장하였다.

그러나 한성부는 섬 주민들이 제출한 증빙 문서에 관청의 날인이 없다는 이유로 증거 불충분 판결을 내렸다. 섬 주민들이 패소하고 만 것이다. 당시 일반 백성이 문서 발급과 수급에 익숙하지 않았던 점을 고려해 볼 때

한성부의 판결은 지나친 처사였다. 그 내용이 하의삼도 주민들이 제출한 2
차 소송 문서에서 확인된다. 1차 소송에서 패한 섬 주민들은 한성부의 상
급 관부인 사헌부에 민원을 접수하였다. 섬 주민들의 소장을 접수한 사헌
부는 다음과 같은 내용으로 판결을 청하는 상소를 올렸다.

> 한성부의 송안松案을 검토해보니, 이 송사의 요점은 면세전인가 절수지인
> 가의 분별에 있었습니다. 절수의 여부는 왕패王牌 : 왕이 내린 증명서의 유무에 달
> 려 있는데, 한성부에서 처결할 때 이런 곡절은 물어보지도 않고 오히려 백
> 성들이 가지고 있던 200여 장의 문서에 관사官斜 : 관의 인준가 없다는 이유로
> 패소 판정을 내렸습니다. 대저 노비 매매를 제외한 전답 문서는 경향京鄕을
> 막론하고 관사한 일이 없는데, 섬 지방의 우매한 백성들에게 관사를 요구하
> 였으니, 이것이 사단이었습니다. 더구나 각 궁가의 노복들이 궁차宮差라 거
> 짓으로 일컬으면서 세력을 믿고 함부로 행동하니, 섬 지방의 닭이나 개들도
> 편안히 있을 수 없다고 합니다. 백성들이 천리 길 바다를 건너와서 정소한
> 것은 원통하고 억울한 사정이 없었다면 이 지경에 이르지 않았을 것입니다.
> 청컨대 한성부의 송안과 원고·피고를 본도本道로 내려보내고, 감사로 하여금
> 직접 맡아서 분명하게 판결하여 다시는 섬 백성들이 호소하는 폐단이 없도
> 록 해주십시오.
>
> ─『영조실록』 권28, 영조 6년 12월 29일 계해

이 사건의 피고 측(정명공주방)은 선조 때 하의삼도 섬 전체를 절수하였
기에 섬 주민들에게 토지세를 부과한 것은 당연하다고 주장했지만, 원고
측(섬 주민들)은 하의삼도에 있는 궁방의 면세전은 20결뿐인데 민전 160결
에 대해서도 궁방에서 세금을 부과했으므로 납세를 거부하였던 것이다.

이에 사헌부는 '하의삼도의 토지가 면세전인지 절수지인지를 분별하는 것이 사건의 핵심인데도 한성부가 이를 간과했으니, 해당 지역 지방관으로 하여금 수사를 다시 하라'고 명하였던 것이다.

면세전인가, 절수지인가

사헌부는 이 사건의 핵심을 '하의삼도에 있는 정명공주방의 토지가 면세전인가, 절수지인가'라는 관점에서 접근했다. 만일 해당 토지가 면세전이라고 한다면, 토지소유권은 주민에게 있고 궁방은 수세권만 있다. 반면 궁방에서 주장하는 것처럼 하의삼도의 토지가 모두 절수지라고 한다면, 토지소유권은 궁방이 갖게 된다. 본 사건에서 또 하나의 관건은 궁방에서 절수한 토지 규모가 하의삼도 섬 전체인가 아니면 일부인가를 규명하는 일이었다. 그러나 왕실과 관련된 사안이었기 때문인지, 어느 누구도 명쾌하게 처리하지 않고 시간만 흘러갔다.

그런데 사건이 발생한 지 47년이 지난 1768년(영조 44)에 영의정 김치인金致仁이 하의삼도 사례를 통해 궁방의 폐단을 이렇게 지적하였다.

하의도와 상·하태도는 모두 정명공주방의 절수지입니다. 당초 궁방이 절수한 것은 20결에 불과하였습니다. 그 뒤 섬 주민들이 사비를 털어 제방을 쌓아 논을 만들었습니다. 그런데 공주방에서 궁방전과 민전의 구분 없이 1결당 미米 40두斗, 전세대동田稅大同 23두를 본궁本宮에 납부할 것을 요구하였습니다. 동일한 땅에 두 가지 세금이 부과되고 있었으니 백성의 원통함이 극에 달하였습니다. 절수지는 절수지이고, 민전은 민전입니다. 하물며 절수지가 따로 구분되어 있는데, 궁방전과 민전을 어찌 판별하기가 어렵겠습니까. 또 궁에서 임명한 차인差人이 일괄 징수하는 방법으로 섬사람들에게 세금을 이중으로 부과하였다니 가히 놀랄 만한 일입니다. 이보다 더 심한 일이 또 어디에 있겠습니까? 빨리 본도本道에 명하시어 실제의 양을 정해서 첩세疊稅 : 이중과세로 인한 원망이 다시는 없도록 하는 것이 어떠합니까?

─ 『비변사등록』 152책, 영조 44년 10월 7일

영의정 김치인은 하의삼도의 토지에 정명공주방이 받은 약 20결의 절수지와 섬 주민들이 간척한 민전이 혼재되어 있음을 지적하였다. 그런데 공주방에서 궁방전과 민전의 구분 없이 섬 주민들에게 세금을 부과했던 것이다. 섬 주민들은 자신들의 노력으로 간척한 토지에 대해서도 권력을 앞세운 궁차가 이중과세를 요구했기 때문에 궁방과의 갈등이 끊이질 않았던 것이다. 섬 주민들이 세금 삭감을 요구한 것도 바로 궁방전과 무관한 민전이 징세 대상에 포함되어 있었기 때문이다.

결국 1721년(경종 1년)에 시작된 정명공주방과 하의삼도 주민들 간의 송사는 47년이 지난 1768년(영조 44)까지 해결의 실마리를 찾지 못한 채 갈등과 분쟁으로 점철되었다. 뒤늦게 영의정 김치인이 궁방의 폐단을 언급했지만, 이 또한 논의가 더 나아가지 못한 채 중단되고 말았다.

경성지방법원에 제기한 소송

한말에 왕실 재정은 궁내부의 내장원內藏院에서 관장하였다. 궁내부는 왕실 재정을 확보하기 위한 방안으로 국가 소유의 목장과 둔전, 그리고 섬

〈표 1〉 1901년 하의삼도의 전답 규모

도서	논(畓)	밭(田)
하의도	54결 87부 3속	34결 52부 2속
상태도	24결 70부 8속	19결 17부 4속
하태도	15결 86부 2속	17결 82부 1속

출전: 『전라남도각국역목둔토급각양사누전답경자조정도전곡도총성책(全羅南道各國驛牧屯土及各樣查漏田畓庚子條定賭錢穀都成冊)』, 광무 5년(1901) 2월, 규장각한국학연구원.

과 바다에서 생산되는 각종 산물에 이르기까지 세금을 부과했다. 특히 궁
방전의 경우, 그간 누락되었던 것까지 철저히 조사하여 모두 내장원에 등
록하도록 했다. 1901년 내장원에 등록된 하의삼도의 토지 규모는 〈표 1〉
과 같다.

그런데 1907년 일제는 재정 확보책의 일환으로 왕실 재산인 궁방전을
비롯하여 목장과 능원 등의 토지를 국유지로 전환하도록 명했다. 내장원
은 하의삼도의 전답을 궁장토宮莊土라 명명하여 국유지로 편입시키고, 대신
섬 주민들에게 결당 8원의 토지세를 징수했다. 이에 하의삼도 주민들은
국유재산조사국國有財産調査局에 국유지 편입의 부당성을 탄원했다. 그러나
조사국은 정명공주방의 후손인 홍씨 일가가 제출한 문건을 토대로 하의삼
도의 전답이 모두 홍씨 일가에게 소유권이 있다고 인정한다는 하급증下給證
을 교부했다.

이듬해인 1908년에 홍씨 일가는 당시 하의도 행정권을 관장하고 있던
지도군수에게 토지 소유 증명서 발급을 신청하여 토지소유권을 획득했다.
이런 사실을 알지 못했던 섬 주민들은 1908년 탁지부度支部에 진정서를 제
출하여 내장원에 등록된 하의삼도 토지에 대한 반환 신청서를 접수했다.

그러자 홍씨가는 조사국 문서를 들이대면서 섬 주민들에게 토지세 납부를 독촉했고, 섬 주민들도 이를 거부했다. 사태가 심각해지자 지도군수가 나서서 홍씨가와 섬 주민들 간에 화해를 권고했다. 결국 섬 주민들은 관의 명령에 따라 홍씨가에 세금을 납부해야만 했다.

1909년 섬 주민들은 경성지방법원에 '부당이득 반환 청구 소송'을 제기하였다. 공소장의 요지는 〈표 2〉와 같다. 하의삼도 주민들이 제출한 공소장을 검토한 경성재판부는 "하의삼도의 토지는 홍씨가의 개인 소유가 아니라 하의삼도 주민들에게 그 소유권이 있다. 또 1908년에 국유재산조사국에서 홍씨가에게 발급해준 하급증은 인정할 수 없다"고 판결하였다. 마침내 1911년 경성고등공소원이 섬 주민들에게 승소 판결을 내려준 것이다. 이듬해인 1912년에 섬 주민들은 300년 동안 대를 이은 송사를 해결하는 데 공을 세운 일본인 변호사 고노 부스노스케木尾虎之助와 그의 사무원인 조선인 남만웅南萬雄의 공덕비를 하의도에 건립하였다. 이 두 개의 비석은 2013년 현재 하의3도농민운동기념관(신안군 하의면 대리 소재)의 정원에 서 있다〈그림 4〉.

그런데 섬 주민들이 300여 년 동안 대를 이은 송사에서 승리한 기쁨을 채 누리기도 전에 홍씨가에서 몰래 하의삼도의 토지를 타인에게 매도한 일이 뒤늦게 발각되었다. 1911년 경성고등공소원의 소송이 섬 주민들에게 유리하게 진행되자, 홍씨가가 당시 한일은행장 조병택과 목포 사람 정병조에게 각각 하의삼도 토지를 매도한 것이다. 그 뒤 조병택과 정병조는 매수한 토지를 다시 일본인 지주 우콘 곤자에몬右近權左衛門에게 넘겼다. 그 결과 하의삼도 주민들은 또다시 토지소유권 분쟁에 휘말리게 되었다.

〈표 2〉 하의삼도 주민들이 경성지방법원에 제출한 공소장

구분	내용
공소인 (하의삼도 주민들)	① 하의·상태·하태도의 전답은 500년 전 공소인 등 다수 섬 주민의 조상들이 초생지를 개간한 것이다. 총 151결 24부이며, 선대(先代)로부터 전승하였다. ② 400년 전부터 결세를 호조에 상납하였다. ③ 선조(宣祖) 때 정명공주방이 사패지 24결을 받았으므로, 주민들은 사패지에 대한 결세를 공주방에 상납하였다. ④ 동궁(同宮: 정명공주방)의 자손 5대가 지난 뒤에 결세는 다시 호조에 상납하였다. ⑤ 정조 때 궁방의 자손이란 이가 사패지에 대한 세금 상납을 강요하자, 섬 주민이 관찰사에게 부당함을 호소하였다. 그러나 권세가에 저항하지 못하고, 호조와 궁방에 이중 납세하였다. ⑥ 광무 2년(1898) 내장원으로 이속되어 납세하였다. ⑦ 명치 41년(1908) 탁지부에 진정서를 제출하였다. ⑧ 피공소인 홍씨가가 섬 주민들을 폭행하여 주민들은 어쩔 수 없이 도전(賭錢)을 납부하기에 이르렀다.
피공소인 (정명공주의 후손 홍씨가)	① 공소인이 주장하는 본 경작지는 300년 전 피공소인의 6촌 홍우승의 8대조모 정명공주가 왕실로부터 받은 토지이다. ② 광무 3년(1899)에 국유지로 오인되어 내장원에 이속되었다가, 반환 청구 소송을 하여 되찾았다. ③ 명치 41년(1908)에 제실유(帝室有) 및 국유재산조사국에서 피공소인의 소유 증명서를 발급해주었다. ④ 본 사건을 공동 소송으로 제기한 것은 소송 수속에 위배되는 불법이다.

출전 : 경성공소원법원 민사부 판결문.

〈그림 4〉 일본인 변호사 고노 부스노스케와 사무원 남만웅의 영세불망비

조선 경종 때 시작된 하의삼도 주민들의 토지 분쟁은 20세기 초에 일본인 변호사의 도움으로 종결되는 듯했다. 섬 주민들은 당시 일본인 변호사와 사무원 남만웅의 공적비를 건립하였다. 아래 왼쪽이 고노 부스노스케, 아래 오른쪽이 남만웅의 영세불망비이다. 이 두 개의 비석은 하의3도농민운동기념관의 정원에 있다.

마침내 승인된 섬 주민들의 토지소유권

하의삼도의 지주로 새롭게 등장한 우콘右近은 상태도 주민 박공진을 매수하여 그로 하여금 섬 주민들에게 위임장을 받아낸 뒤 목포법원에 소장을 제출하였다. 당시 조선총독부는 모든 토지 분쟁에 대해 '화의'로 처리하도록 규정했으므로 목포경찰서장 마쓰다 신스케松田信助는 일본인 지주와 섬 주민들 간에 화의를 종용했다. 1914년 2월, 참다못한 섬 주민들이 박공진의 집으로 몰려가 기물을 부수고 가옥을 방화했다. 박공진의 신고로 목포경찰서에서 헌병과 경찰 700여 명이 하의도로 출동하여 주민 100여 명을 연행해갔다. 이 사건으로 인해 하의도 부녀자 8명이 대구법원으로부터 2년형을 선고받았다. 그리고 같은 해 3월, 하의도 대리마을 구장 이상섭과 일본인 지주 우콘 간에 합의서가 작성되었다. 이 합의서에는 우콘이 지역개발과 농자금 융자 등 13개 조항을 이행해야 하는 것으로 명시되어 있지만, 그는 이 합의서의 내용을 이행하지 않았다. 그리하여 섬 주민들은 1916년 광주지방법원 목포지청에 '부당이득 반환 소송'을 다시 제기했으나 패소하고 말았다.

1918년 3월, 섬 주민들은 대구법원에 항소했다. 하의삼도의 토지 분쟁이 대구법원에서 다시 심의되자, 1919년 8월 우콘은 오사카에 거주하는 도쿠다 야시치德田彌七에게 하의삼도의 토지를 전매했다. 그리하여 하의삼도의 지주는 이제 우콘에서 도쿠다로 또다시 바뀌었다. 섬 주민들은 다시 소작료 납부를 거부했다. 도쿠다는 목포 부둣가의 조직 폭력배를 동원하여 섬 주민들의 곡식과 가산을 압류해버렸다.

섬 주민들도 가만있지 않았다. 노동단체를 결성하여 조직적으로 저항했다. 1924년 5월에 하의도 토지 소작권을 보장받기 위한 소작인회를

〈그림 5〉『매수귀속분배농지부(買收歸屬分配農地簿)』

섬 주민들이 매수하여 귀속된 토지 분배 대장이다. 토지가 입지한 동리(洞里), 지번(地番), 지목(地目: 전답 구분), 임대 가격, 정조(正租) 상환액, 분배 농가(작인의 주소와 성명), 피보상자(일본인의 주소와 성명), 등기 여부 등이 구체적으로 기재되어 있다. 이를 통해 누가 어느 토지를 얼마만큼 경작하고 있었는지 상세히 파악할 수 있다. 이 자료는 하의3도농민운동기념관에 전시되어 있다.

창립하기에 이르렀다. 이때 회장에 박장환(1902~1965), 부회장에 김기배(1900~1980) 등이 선임되었고, 일본 오사카에서 거주하고 있던 하의도 출신 121명이 재오사카하의농민회在大阪荷衣農民會를 결성하여 적극 지원했다. 이에 힘입어 1928년 1월 하의도 농민조합이 창립되었고, 같은 해 2월 섬 주민들은 소작료 징수 건에 대해 경성고등법원에 소장을 제출했다. 그러나 하의삼도 주민들의 요구는 1945년 해방을 맞이할 때까지 끝내 관철되지 않았다.

광복이 되면서 일본 동양척식회사의 재산은 한국인 관리위원회에서 운영하였다. 하지만 이마저 곧 미군정이 실시되면서 전쟁보상금이라는 명분 아래 군정청에서 관리하였다. 이제 동양척식회사를 대신하여 신한공사가 섬 주민들에게 미곡을 수집하고 소작료를 징수했다. 이에 따라 섬 주민들은 일본인 도쿠다 소유의 토지를 경작하면서 미 군정청이 정한 소작료 3할을 납부해야만 했다. 소작료를 납부하지 않을 경우 공무집행방해죄로 감금되었다. 1946년 8월, 하의도 웅곡리 도쿠다농장을 접수한 신한공사는 목포경찰서 경찰관 50명을 동원하여 하의도의 소작료 징수에 나섰다. 섬 주민들이 끝까지 항거하자, 경찰이 진압하면서 총격을 가하였다. 이 과정에서 섬 주민들이 중경상을 입고, 청년들은 지서로 연행되었다. 이에 분노한 상태도와 하의도 주민 1천여 명이 하의면 지서를 포위하고 연행자 석방을 요구했다. 목포경찰은 섬 주민들의 항의를 폭동으로 간주하여 검찰에 넘겼고, 법원은 주민 10명에게 징역형을 선고했다. 이 사건이 칠석에 일어났다 하여 이른바 '하의도 7·7폭동 사건'이라 불린다.

1949년 7월, 하의도 사람들은 '억울한 토지투쟁사'를 제헌국회에 탄원했다. 이에 8월 1일 국회 현지조사단이 섬에 파견되어 조사를 마치고, 1950년 2월 2일에는 국회 만장일치로 섬 주민들에게 '토지소유권 무상 반환'을 결의했다. 그러나 한국전쟁을 겪는 동안 무상 소유 결의는 이행되지 않았다. 1954년 3월 하의도 주민들은 국회에 재차 탄원서를 제출했고, 1956년 6월 국회는 주민들에게 평당 200원 가격으로 적산敵産을 구입하는 형식으로 토지소유권 명의 이전 등기를 승인해주었다. 마침내 300여 년 동안 대를 이은 송사가 종결된 것이다.

조선 후기에 전개된 하의삼도 주민들의 토지소유권 분쟁은 전라도 서남해 도서 지역의 부세 문제에 관한 모순을 합법적인 절차에 따라 해결하고자 노력했던 대표적인 사례로 평가된다.

제3부

신분사회와 소송

인간 세상에서 과연 소송 없는 사회를 실현할 수 있을까. 현생 인류의 조상을 호모사피엔스라고 하듯이 인간이란 존재는 집단·사회 속에서 다른 사람들과 접촉하며 살아야 하는 운명이다. 그런데 두 사람만 모여도 서로 생각이 다르고 의견 대립이 심심찮게 일어나는 것을 보면 대립과 갈등, 분쟁과 소송은 어찌 보면 인간 사회 본연의 특성이며 인류의 역사와 흐름을 같이하는 자연스러운 현상일 것이다. 분쟁과 소송은 자신의 권리를 주장하는 적극적인 행위임에도 불구하고 부정적인 이미지로 다가온다. 유교 문화의 역사적 경험이 지금 세기를 살아가는 현대인의 가치관과 사고 틀에 흔적을 남긴 것이나. 인식의 전환이 요구되는 순간이다. 분쟁과 소송은 개인과 개인, 개인과 집단, 집단과 집단 간의 이해가 충돌했을 때 이를 조정하고 해결하기 위한 과정이다. 집단과 사회 내의 수많은 다양한 관계 속에서 발생하는 대립과 갈등을 조정하는 적극적인 사회 현상이자 역동적인 역사의 현장인 것이다.

인간 세상에서 과연 소송 없는 사회를 실현할 수 있을까. 현생 인류의 조상을 호모사피엔스라고 하듯이 인간이란 존재는 집단·사회 속에서 다른 사람들과 접촉하며 살아야 하는 운명이다. 그런데 두 사람만 모여도 서로 생각이 다르고 의견 대립이 심심찮게 일어나는 것을 보면 대립과 갈등, 분쟁과 소송은 어찌 보면 인간 사회 본연의 특성이며 인류의 역사와 흐름을 같이하는 자연스러운 현상일 것이다. 분쟁과 소송은 자신의 권리를 주장하는 적극적인 행위임에도 불구하고 부정적인 이미지로 다가온다. 유교 문화의 역사적 경험이 지금 세기를 살아가는 현대인의 가치관과 사고 틀에 흔적을 남긴 것이나. 인식의 전환이 요구되는 순간이다. 분쟁과 소송은 개인과 개인, 개인과 집단, 집단과 집단 간의 이해가 충돌했을 때 이를 조정하고 해결하기 위한 과정이다. 집단과 사회 내의 수많은 다양한 관계 속에서 발생하는 대립과 갈등을 조정하는 적극적인 사회 현상이자 역동적인 역사의 현장인 것이다.

인간 세상에서 과연 소송 없는 사회를 실현할 수 있을까. 현생 인류의 조상을 호모사피엔스라고 하듯이 인간이란 존재는 집단·사회 속에서 다른 사람들과 접촉하며 살아야 하는 운명이다. 그런데 두 사람만 모여도 서로 생각이 다르고 의견 대립이 심심찮게 일어나는 것을 보면 대립과 갈등, 분쟁과 소송은 어찌 보면 인간 사회 본연의 특성이며 인류의 역사와 흐름을 같이하는 자연스러운 현상일 것이다. 분쟁과 소송은 자신의 권리를 주장하는 적극적인 행위임에도 불구하고 부정적인 이미지로 다가온다. 유교 문화의 역사적 경험이 지금 세기를 살아가는 현대인의 가치관과 사고 틀에 흔적을 남긴 것이나. 인식의 전환이 요구되는 순간이다. 분쟁과 소송은 개인과 개인, 개인과 집단, 집단과 집단 간의 이해가 충돌했을 때 이를 조정하고 해결하기 위한 과정이다. 집단과 사회 내의 수많은 다양한 관계 속에서 발생하는 대립과 갈등을 조정하는 적극적인 사회 현상이자 역동적인 역사의 현장인 것이다.

1장

축첩 — 올바르지 못한 남녀 관계와 그 자녀의 문제

처와 첩의 지위는 법제적으로나 사회적으로 많은 차이가 있다. 처는 가문의 후사를 잇기 위해 동일한 계층에서 선택된 여성이지만, 첩은 남편이 개인적으로 취한 여성이다. 따라서 이들의 사회적 공인도와 혼인의 지속성에는 많은 차이를 보인다.

유희춘이 사직상소를 올린 까닭

조선시대 양반 남성들은 양인 이하의 여성을 첩으로 취하는 경우가 적지 않았는데, 이는 그들의 생활 전반에 내재되어 있는 신분 관념 및 사회적 분위기 때문이었다. 그 결과 여성을 양반 여성과 그 나머지 여성으로 구분해 차별적으로 인식하고 대우했다. 양반 남성들은 천민인 기녀나 여종의 성을 쉽게 취해 거리낌 없이 농락했다. 이들의 무분별한 성생활은 개인적인 차원에서 그치지 않고 여러 가지 사회적 문제를 야기했다. 임질과 같은 성병 유발뿐 아니라 가정 안에서 부부간의 갈등을 초래하기도 했다. 그러나 가장 큰 문제는 이들 사이에 출생한 자녀였다. 그 자녀들은 평생 신분적인 제약으로 굴곡진 삶을 살 수밖에 없고, 자기 비첩의 소생일 경우 혈육 간에 주종 관계가 형성되기도 했다. 이들의 속신贖身 : 속량의 전 단계로서 자녀가 타인 비첩의 소생일 경우 그 자녀를 사들여 자신의 소유로 삼는 과정과 속량贖良 : 자녀가 자기 비첩의 소생일 경우 보충대(補充隊)에 입속시켜 양인화하는 절차은 상당히 어려울 뿐더러, 속량을 통해 양인이 된다고 해도 첩 소생의 자녀, 즉 얼산孽産이라는 사회적 인식을 감내하고 살아야 했다.

지금으로부터 445년 전 1568년(선조 1) 3월, 전라도 해남의 율생律生 허관손許寬孫은 왕에게 상언을 올려 자신의 억울함을 호소했다. 이에 국왕 선조宣祖는 장예원에 이 사건을 내려보내 잘 가려내라고 명했다. 허관손의 요구 사항은, 자신이 유희춘柳希春과 벌인 소송에서 진 까닭에 처자식이 노비가 되어버렸으니 이를 바로잡아달라는 것이었다. 일개 율생이 사헌부 사간으로 있는 고위 관직자를 상대로 소송한 사실도 주목되지만, 소송에 졌다고 그의 처자식이 노비가 되었다는 말은 무슨 의미일까.

이 일이 국왕에게까지 알려지자 유희춘은 사직상소를 올린다. 그는 언관言官의 자리에 있으면서 피소된 일로 세상 사람들의 입에 오르내리는 것이 불편하다고 했다. 유희춘에게 이 사건은 그만큼 중대했다. 사실 그는 20여 년간의 유배 생활 끝에 복직된 지 5개월밖에 되지 않았으나 탄탄대로의 앞길이 열려 있고, 왕의 절대적인 신임 아래 고속 승진할 가능성도 컸다. 1568년(선조 1) 1월 기대승奇大升은 을사사화乙巳士禍(1545)로 화를 입었던 인물에 대한 불타착용不次擢用을 요청했는데, 이는 을사피화자들의 경우 20여 년간 유배 생활을 했던 까닭에 순서에 따르면 관직 진출이 너무 늦을 수 있으니 순차를 무시하고 승차시키자는 것이다. 따라서 유희춘도 빠른 승진이 가능할 터였다.

유희춘은 그 소송에 관한 사연을 왕에게 직접 아뢰었다.

혐의를 피하기 위하여 궐에 들어가 계문하여 이르길 "신의 외증조부 훈련봉사 정귀감의 노 보남甫男은 귀감의 처삼촌 차헌車軒의 얼산孽産입니다. 보충대補充隊를 사칭해서 진실로 주인을 배반했으나 귀감과 그의 딸은 상잔골 육으로 추심하지 못했습니다. 신의 어미 최씨가 대를 다하여 마땅히 추심하려 하자 또 보남과 여비女婢 수청이 욕을 하며 화를 내는 꼴을 당하였습니다. 임진년(1532)에 장예원에 심문해 달라고 소장을 올려 갑진년(1544)에 임금의 재가를 받아 승소하는 입안을 받았습니다. 수청의 사위 율생 허관손이 본 주인을 배반하기로 도모하여 여러 차례 거짓으로 꾸며 정소하여 신해년(1551)에는 공정하지 못한 법관(權幹)으로 인하여 주인을 배반하고 신의 어미를 욕보이는데 이르러 죽을 만큼 분하고 원통하였습니다. 갑자년(1564)에 신의 누이 오천령의 처가 소장을 올려 을축년(1565) 또 임금의 재가를 받아 입안하였습니다. 병인년(1566) 관손이 또 신의 누이를 해할 것을 도모하여 집을 엿보다가 다시 사헌부에 거짓으로 소장을 올렸다가 형을 받고 나왔는데 이는 모두 신이 유배되었을 때입니다. 지금 들으니 허관손이 소장을 올린 상언에 신이 무장현감 당시 법을 어기고 청탁하여 양인을 눌러 천인으로 하였다고 하는데, 이 소장의 허실과 곡직은 공론에 있습니다. 다만 신이 이때에 언관으로서 소인의 소송에 피소되니 직에 있는 것이 극히 미안합니다. 청컨대 신을 체직시키라는 명을 내리소서." 하였다.

—『미암일기』 1568년(선조 1) 3월 24일

유희춘과 허관손의 송사

이 송사는 적자와 서자 간의 신분 결정 문제로 37년간이나 지속되었다. 차헌이라는 인물이 자신의 여종을 취해 낳은 아들인 차보남의 신분 귀속이 주요 쟁점으로 떠오르면서 양쪽의 주장이 팽팽히 맞섰다. 유희춘 측에서는 차보남은 천인이니 노비로 돌리겠다고 했고, 허관손 측에서는 보충대補充隊 입속을 했으므로 본래 양인이라고 주장했다. 이 소송은 유희춘의 어머니인 최씨가 먼저 제기했으나, 양측에서 연이어 소송을 제기하면서 원고와 피고를 구분하기가 어려워졌다. 편의상 유희춘 측과 허관손 측으로 구분하기로 한다. 소송을 벌인 기간이 길어 유희춘 측은 소송을 낸 이가 어머니 최씨에서 누이 오자로 바뀌었고, 상대는 처음부터 허관손이었다. 허관손의 직역은 율생이다. 율생은 형방 소속의 말단 향리로, 주로 검시檢屍를 담당했다. 유희춘은 누이를 대신하여 소송을 진행하고 있는 상황이다.

소송의 발단은 무엇이며 어떻게 진행되었을까? 〈그림 1〉의 계보도에서 살필 수 있듯이 유희춘 측에서는 유희춘의 외증조부인 정귀감의 처삼촌이 되는 차헌의 천첩 자손을 자신의 노비로 확인받고자 했고, 허관손은 자신의 아내가 양인임을 확인받고자 했다. 허관손의 경우 아내가 천인으로 판명될 경우 종모법從母法의 관행에 따라 처자가 모두 노비가 될 뿐 아니라 자신도 비부婢夫로 전락할 수 있는 중대한 위기였다. 잘 알려져 있듯이, 조선시대에는 양인과 천인이 혼인했을 경우 일천즉천一賤則賤의 원리에 따라 그 자식들은 모두 천인이 되었다. 즉 어머니든 아버지든 어느 한쪽이 노비이면 그 자식들은 모두 노비 신세를 면할 수 없었다. 게다가 종모법의 원리에 따르면 부모가 모두 노비일 경우 그 소생은 어미의 주인이 차지했다. 여기에 감정상의 문제도 더해졌다. 유희춘의 어머니 최씨가 차보남의 딸 수청을 노비로 돌리려 하자 얼7촌 고모뻘인 그녀가 최씨에게 화를 내고 욕설을 퍼부었다. 유희춘 측에서는 자신의 어머니가 직접 당한 수모도 참기 어려웠을 것이다.

문제의 핵심은 골육상잔의 기간 만료 확인과 차보남의 보충대 입속 여

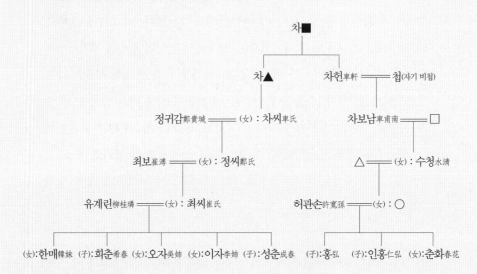

〈그림 1〉 허관손 송사의 이해를 위한 계보도

소송 과정

1532년(중종 27)	최씨가 보남의 딸 수청을 추심推轉하기 위하여 장예원에 정소呈訴
1544년(중종 39)	최씨 승소(입안 받음), 그 후 허관손이 여러 차례 정소
1551년(명종 6)	허관손 승소
1564년(명종 19)	오자* 정소
1565년(명종 20)	오자 승소(입안 받음)
1566년(명종 21)	허관손 사헌부에 정소
1566년(명종 21)	허관손 패소
1568년(선조 1) 3월	허관손 상언

* 오자(吳妹) : 오자는 오천령(吳千齡)에게 출가한 유희춘의 둘째 누이다. 당시 유희춘 집안에서는 혼인한 누이들을 이자(李妹), 오자(吳妹), 한매(韓妹)로 불렀다.

부였다. 이것이 무슨 의미일까? 골육상잔의 사전적 의미는 같은 핏줄끼리
서로 다투고 해치는 것이다. 조선시대 양반 남성은 자신의 여종과 관계를
맺어 자녀를 낳는 경우가 적지 않았다. 그나마 그 자녀를 속량시켜주면 다
행이지만, 그렇지 않을 경우 본처 소생의 자녀와 주종 관계가 형성되었다.
즉 적자녀가 얼자녀를 노비로 부렸는데, 이를 골육상잔이라고 한다. 당시
이러한 상황을 피하고자 얼자녀를 속공屬公 : 국가에 노비로 귀속시키는 경우도
많았다. 이에 법전에는 동생이나 사촌까지는 일정 기간 풀어주고 5~6촌이
넘어서면 데려다 부릴 수 있다고 했다(이러한 법 규정은 명종 9년에 수교受敎로 내
려졌고, 『속대전』에 법제화되었다). 유희춘의 어머니 최씨와 수청의 촌수는 7촌
이므로 최씨가 수청을 추심推尋하기에 충분했다.

반면 허관손의 주장은 차보남이 보충대 입속을 했으니 골육상잔을 거
론할 필요가 없다는 것이다. 보충대는 무엇일까. 보충대란 조선시대 오위
五衛 중 하나인 의흥위義興衛에 소속된 군대이다. 노비가 이곳에서 일정 기
간 복역하면 속량이 되어 양인 신분을 얻을 수 있었다. 노奴 : 사내종의 경우
직접 역을 졌지만, 비婢 : 계집종의 경우는 역가役價를 대신 지불하면 속량이
가능했다.

유희춘이 사직하자, 사간원에서는 고소한 이가 거짓으로 꾸며낸 말로
언관을 체직遞職하는 것은 불가하다고 했다. 이를 국왕이 받아들임으로써
유희춘은 관직 생활에 별다른 지장을 받지 않게 되었다. 진실이야 어찌되
었든 송사는 유희춘 쪽에 유리하게 돌아가기 시작했다. 장예원에서는 허
관손의 상언에 대해 반박하는 방계防啓를 올렸다.

"지난번 해남 율생 허관손이 그 처조 차보남車寶南의 양천을 구분하는 일
로 지난 임진년(1532)부터 원고 최씨·유씨가 함께 혹은 본도本道에 소장을 올

리거나 혹은 상언하여 서로 소송을 일으켜 심문했다고 합니다. 지난 을축년(1565)에 본도에서는 양측의 원정元情 및 시기별 소송 문서를 모두 다 자세히 검토하여 계문하였으며, 장예원은 계문 내의 사연을 자세히 밝혔습니다. 그들은 차보남의 속신입안 및 그 무리들의 거관去官 조사첩이 불타버렸다고 칭하고 끝내 바치지 못하였습니다. 최씨는 동 노비의 현부문기뿐만 아니라 장적에 이르기까지 모두 찾아내었기에 갑자(1564)·을축(1565) 두 해에 위 차보남의 자손들을 모두 두 차례에 걸쳐 계문하여 승소하였고, 지금까지 최씨 집안에서 앙역仰役 하였음으로 이미 정해진 노주의 분수를 다시 바꿀 단서가 전혀 없거늘, 이 허관손이 동 최씨 가문의 자식이 있는 비부婢夫로서 본주를 배반하기를 도모하여 거짓되이 꾸며 거듭 소장을 올려 간사함이 넘치게 되었으니 상언의 사연을 받들지 마십시오." 하니 계문에 따라 허락하였다.

— 『미암일기』권1, 168~169쪽

방계에는 유희춘 측에 불리한 내용은 전혀 보이지 않는다. 이것이 왕에게 받아들여지자 허관손은 굴복하지 않을 수 없었다. 이로써 1568년(선조 1) 3월의 송사는 일단 허관손의 패소로 일단락되었다.

허관손이 이 문제에 다시 이의를 제기한 것은 같은 해 8월로, 이번에는 사헌부에 정소呈訴했다. 유희춘은 사헌부 및 장예원의 관리들과 빈번한 접촉을 가지면서 그들의 도움으로 갑자년(1564)의 결급입안決給立案: 관아에서 승소를 선고하고 그것을 인증한 문서을 찾아내고 오자에게 불리한 기록은 드러내지 않으면서 송사를 주도해갔다. 마침내 사헌부는 허관손과 그에 맞서 역시 정소한 오자의 소지를 물리친 뒤 사건을 마무리했다. 그 결과 오자는 허관손의 처, 두 아들 홍과 인홍, 딸 춘화 등 도합 4명의 노비를 추쇄推刷할 수 있었다. 오자는 유희춘에게 소송을 승소하게 해준 대가로 계집종 3명을 지급

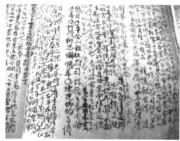

〈그림 2〉 모현관(위)

전라남도 담양군 대덕군 장사리에 위치한다. 1959년에 세워졌으며, 이곳에서 유희춘의 『미암일기(眉巖日記)』를 보관해오다가 지금은 미암전시관으로 옮겨 전시하고 있다.

〈그림 3〉 『미암일기』(아래)

1567년(명종 22)부터 1577년(선조 10)까지의 일기이다. 1937년 조선사편수회가 이 원본을 탈초하여 간행했고, 이를 담양향토문화원에서 번역하여 널리 읽히고 있다.

했다.

이 소송에는 유희춘이 유력한 현직 관료라는 사실이 상당한 영향을 미쳤다. 13년이나 끌어오던 송사를 매듭지은 갑자년(1564)은 유희춘이 무장현감으로 재직하던 때다. 당시 그는 사건의 판결을 주도한 강진현감 최제운과 가까운 지역에서 수령을 지냈으므로 소송에 일정한 영향력을 행사하였다. 허관손이 유희춘을 가르켜 '위법청탁 압량위천違法請託壓良爲賤', 즉 법을 어기고 청탁을 하여 양인을 천인으로 삼았다는 주장도 충분히 가능성이 있는 이야기다. 또한 유희춘의 사회적 지위는 소송을 진행하는 오자에게 많은 힘이 되었을 것이다. 사건의 심리에 큰 영향을 미칠 수 있는 전라도 감사가 유희춘과 같은 시기에 생원시에 합격한 송찬이었다. 조선시대 소과의 동방同榜 : 같은 때 과거에 합격하여 합격자 명부에 함께 적히던 것은 대과 동방보다 더욱 친밀했다. 또 유희춘이 장예원·사헌부의 관원이나 서리와 잦은 접촉을 가지면서 송사의 추이를 전해 듣고 청탁을 할 수 있었던 것도 바로 그가 지닌 사회적 지위의 덕이었다. 사건의 심리 과정에서 문제 해결의 핵심 쟁점이라 할 수 있는 차보남의 보충대 입역이 믿을 만한 데도 무시된 까닭은 이와 관련이 있다.

> 사헌부의 김○수金○秀가 와서 말하기를 허관손이 여러 차례 사헌부에 정소하였는데 어제 소장을 접수하였으며 병조에 있는 입거안入居案을 취하여 보았더니 보남의 입거 사실이 믿을 만하다고 한다.
>
> ─ 『미암일기』 1568년(선조 1) 8월 19일조

'보남의 입거 사실'이란 보남이 서북 지역에서 보충대로 입역했다는 의미이다. 사실이 이러하자 유희춘은 장예원 관원을 불러 오자에게 허물이

없음을 변명했을 뿐만 아니라 사건의 핵심에서 벗어난 갑자년 입안을 찾아내어 사건의 초점을 흐려 놓았다.

결국 허관손은 소송에서 졌고, 그의 처와 아들·딸 등 4명은 오자의 노비가 되었다. 그 뒤 유희춘은 밤에 집에서 귀신 소리가 들리고 더러운 오물이 투척되었다는 등 해괴한 소식을 듣게 되는데, 아마 허관손이 억울해서 저지른 행태일 듯싶다.

양반 남성의 기녀 솔휵

성욕은 식욕과 마찬가지로 인간이 지닌 본성 중의 하나여서 이에 대한 정서는 조선시대나 지금이나 별 차이가 없다. 조선시대 양반 남성은 쉽게 성을 접했던 편이며, 다양한 방식을 통해 외정外情: 남편이 본처 외의 여성에게 몸과 마음을 주는 것이 가능했다. 그 대상은 주로 여종과 기녀였다.

조선시대 기녀는 최고의 예인 집단이면서 최하의 국역 담당층이라는 양면성을 지닌 특수한 신분층이다. 이들은 기예를 익혀 여악女樂을 담당했는데, 때로는 성 접대도 해야 했다. 상대하는 계층이 최상층인 양반 사족인 만큼 기녀는 시서詩書에 능숙했지만, 누구나 이들의 성을 거리낌 없이 취한다는 측면에서 노류장화路柳墻花라 일컬어졌다. 노류장화란 아무나 쉽게 꺾을 수 있는 길가의 버들과 담장의 꽃이라는 뜻으로, 기녀를 가리키는 말이다.

기녀의 성은 누구나 향유할 수 있었으므로 성리학적 잣대로 보면 이들은 천시될 수밖에 없는 신분이었다. 기녀는 사람으로 취급되지도 않았을 뿐더러 누구나 이들을 쉽게 취할 수 있다고 여겼다. 이들의 행색을 묘사한 글에 따르면, 잔칫날 얼굴에 분을 두껍게 바르고 나타나니 그 모양이 마치 가면을 쓴 것과 같다고 했다. 이들도 일반 여성처럼 혼인을 하고 자식을 낳기도 했지만, 그 혼인 형태는 매우 불안정했다. 비록 남편이 있더라도 지속적으로 역을 담당해야 했으므로 부부 관계가 해소될 가능성이 컸다.

기녀는 국가의 공물公物이므로 양반 사족이 데려다 첩으로 삼는 것은 원칙적으로 불법이었다. 그러나 지방관으로 부임한 사족이 자신이 데리고 있던 관기를 기첩으로 삼는 솔휵率畜 행위가 만연했다. 웬만한 재신宰臣과 조관朝官은 기생을 데리고 살았으며, 이름난 기생은 모두 사대부의 첩이 되었다고 할 정도였다. 조선시대 내내 관기의 솔휵이 커다란 사회문제로 지적되었고, 이에 따라 솔휵자에 대한 처벌과 관기의 쇄환刷還 : 도망한 노비를 찾아 원주인에게 돌려보내는 것을 뜻하나, 여기서는 관기를 제자리로 돌려보내는 것을 의미함이 지속적으로 추진되었다. 그러나 이것도 일시적인 미봉책에 불과하여 실제로 지방의 관기가 외부로 유출되는 사례가 적지 않았다.

조선시대 수령과 관기의 관계는 『대명률大明律』의 '관리숙창율官吏宿娼律' 의 규정에 따랐다. 그에 따르면 창기의 집에서 자는 관리는 장杖 60에 처하며, 이런 규정은 관리의 자손에게도 똑같이 적용되었다. 이런 규정에도 불구하고 지방관의 잠자리 시중을 그 지역의 관기가 드는 것은 상당히 보편화된 현상이었다.

유희춘은 1571년(선조 4)에 전라 감사를 역임했다. 그는 부인과 상당히 원만한 관계였을 뿐만 아니라 종성에서 얻은 젊은 첩도 있어 그리 아쉬울 것이 없는 처지였다. 더구나 그는 부임하기에 앞서 기운을 보존하기 위해 정욕을 억제하겠다고 부인에게 다짐하고 온 터였다.

그러나 현지에 도착하자 상황은 달라졌다. 유희춘이 전라 감사로 순행하는 동안 유숙지에서는 그에게 관기를 방기房妓로 들였다. 방기는 천침기

〈그림 4〉 김준근(金俊根)**의 『기산풍속도첩**(箕山風俗圖帖)**』에 보이는 기녀**

위 그림의 제목은 '한량이 기생 데리고 놀고'이다. 기생과 양반은 만날 수 있는 기회가 많았다. 기생집의 작은 술자리에서 양반으로 보이는 사람과 기생이 해금과 생황을 이중주로 연주하고 있다.

아래 그림의 제목은 '기생 검무하는 모양'이다. 여러 명의 악공이 다양한 악기를 연주하고, 이에 맞춰 두 명의 기생이 검무를 추고 있다. 악공과 기생은 천민이지만 예능인이었다.

薦枕妓·창기娼妓·차비差備·시아侍兒 등으로 불렸는데, 방기·천침기·창기는 시침을 드는 관기를 일컫는 말이고, 차비는 역을 지는 관노비이다. 시아는 단순히 시중드는 아이라는 의미이다. 이들을 부르는 호칭이 다르긴 했지만, 하는 일이 달랐던 것은 아니다. 기녀는 향명과 기명을 따로 갖고 있었다. 향명은 기녀가 되기 이전의 이름이고, 기명은 기생이 되면서 얻은 것이다.

유희춘은 전라 감사 시절 광주기 연과 전주기 옥경아를 가까이했다. 특히 옥경아는 유희춘이 가장 아끼던 정인이었다. 그녀는 전주 관아 소속으로, 당시 나이는 비록 많지만(33세) 용모와 가창력이 뛰어났다. 유희춘은 옥경아로 하여금 자신이 지은 시를 불러보게 하는가 하면, 그녀의 이름자를 따서 시를 짓기도 했다. 그러나 관기와의 관계는 '꽃구경(賞花)'에 불과할 뿐이다. 지방관과 관기의 관계는 일시적이어서 지방관이 교체되면 그와 동시에 그 관계도 해소되기 마련이었다. 관기는 지방관아 소속이므로 원칙적으로 관내를 벗어날 수 없기 때문이다.

얼마 뒤 유희춘은 전라 감사에서 사헌부 대사헌으로 승차되었다. 하지만 옥경아의 처리 문제로 골치를 앓았다. 서울로 데려가 첩으로 삼을 것인가, 아니면 아쉽지만 이별할 것인가. 유희춘은 결국 후자를 택한다. 예순이 다 된 나이에 첩을 또 들이는 일이 부담스러웠고, 바람직하지도 않았다. 방기의 솔휵이 관리 평가에도 좋지 않게 작용했기 때문이었다. 결국 두 사람은 삼례역에서 아쉬운 이별을 했고, 옥경아는 유희춘에게 몇 차례 편지를 보내는 것으로 자신의 마음을 전할 수밖에 없었다.

박순朴淳은 전주기 준향을 솔휵했다. 그는 1571년(선조 4) 전주에서 준향을 처음 만났다. 실록봉안사로 전주에 내려온 박순은 자신의 수발을 드는 준향에게 한눈에 마음을 빼앗겼다. 그는 준향을 바로 솔휵하려 했으나 여의치 않자 백방으로 노력하여 몇 년 뒤에 뜻을 이루었다. 이러한 사실을 알게 된 유희춘은 박순을 가리켜 '몸도 쇠약한 처지에 정력을 낭비한다'며 걱정했다.

변경에서 수자리를 서던 무과 출신자에게도 관기가 방직기房直妓로 제공되었다. 『부북일기赴北日記』는 17세기에 박계숙朴繼叔·박취문朴就文 부자가 변방에서 수자리를 섰던 기록이다. 박계숙은 함경도 회령부와 경성에서, 아들 박취문은 함경도 회령 포을하진에서 수자리를 섰다. 이들은 근무지에서 방직기를 배정받아 숙식을 해결했는데, 이런 방식은 군관이 객지 생활을 유지하는 방편이기도 했다. 방직기는 기녀에서 충원되었지만, 결원이 생겼을 때는 사비私婢로 충당되기도 했다. 이들은 군관에게 매월 지급되는 양식을 받아 함께 생활했으며, 방직기의 어미가 이들의 생활을 도왔다. 군관과 방직기 간의 관계가 일정 기간 지속된다는 점에서 방직기는 '현지첩'의 일종이다. 한 사람의 복무 기간이 끝나 떠나버리면 또 다른 사람을 맞이하여 살아가는 것이 변방 관기의 일상이었다.

그러나 이들 사이에도 운우지정雲雨之情이 피어나게 마련이다. 박계숙과 회령 기생 배종은 상당히 친밀한 사이였다. 배종이 박계숙의 방직기는 아니었지만 이들의 관계는 1년 이상 지속되었다. 하지만 박계숙의 수자리 생활이 끝나자 이들의 관계는 해소되었다. 이후 배종은 월매라는 딸을 출산했고, 어린 딸에게 박계숙의 존재를 끊임없이 기억시켰다. 월매는 수천 리 밖 변방에서 그 아비 박계숙의 존재를 기억하는 유일한 사람이었다.

박계숙과 배종의 인연은 40년 뒤 자식 대로 이어졌다. 배종의 딸 월매는 회령에 새로 배치된 군관이 울산에서 왔다는 소식을 듣고 그들을 찾아나섰다. 월매는 이것저것 물어 새로 온 군관 박취문이 그녀가 꿈에 그리던 박계숙의 아들이라는 사실을 알게 된다. 당시 배종은 이미 사망한 뒤였고

207

박계숙은 일흔을 넘긴 나이였다. 월매는 박취문을 만난 날 밤늦도록 이야기를 나누면서 죽은 어머니를 회상했다. 이후 이들은 박취문이 회령을 떠날 때까지 친근하게 지냈다. 변방의 기생 모녀와 수자리를 섰던 군관 부자의 만남은 변방의 기생 사회에서나 가능했던 기이한 인연이다.

왕실 종친에서부터 문무관에 이르기까지 양반 관직자의 기녀 솔휵은 커다란 사회문제였다. 이는 지방관의 수발을 관기에게 담당케 한 데서 오는 제도적인 문제였다. 국가에서는 솔휵자에 대한 처벌과 관기의 쇄환을 추진했으나, 문제를 근절할 수 있는 근본 대책은 아니었다.

여비는 갓김치종

양반 남성의 또 다른 성적 대상은 여비女婢였다. 여비는 국가기관이나 관청에 소속된 공비公婢와 개인에게 소유권이 있는 사비私婢로 구분된다. 조선의 노비주들은 자신이 소유한 여비가 혼인을 했든 안 했든 간에 그녀의 성을 향유했을 뿐만 아니라 경우에 따라서는 남편과의 잠자리를 강제로 떨어뜨려 놓기도 했다. 그러한 행태는 여비가 주인의 사유물이라는 인식 하에 그리 어려운 일이 아니었다. 그런데 양반 사족의 입장에서 여비는 그리 매력적인 상대는 아니었다. 기녀처럼 시서로 소통하고 서로 연민의 정을 느끼지 못했기 때문이다. 다만 여비는 쉽게 취할 수 있다는 장점이 있었다.

여비가 지닌 성적 특성은 이륙李陸의 『청파극담靑坡劇談』을 통해 확인할 수 있다. 조선 건국 후 100여 년 뒤의 일이니 15세기 말쯤이다. 맹씨 성을 가진 재상이 밤마다 부인이 잠들고 나면 여비의 방을 찾아들었다. 하루는 부인이 몰래 뒤따라가 방 안의 수작을 엿들었다. 여비가 상전을 꾸짖어 말하기를 "절편같이 고운 부인을 두고 왜 이 누추한 종을 능욕하시는지요" 했더니, 맹 재상이 답하기를 "나는 너를 갓김치로 여긴다"고 했다. 즉 절편을 먹을 때 갓김치를 곁들여야 맛이 난다는 뜻이다. 재상이 방에 들어오자 부인이 어디 갔다 왔느냐고 물었다. 재상이 배가 아파 변소에 다녀왔다고 하자 부인이 농하기를 "대감이 갓김치를 너무 많이 먹어 배탈이 났구려" 했다. 서거정徐居正의 『태평한화골계전太平閑話滑稽傳』에서는 여비를 '갓김치 종'으로 불렀다는 속언까지 전한다. 이는 노비주가 부인의 묵인하에 여비의 성을 농락한 15세기 말 풍속도의 한 단면이다. '종년 간통은 누운 소 타기'라는 속담도 이 같은 여비의 성에 대한 주인의 자의적 지배를 배경으로 나왔다.

16세기 중반 성주에 유배 중이었던 이문건李文楗의 집에는 향복이라는 여비가 있었다. 그녀는 어미인 삼월과 함께 이문건 집안에서 부림을 당하던 비婢였다. 향복은 15~16세의 어린 여종으로, 주로 이문건의 옆에서 개인적인 수발을 들었다. 그러던 어느 날 향복이 누군가로부터 강간을 당했다. 화가 난 이문건은 향복이 소리쳐 저항하지도 않았을 뿐 아니라 그 상대가 누구인지 말하지 않는다는 이유로 하가下家로 쫓아버렸다. 당시 이문건의 거처는 상당上堂과 하가로 이루어졌는데, 그는 상당에 머물렀던 반면 그의 가족은 하가에 거주하고 있었다. 그로서는 강간을 당한 여종이 자신의 수발을 든다는 것이 불쾌했을 수도 있다.

이후 향복 강간 사건의 전모가 밝혀졌다. 향복의 어미인 삼월은 향복을 불러 자세한 내막을 캐물었다. 향복은 자신을 범한 상대가 이문건에게 수학하던 도령 천택이고, 그 도령으로부터 세 차례에 걸쳐 강간당했다고 털어놓았다. 그러나 향복을 범한 당사자인 천택은 정작 이로 인해 별다른 처벌을 받지 않는다. 이문건은 그저 천택에게 색色을 가까이하면 공부에 지장이 있다고 경계하는 데 그쳤다. 천택이 향복을 범한 것은 크게 문제되지 않지만, 그 때문에 공부에 지장이 있을까 걱정이 앞선 것이다. 양반 사족이 하층 여성의 성을 얼마나 하찮게 생각했는지를 여실히 보여주는 사례다.

그런데 그 뒤에 관노 온석이라는 자가 밤마다 담을 넘어와 향복을 간통했다. 온석과 향복이 통간했다고 해서 그 두 사람을 혼인시키지는 않았다. 이후 향복은 아비가 누구인지 모르는 딸을 출산했다. 그 누구도 향복의 딸을 자식으로 인지하지 않았으며, 결국 아비가 누구인지 모른 채 그 딸은 어미 향복과 함께 이문건의 여종이 될 수밖에 없었다. 물론 아비가 누구인지 밝혀진다 해도 향복의 딸에 대한 소유권은 이문건에게 있었다. 양반가에서는 이러한 과정을 통해 노비를 소유하고 늘려 나갔던 것이다.

양반 사족에게 여비의 정조는 존중할 가치가 없는 하찮은 것에 불과했다. 천한 여비는 필요에 따라 존장尊丈의 잠자리에 제공되기도 했다. 성주에서 유배 생활을 하던 이문건은 같은 성씨인 이민즙이 준비한 연회에 참석한 적이 있다. 연회가 끝나자 이민즙은 자신의 여비인 강지로 하여금 이문건의 시침을 들게 했다. 유희춘에게도 이런 비슷한 경우가 있었다. 선조 초년 유희춘이 선대의 묘를 다듬고자 해남으로 귀향하여 좌수 이사겸의 집에 머무를 때였다. 이사겸은 유희춘을 극진히 대접하여 성대한 술자리를 마련하고, 이어 자신의 어린 여비에게 유희춘의 잠자리 시중을 들도록 했다. 당시 사람들은 성적 대상을 제공하는 일을 상대에 대한 예우라고 생각했다.

양반 남성이 여비의 성을 거리낌 없이 농락하는 풍조는 조선시대에 보편화된 사회현상이었다. 이런 인식은, 양반 여성과 여비의 성은 엄격히 구별되며 여비의 성은 상대적으로 보호할 가치가 없다는 생각에 연유한다. '예禮는 서인庶人에게까지 내려가지 않고 형刑은 대부大夫에게까지 올라가지 않는다'는 말도 그러한 인식을 보여준다.

첩 들이기

조선시대 혼인 제도는 기본적으로 일부일처제이지만 축첩蓄妾을 용인했다. 양반 사족은 본처가 살아 있는 동안에 양인 이하의 여성을 첩으로 맞이하는 일이 많았다. 본처 외에 데리고 사는 여자를 흔히 첩·소실小室·측실側室·부실副室·후실後室 등으로 불렀다.

이러한 취첩 현상은 무엇으로부터 연유하는 것일까. 우선 조선시대 사람들은 남성이 첩을 얻는 것에 대해 매우 관대했다. 이런 풍조는 중국 고전에서 영향받은 측면이 있다. 제후는 9명의 여성을 취할 수 있고, 경卿이나 대부大夫는 1명의 처와 2명의 첩, 그리고 사士는 1명의 처와 다른 1명의 첩을 취할 수 있었다. 조선의 신유학 신봉자들은 이러한 관념을 수용하여 생활에 내면화했다. 이 영향으로 대부분의 사람이 첩을 얻는 것에 죄책감을 느끼지 않았다. 오히려 취첩 행위를 자신의 능력이나 남성다움을 보여줄 수 있는 호기로운 행위로 여겼다.

양반 관직자의 경우 혼인 이후 부부의 동거율이 상대적으로 높지 않다는 사실도 문제였다. 유희춘을 예로 들자면, 이 부부는 결혼 뒤 40년 이상을 해로했는데, 실제 함께 생활한 기간은 반도 미치지 못한다. 유희춘이 상경하여 관직 생활을 하는 동안 부인 송덕봉은 향리에 남아 가사 전반을 관리 감독했다. 부인과 떨어져 사는 동안 남성에게는 개인적인 수발을 담당할 또 다른 여성이 필요했다. 그 경우 첩이나 관기와 함께 생활했으며, 혼자서 생활한 기간은 그리 길지 않았다. 1570년(선조 3) 6월 한양에서 관직 생활을 하던 유희춘이 편지를 보내 부인에게 몇 달간 혼자 생활한 것을 자랑하는 점으로 보아, 양반 남성이 혼자 생활하는 것은 흔한 일이 아니었음을 알 수 있다.

또한 양반 사족은 여성을 사회적 여건에 따라 존비와 귀천으로 서열화했다. 즉 상층 여성의 성은 적극적으로 보호하고 존중되어야 하는 반면, 하층 여성의 성은 보호할 가치가 없는 하찮은 것이라 여겼다. 양반 사족과 하층 여성의 결합은 그리 드문 일이 아니었다. 한편 하층 여성들 중에는 양반 사족의 첩으로 들어가 풍족한 생활을 기대하는 경우도 적지 않았다.

조선시대에 바람직하게 여겼던 혼인 형태는 중매를 통해 가문과 가문이 결합하는 것이었다. 그러나 축첩은 일반적으로 본처가 있는 상황에서 또 다른 여성을 들이는 비정상적인 형태이므로 첩을 들이는 방법이나 과정에서 본처와 많은 차이를 보인다. 첩은 그들이 처한 상황에 따라 다양하게 분화되어 있었다. 즉 양반가에서 성장한 얼녀孼女에서부터 관청에서 남성의 성적 수발을 담당하던 기녀까지 매우 다양했다. 서얼은 첩의 자식을 일컫는 용어인데, 그중 서자녀는 어미가 일반 양인이며 얼자녀는 어미가 천인인 경우를 말한다.

유희춘이 전라 감사에서 대사헌으로 승차되자 전주부윤 남궁침은 그에게 그동안 아끼던 전주기 옥경아를 데려갈 것을 권한다. 옥경아 역시 유희춘이 데려가주기를 원했던 것 같다. 바람직한 방법은 아니지만 장악원에 소속된 경기京妓의 봉족奉足으로 삼으면 가능했기 때문이다. 그러나 유희춘은 이 일로 인해 사간원이나 사헌부에서 탄핵을 받을까 두려워 거절한다. 조정에서는 관기를 취첩하는 행위를 매우 제한했다. 관기를 첩으로 들일 경우 국역 체제에 손실이 생길 수밖에 없기 때문에, 이를 제한하기 위해 기녀의 솔휵 여부를 관리의 평가에 반영했던 것이다.

양반 사족은 여비도 첩으로 들일 수 있었다. 주인과 여종의 결합은 흔한 일이었지만, 주인이 여종의 성을 취했다고 해서 모두 첩으로 들인 것은 아니다. 여비가 첩이 될 수 있는 조건은 자식의 잉태 여부였다. 즉 양반 사족의 자식을 잉태한 하층 여성은 첩으로 신분 상승할 가능성이 높았다. 유희춘의 아들 경렴이 여비 복수를 취첩한 것도 자식을 잉태했기 때문이다.

기녀나 여비 외에 양반가의 얼자녀를 첩으로 취하기도 했다. 이들은 혼인에 임박하여 속량을 했더라도 양반가의 본처로 출가하는 것은 불가능했다. 즉 이들은 신분 내혼 규정에 따라 같은 처지의 사람과 혼인하든지, 아니면 양반의 첩으로 출가할 수밖에 없었다. 유희춘은 종성에서 취첩한 무자와의 사이에 4명의 얼녀를 두었다. 그 딸들은 혼인하기 전에 속량 절차를 마쳤지만, 양반의 본처가 아닌 첩으로 출가했다. 법적으로는 양인화되었지만 관념적으로는 여전히 얼산孼產이라는 사회적 인식에서 벗어날 수 없었기 때문이다.

아내와 사별한 양반이 다시 정혼하지 않고 첩을 두는 사례도 적지 않다. 양반 남성은 재혼할 때 혼인한 경력이 있는 과부와는 하지 않았다. 과부를 재혼 상대로 정하거나 가문의 격이 낮은 여인과 혼인할 경우 향촌에서 차지하는 사회적 지위가 하락할 가능성이 높았다. 그러나 결혼하지 않은 처녀로서 전처와 엇비슷한 가문의 혼처를 구하기란 쉽지 않다. 이는 황윤석의 사례를 통해 확인할 수 있다. 황윤석은 가문이 그리 높지 않은 인물로, 부인이 사망하자 정혼 상대를 구하지 않고 이곳저곳 수소문한 끝에 송순宋純의 후손을 첩으로 들였다. 나이 쉰이 다 된 데다가 그리 넉넉하지 않은 시골 양반이 새로운 혼처를 구하기가 쉽지 않았기 때문이다.

조선시대에 첩을 들이는 것은 상당히 부담스러운 일이었다. 첩으로 들어오는 여인은 출신이 미천할 뿐 아니라 경제적인 능력도 갖추지 못한 경우가 많았다. 따라서 첩을 들이는 데는 상당한 비용이 들어갔다. 그나마 상대가 자기 여비인 경우에는 취첩 과정이 수월했지만, 그렇더라도 자녀의 문제는 여전히 남는다. 첩의 소생은 본처의 자식들과 주종 관계를 형성하며 평생 신분적 제약을 안고 살아가야 했다.

타인의 여비를 첩으로 삼을 때는 그 과정이 복잡했다. 이때는 속신과 속량 절차가 모두 필요했다. 여비의 주인은 여비를 팔려 하지 않을 뿐만 아니라, 팔더라도 많은 비용을 요구했다. 유희춘의 조카 오언상은 다른 사람의 여비인 말대를 겁간하여 첩으로 삼으려 했지만, 주인이 말대의 몸값으로 여비 4명을 요구하는 바람에 되물릴 수밖에 없었다. 오희문吳希文의 『쇄미록瑣尾錄』에도 이와 관련된 이야기가 등장한다. 오희문의 아들 오윤겸은 여러 차례에 걸쳐 취첩했다. 다른 사람의 여종인 진옥과 관계하여 취첩하려 했지만, 진옥의 주인이 취첩을 허락하지 않아 결국 포기해야 했다. 떠나가는 진옥을 보면서 오희문은 "잉태한 자식이 만약에 죽지 않으면 어찌한단 말인가"라고 한탄하였다. 태어나 근심거리가 되느니 차라리 죽는 편이 낫겠다는 생각이 들었던 것이다. 세월이 흐른 뒤 오희문은 진옥에 대한 소식을 듣고 어린 손녀를 보고싶어 했다. 그러자 진옥이 어린 딸과 함께 술과 안주를 들고 오희문을 찾아왔다. 진옥은 딸아이의 이름과 출생일을 오희문에게 알려주며 하염없이 울었다. 아이가 걷고 말을 하는 것이 사랑스러웠지만 안타까운 마음을 금할 수 없었다. 오희문은 진옥이 개가했는지 궁금했으나 차마 묻지 못하고, 간단한 예물을 주어 보냈다.

첩을 들일 때도 비용이 들지만, 들이고 나서도 상당한 비용이 들어간다. 이제 첩은 성적 대상을 넘어 보살펴야 할 식솔이기 때문이다. 유희춘은 첩가의 생계 대책을 위해 상당한 노력을 기울였다. 필요한 물품을 보내주는가 하면 노비를 지급하기도 하고, 자신이 배정받은 반인伴人을 첩가에서 사역하도록 했다. 첩 무자도 남편 유희춘의 영향력에 힘입어 상당한 부를 축적했으며, 20여 칸이 넘는 집을 짓기도 했다. 『어우야담於于野談』에서 강구수란 사람은 "나는 밥을 먹이지 않아도 되고 옷을 해주지 않아도 되는, 아름다운 첩을 얻는 것이 소원"이라고 했다. 이는 첩을 얻는 것이 양반 사족에게 상당한 부담이었음을 말해준다.

불안정한 첩살이

처와 첩의 지위는 법제적으로나 사회적으로 많은 차이가 있다. 처는 가문의 후사를 잇기 위해 동일한 계층에서 선택된 여성이지만, 첩은 남편이 개인적으로 취한 여성이다. 따라서 이들의 사회적 공인도와 혼인의 지속성에는 많은 차이를 보인다.

조선은 일부일처제 사회로, 의례를 거친 본처의 권한이 막강했다. 처를 고르는 일은 상당히 중대한 문제였다. 비록 법 조항으로 규정되어 있지는 않았지만 양반 사족의 강한 계급의식은 자신의 집안보다 낮은 집단과의 혼인을 배제했는데, 이러한 신분 내혼은 혼인의 중요한 조건이었다. 정혼 상대는 동일한 계층의 처녀여야 했고, 이 조건을 맞추기 위해 먼 곳에 사는 지역의 집안이라도 개의치 않았다.

처첩의 위치는 어떠한 경우에도 바뀌지 않았으며, 중혼이 원칙적으로 불가능했기에 남편은 본처가 죽은 뒤에나 재혼할 수 있었다. 의례를 갖춰 혼인한 아내는 죽은 뒤에도 대접을 받았다. 부인이 일찍 죽고 그 남편이 재혼했다 하더라도, 그녀의 신주는 자손들이 모셨다. 복상 기간이 끝나면 그녀의 신주는 남편의 사당에 봉안되며 제사를 받게 된다.

반면, 첩은 신분 내혼의 규정에 제한을 받지 않았다. 미천한 신분 출신인 이들은 가족의 일원으로 온전하게 인정받지 못했다. 첩과 남편의 관계는 살아 있는 동안에 한정되므로 영속성을 지니지 못했다. 그녀에게는 남편의 조상에 대한 의무도 없었다. 이러한 사실은 모두 첩의 불안정한 위치를 보여준다. 그녀는 죽어서도 후손들에게서 제사를 받지 못했으며, 그 신주는 사당에 배향될 수 없었다.

첩이 본처의 권위를 무시하고 도전하는 일을 양반 남성은 받아들이지 않았다. 첩은 철저하게 본처의 권위를 인정하고 따라야 하며, 남편도 본처의 지위를 보호하는 것이 옳다고 여겼다. 즉 본처를 중심으로 가족 질서가 유지되기를 원했다. 본처도 이를 위해 상당한 노력을 기울였다. 다시 유희춘의 부인 송덕봉의 사례를 살펴보자. 송씨는 첩을 시켜 남편의 옷을 지어 보내도록 하는가 하면 얼녀들을 자상하게 보살핌으로써 본처의 역할에 충실하고자 했다. 얼녀들도 적모嫡母 송씨의 자상한 배려에 감동했다. 둘째 얼녀 해복이 부인의 생일에 많은 음식을 준비해서 보내자, 유희춘은 "부인이 얼녀들을 다독이고 어루만져 친자식처럼 사랑했기에 해복 등이 감격한 것이다"라고 했다. 첩 무자가 성질을 잘 내고 불손하다는 내용의 편지를 받은 유희춘은 전후 사정을 살피지도 않고 첩에게 잘못을 돌렸다. 처첩의 처지가 정해져 있거늘 첩이 처를 능멸해서는 안 된다는 생각에서였다.

첩은 가족의 일원인 동시에 가족 질서를 어지럽힐 수 있는 위험한 존재였다. 첩은 가족 구조의 최말단에 위치했다. 따라서 남편과 본처는 첩이 본처의 입지를 넘보지 못하도록 철저하게 위계를 세웠다. 박윤원朴胤源은 『계측실문戒側室文』에서 처와 첩, 남편과 첩, 적자녀와 첩의 관계를 자세하게 밝혀 놓았다. 첩은 예를 갖추지 못한 천한 상대이니 정실의 자리를 넘보아서는 안 되며, 남편을 군^君으로 보아 신하가 임금을 섬기듯이 해야 하며, 적장자와 적장자 부인의 명령을 좇으라는 것이었다.

첩은 본처 외의 또 다른 성이라는 점에서 부정적으로 인식되어왔다. 그러나 꼭 부정적 측면만 있는 것은 아니다. 첩을 통해 남성의 성적 대상을 제한함으로써 성생활을 안정시켜주었다. 첩은 남성의 다양한 여성 편력과 이로 인한 질병의 위험으로부터 보호하는 역할을 했다. 양인 이하의 여성은 같은 계층의 남성과 혼인하기보다는 양반의 첩이 되기를 선호하기도 했다. 평생 하층민으로 천대받으며 사는 것보다 나

〈그림 5〉 송덕봉의 신주
송덕봉의 휘(諱)는 종개(鍾介), 자(字)는 성중(成仲)이었다. 흔히 여성에게는 이름이 없는 것으로 알려져 있지만 실제는 그렇지 않았다. 송덕봉의 신주 아래에는 '고정부인 송씨휘종개자성중신주(故 貞夫人 宋氏諱鍾介字成仲神主)'라 하여 이름과 자를 기재하였다.

을 수도 있기 때문이었다. 양반의 첩이 되면 사회·경제적으로 좀 더 안정된 생활을 영위할 수 있었다. 양반의 첩이 된다는 것은 일종의 신분 상승으로 여겨졌고, 따라서 첩으로 들어가고자 노력하는 이들도 있었다.

조선시대에는 첩의 사회적 위치가 어느 정도 보장되었다. 이는 호적에 호^戶의 구성원으로 처와 함께 등재된 사실로서 확인된다. 처와 첩을 구분하여 차별했지만, 첩의 존재를 공식적으로 인정했던 것이다. '근대 가족'을 법제적으로 규정하고자 했던 대한제국 시기의 '민적법^{民籍法}' 단계에서도

첩은 여전히 남편의 호에 등재되었다. '축첩'은 전근대적인 행위이므로 더 이상 존재해서는 안 된다는 윤리가 호적에 반영된 것은 일제 강점기의 일이다. 이로써 첩을 들이는 비정상적인 혼인 관계는 법적으로 설자리를 잃었다.

2장

자매 — 자신을 팔아 삶을 연명한 사람들

자신이나 자신의 가족을 판 행위를 자매(自賣)라고 하는데, 이에 관한 문서에는 자매한 사람들의 곤궁했던 생활상이 드러나 있다. 또 이 문서에는 자신을 팔기 위해 어떤 수사와 내용으로 곤궁함을 호소했는지, 그리고 이들을 매수한 사람이 뒷날 소송 등의 법적 문제가 발생하지 않도록 하기 위해 어떠한 조치를 취했는지도 나타나 있다.

자신을 팔아야 했던 사람들

한국의 대표적인 고전소설 『심청전』은 가난한 가정환경에서 구걸하며 맹인 아버지를 봉양하던 심청이 아버지의 눈을 뜨게 하기 위해 뱃사람에게 공양미 300석을 받고 자신을 판 이야기이다. 그런데 조선 후기의 기록에서도 실제로 자신을 팔아 굶주림에서 벗어나거나 부모를 봉양하려 했던 사례가 많이 나타난다. 심청 이야기와 실제 현실의 큰 차이점은 심청은 자신을 제물로 팔았고, 현실에서는 노비나 고공雇工: 양인 신분으로 주인에게 예속되어 노동력을 제공하던 사람으로 팔았다는 점이다. 자신을 판 결과 아버지를 위해 인당수에 빠진 이야기 속의 심청은 용왕의 도움을 받아 오히려 행복한 삶을 살게 되지만, 현실에서 자신을 판 사람들은 누군가에게 예속된 삶을 살아야 했다.

이 글에서는 조선 후기 극심한 빈곤에 시달리다 자신이나 자신의 가족

219

을 노비나 고공으로 팔아서 연명해야 했던 사람들의 이야기가 담긴 문서들을 살펴보고자 한다. 자신이나 자신의 가족을 판 행위를 자매^{自賣}라고 하는데, 이에 관한 문서들에는 자매한 사람들의 곤궁했던 생활상이 생생히 드러나 있다. 또한 이 문서 내용의 이면에는 이들이 자신을 팔기 위해 어떤 수사와 내용으로 곤궁함을 호소했는지, 그리고 이들을 매수한 사람이 뒷날 소송 등의 법적 문제가 발생하지 않도록 하기 위해 어떠한 조치를 취했는지도 나타나 있다.

자매를 원하는 한 소녀의 소지

1837년(헌종 3) 16세(다음 날 작성한 자매문기에는 17세라고 기록되어 있음) 소녀 득열은 자신을 팔아 굶주림에서 벗어나고자 자매 거래 전 관에 소지^{所志}를 올렸다.

임남지동에 사는 유조이 득열

이 삼가 소지를 올리는 매우 애통한 사정은 다음과 같습니다. 저의 나이는 지금 16세로, 어린 나이에 어미를 잃고 의지할 만한 족친이 없고, 또 집안에 생활해 나갈 만한 재산이 없으며, 다만 늙은 아버지가 있는데 모습이 마음이 아플 지경입니다. 급기야 연이은 흉년을 당하여 이리저리 동서로 떠돌며 구걸하여 음식을 얻어서 늙은 아버지의 거의 죽어가는 목숨을 가까스로 보전했습니다. 그런데 올봄의 흉황은 더욱 심하여 곧 굶어 죽게 될 것입니다. 요즈음은 이따금 슬프게도 부황이 나는 고할 데 없는 목숨이니, 부녀가 함께 길거리에서 굶어 죽은 귀신이 될 것입니다. 저의 자매로 아버지를

220

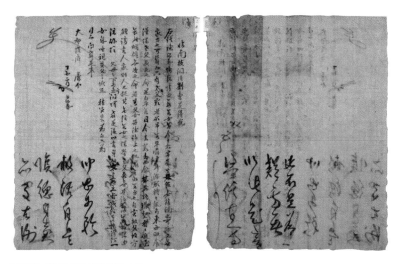

〈그림 1〉 유득열 입지 발급 청원 소지
연이은 흉년으로 굶주림에 시달리던 유득열이 아버지와 자신의 목숨을 구하기 위해 자매할 수 있도록 대도호부사에게 입지 발급을 청한 소지이다. 한국국학진흥원 소장.

구하는 것만 같지 못하므로 다른 사람의 집에 (저를) 팔기를 청하고자 했는데, 그 사람이 또 (제가) 배신할 것이라고 의심하였습니다. 제가 늙은 아버지를 보양奉養할 길이 없어, 이에 슬프고 불쌍한 깊은 사정을 사또께 읍소하니 통촉하신 후 몸을 팔아 구활하라는 뜻으로 입지立旨를 작성해주셔서 저의 한 몸이 아버지의 아사를 좌시하지 않도록 적선하는 처분을 내려주십시오.

대도호부 처분

정유(1837) 2월 일 소지

들으니, 심히 불쌍하다. 구활은 바로 음덕陰德이고, 자매 또한 전례가 있으니, 이는 의심하여 염려할 만한 일이 아니다. 이 뎨김題音을 가지고 증빙하는 것이 마땅하다.

221

이 소지에 따르면, 득열은 일찍 어머니를 여의고 아버지와 단둘이 가난하게 살아왔는데, 최근 연이은 흉년에 구걸하여 아버지와 자신의 목숨을 연명해왔다. 엎친 데 덮친 격으로, 올봄 기근이 심한 탓에 아버지를 굶주리지 않게 하려고 자신을 다른 사람에게 팔고자 했지만 매수인 측에서 나중에 득열이 배신할 것을 염려하여 선뜻 사겠다고 하지 않았다. 이에 득열은 아버지를 봉양해야 하는 자신이 기아 직전의 불쌍한 처지에 이른 것을 헤아려 '몸을 팔아 구활하라'는 내용으로 입지立旨를 작성해달라고 읍소했다. 득열의 호소에 대해 대도호부사는 구활이 음덕일뿐 아니라 자매 또한 전례가 있으니 의심하여 염려할 일이 아니라면서, 매수인이 안심하고 득열을 살 수 있도록 관에서 보증을 서주는 데김題音(입지)을 내렸다.

자매를 돕는 관청

득열은 매수인이 자신을 살 수 있도록 도와달라는 내용의 소지를 관에 올렸고, 관에서는 그 청을 받아들였다. 그렇다면 관에서 자매하려는 사람에게 도움을 주려 했던 이유는 무엇일까?

조선 정부는 기본적으로 양인과 천인 간의 신분 이동을 규제했다. 이러한 방침하에 양인을 천인으로 만드는 것 또한 엄격하게 규제하고 처벌했다. 그런데 대규모 기근과 전쟁이 발생하면서 이 정책을 그대로 유지하기가 어려워졌고, 결국 정책 수정을 할 수밖에 없었다. 정부의 힘만으로는 굶주린 사람들과 유망민들을 모두 구제하기 어려웠던 것이다. 더구나 조선 후기에는 이전보다 화폐경제가 발달하고 신분 이동이 활발해졌다. 이러한 배경에서 18~19세기에 자매가 용인되었다.

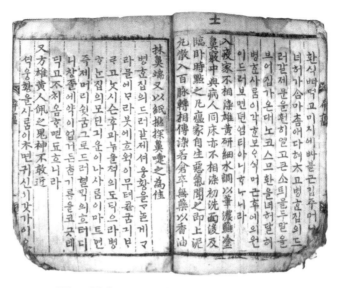

〈그림 2〉 『구황촬요급벽온방』(救荒撮要及辟瘟方)
기근과 전염병에 대비하기 위해 1639년(인조 17)에 엮은 서적이다. 기근에 대처하는
방법이 기록된 『구황촬요(救荒撮要)』와 전염병 치료에 필요한 처방이 담긴 『벽온방
(辟瘟方)』을 합하여 간행한 것이다. 규장각한국학연구원 소장.

16세기 이후 조선 정부는 기근이 발생하면 재력을 지닌 사족들이 백성
을 구제하도록 장려했다. 이 와중에 임진왜란이 일어나 유망민과 굶어 죽
어가는 백성이 대거 발생하자, 정부는 경제력을 가진 사람들이 굶주려 사
망 직전에 이른 사람을 구제하여 살린 경우 그 사람을 부릴 수 있도록 하
는 내용의 임시 사목을 반포하기도 했다. 전쟁이 끝난 뒤에도 대규모 기근
이 발생하면 이와 같은 조치를 시행했다. 또한 버려진 아이들이 굶주려 죽
음에 이르는 것을 방지하기 위해, 이들을 거두어 살려주면 노비나 고공으
로 삼을 수 있도록 하는 한시적인 법을 제정하기도 했다. 이러한 역사적
과정을 거쳐 생계가 어려운 백성이 자신이나 자신의 가족을 팔아 생계를

유지하는 것이 제한적으로 용인되었다.

　조선 정부가 아사지경에 이른 사람들의 생존을 위해 자신이나 자신의 가족을 파는 것을 제한적으로 용인하긴 했지만, 자매자는 본래 양인이었다. 뒷날 자매한 당사자의 마음이 바뀌어 억울하게 노비가 되었다고 호소한다면, 자칫 매수인은 양인을 핍박하여 천인으로 삼았다고 의심받을 수도 있는 일이었다. 이러한 상황에 이르지 않더라도, 자매자가 다시 양인이 되고자 도망쳤을 때 그가 매수인의 도망 노비라는 사실을 증명할 확실한 증거를 만들어둘 필요도 있었다.

　이에 일부 매수인들은 자매 거래 전에 자매자로 하여금 관의 입지를 받아오도록 했다. 입지는 입안立案보다 간단한 형태의 증빙 문서였다. 소지에 기재한 수령의 처분인 뎨김이 입지라는 명칭으로 증빙 문서의 역할을 했다. 자매자가 자매 거래 전에 입지를 받아 매수인에게 준다면, 매수인은 이 자매 거래가 굶어 죽어가는 사람을 구제하기 위해 행해진 일임을 인정한 관의 증빙 문서를 확보하게 되는 셈이었다. 매수인은 이 문서를 확보함으로써 뒷날 분쟁을 예방하고, 만약 소송이 일어나더라도 유리한 위치에 서게 된다.

　득열의 소지에서 매수인이 그의 배신을 의심했다는 것은, 바로 매수인이 자매자로 하여금 관에서 증빙 문서를 받아 오라고 요구했다는 사실을 그렇게 표현한 것으로 보인다. 매수인이 관의 입지를 받아오도록 요구하는 경우 자매하려는 사람은 소지를 올려 관으로부터 자매에 대한 긍정적인 뎨김을 받아야 했다. 이를 위해 자매하려는 사람은 자신과 자신의 가족이 아사 직전의 절박한 상황에 처해 있음을 설득력 있게 호소하는 소지를 작성했다. 득열도 소지에서 연이은 흉년으로 자신과 아버지가 아사 직전의 절박한 상황이라고 호소하고, 자매가 아버지를 위한 일이라며 효심을 드러냈다. 자매하지 않으면 도저히 생존할 수 없는 상황이라고 하소연함으로써 이 자매가 적법한 거래임을 피력하고, 여기에다 아버지를 살리기 위해 어쩔 수 없는 선택이라는 점을 부각함으로써 자매의 불가피함을 강조했다.

입지를 받은 다음 날인 정유년(1837, 헌종 3) 2월 26일 득열의 자매 거래가 이루어졌다. 이때 작성된 문서의 내용은 다음과 같다.

> 도광 17년 정유(1837) 2월 26일 조광득에게 드리는 명문
> 이 명문하는 일은 제가 이번에 큰 흉년을 당해 춘궁春窮이 심하여 부모를 살릴 길이 전혀 없으므로 만부득이 저를 전문錢文 13냥으로 쳐서 수대로 받아 부모를 살리고, 저를 위 사람에게 법률에 의하여 후소생後所生과 함께 관의 입지에 따라 영영 자매하니, 뒤에 친족들이나 자손 중에 만약 잡담하는 이가 있거든 이 문서를 가지고 관에 고하여 변정辨正할 일입니다.

득열은 전문 13냥을 받고 조광득에게 자신을 팔았다. 대도호부사에게 올린 소지에서 밝힌 자매 이유보다는 간략하지만, 이 문서에서도 큰 흉년으로 굶주리고 있어 부모를 살리려는 생각으로 자매한다는 사실을 명시했다. 생존에 위협을 받을 정도로 심각한 기아 상태이고, 부모를 살리기 위해서라는 효심까지 드러냄으로써 정부의 자매 용인 취지에 부합하도록 문서를 작성한 것이다. 득열은 자신은 물론이고 자신의 미래 후손인 후소생까지 포함하여 매매했다. 이 거래로 득열은 조광득의 노비가 되었다.

이듬해 7월 조광득은 전문 15냥을 받고 임응호에게 득열을 다시 팔았다. 이 매매 거래에서도 득열뿐 아니라 득열의 후소생까지 함께 매매되었다. 득열은 본래 양인이었음에도 자매를 통해 노비와 다름없는 천인 신분

으로 전락했고, 매매 대상이 되기까지 했다.

공증도 가능했던 자매

자매 거래는 자매문기를 작성하는 것으로 마무리되는 경우가 많았다.
물론 뒷날 분쟁의 여지를 남기지 않기 위해 자매문기에 관에서 수용 가능
한 자매 이유를 기술하는 것은 필수적이었다. 그런데 매수인 중에는 자매
문기를 공증받아 뒷날 혹시 일어날지 모르는 분쟁에 대비하려는 사람들도
있었다. 아래 기리금의 자매문기가 공증받은 사례이다.

> 도광 17년 정유(1837) 3월 초6일 임응호에게 드리는 명문
> 이 명문하는 일은 다음과 같습니다. 저(기리금—글쓴이)의 아버지는 위 댁에
> 전래해온 종이지만, 저는 양처良妻 소생이므로 앙역仰役하지 않았습니다. 금
> 년에 전에 없는 큰 흉년을 당하여 춘궁이 뼈에 닿아 살 길이 전혀 없어 저
> 의 3촌가에 의탁했는데, 저와 3촌이 입에 풀칠할 계책이 없어 거의 죽을 목
> 숨이 되었습니다. 백방으로 생각한즉 그와 더불어 길거리의 굶어 죽은 귀신
> 이 될 것이니, 차라리 몸을 팔아 그 값으로 3촌숙을 구하고 저를 살리는 것
> 이 사리에 당연하므로 부득이 살기 위해 전문 13냥을 받고 위 댁에 20년을
> 기한으로 방매하니, 뒤에 만약 잡담하는 이가 있거든 이 문서를 가지고 관
> 에 고하여 변정할 일입니다.

위 문기는 자신과 자신의 미래 자손까지 매매한 득열의 사례와 달리
기한을 정하여 자신만 매매한 사례이다. 1837년(헌종 3) 3월에 기리금은 임

응호에게 20년을 기한으로 자신을 팔았다. 기리금은 아버지가 천인이고 어머니가 양인으로, 본인은 양인 신분을 갖고 있었다. 조선시대 이전부터 유지되어온 신분 세습 관습에 따르면, 본래 부모 중 한쪽만 천인이어도 그 자식은 천인이 되었다. 그러나 태종 대 이후 관직자 등의 양인 남성과 천인 여성이 혼인하여 낳은 자식에게는 양인이 될 수 있는 길을 마련한 법이 제정되었다. 반면 천인 남성과 양인 여성 사이의 소생은 모두 천인이 되었다. 그러다가 현종 10년(1669)에 양인 수를 늘리기 위한 정책의 일환으로 천인 남성과 양인 여성이 혼인하여 얻은 소생은 어머니를 따라 양인이 되도록 하는 종모법從母法이 제정되었다. 이후 이 법은 개폐를 거듭하다가 최종적으로 영조 6년(1730)에 확정되었다. 이 법에 따라 기리금은 양인 신분이었다.

그는 1837년 큰 흉년을 맞아 굶주리다가 3촌숙의 집에 의탁했는데, 그 집에서마저 끼니를 이어가기가 어려워졌다. 그는 자신과 3촌숙이 굶어 죽는 것보다 자신의 몸을 파는 것이 낫다고 생각하여 13냥에 20년을 기한으로 아버지의 상전인 임응호에게 자신을 팔았다. 이 자매로 기리금이 천인이 된 것은 아니지만 20년이라는 긴 기간 동안 임응호의 집에 노동력을 제공하겠다고 약속했다. 물론 이 문서에서도 자매자가 아사지경에 이른 절박한 상황이라고 기술해 이 자매 거래가 합법적이라는 점을 명시했다.

그런데 기리금을 사들인 이가 아버지의 상전이라는 사실이 흥미롭다. 아버지의 상전인 임응호는 기리금에게 자매를 압박한 존재였을 수도 있으며, 기리금이 극한 상황에 처했을 때 다른 양반에 비해 의지할 대상으로 친숙하게 인식된 존재였을 가능성도 있다. 그들이 과연 어떠한 관계였는지는 문서상에 나타나 있지 않기 때문에 추론과 상상에 의존할 수밖에 없다. 그들의 관계가 어떠했는지에 따라 자매문기에서 거론한 자매 이유는

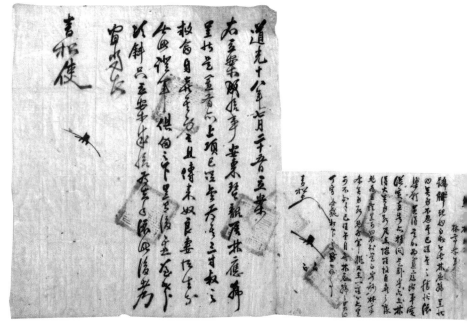

〈그림 3〉 기리금 자매문기와 사급입안(斜給立案)
기리금이 임응호에게 20년 기한부로 자신을 판 문기와 청송부에서 이를 공증해준 입안 및 관련 문서가 점련되어 있다. 오른쪽부터 자매문기, 매수인 임응호의 소지, 증인과 필집의 초사, 청송부 입안이다. 한국국학진흥원 소장.

사실이었을 수도, 자매를 합법화하기 위해 과장된 것이었을 수도 있다.

기리금을 기한부로 매수한 뒤 임응호는 자매문기를 관으로부터 공증받았다. 자매문기의 공증 절차는 매매문기의 공증 절차와 같다. 매매문기의 공증 절차는 먼저 개인이 관에 매매문기의 공증을 청하는 소지를 올리는 것으로 시작된다. 소지가 접수되면 관에서는 매도인과 문기 작성 때 서명했던 증인 및 필집筆執 : 문서를 쓴 사람의 증언을 들어 거래가 실제로 이루어졌는지를 확인하고, 소유권을 증빙하는 문서를 검토하여 매매 대상이 매도인의 소유가 확실한지를 조사했다. 조사 결과 문제가 없으면 공증 문서인 입안을 발급해주었다. 조선 중기 이후에는 입안 대신 더 간단한 형태인 입지로 발급받는 경우도 있었다.

임응호는 어떤 과정을 거쳐 자매문기를 공증받았을까? 임응호는 1837

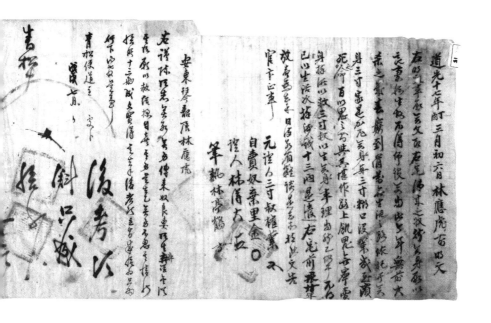

년 3월에 작성한 자매문기를 1년 4개월여가 지난 이듬해 1838년 7월에 공증받고자 했다. 그는 공증을 받기 위해 먼저 청송부에 소지를 올렸다. 자신의 집안에서 소유한 종의 양처 소생 기리금이 기아에서 벗어나기 위해 스스로 자매하고자 했는데, 그 딱한 사정을 차마 두고 볼 수 없어 13냥을 주고 문서를 작성하여 매득했다면서, 이를 공증할 입지를 발급해달라고 청했다. 이 소지에서 그는 입지 발급을 청했지만, 입지뿐 아니라 입안도 발급받았다.

이 소지에 대해 청송부사는 7월 12일 "뒤에 증빙으로 사용할 수 있도록 빗기^{料只: 공중 문서}를 발급하라"는 데김을 내렸다. 청송부사의 이 데김에는 실제로 자매 거래가 이루어졌으면 공증해주는 것이 당연하다는 인식이 드러난다. 이 사례 외에 자매문기의 공증을 청한 다른 소지들에서도 수령이

"예(例)에 따라 빗기를 발급하라"고 처분했던 사실을 확인할 수 있다. 매매가 이루어졌다는 사실만 확인되면 당연히 입안이 발급되는 일반 매매문기의 공증과 큰 차이가 없었던 것이다. 이렇게 18세기 말, 19세기 조선에서 자매 거래에 대한 공증은 일상적인 행정 업무로 정착되었다.

수령의 명에 따라 청송부에서는 7월 25일 기리금의 자매문기를 작성할 때 증인과 필집으로 각각 참여했던 임득대와 임정학을 관에 불러 거래 사실에 대한 진위 여부를 확인했다. 관의 물음에 임득대와 임정학은 "기리금의 자매와 임응호의 매득이 분명히 의심할 바가 없다"라고 증언했다. 증인과 필집의 진술을 확보한 청송부에서는 7월 25일 입안을 발급했다. 이러한 과정을 거쳐 기리금의 자매에 관한 문서는 자매문기, 매수인 임응호의 소지, 증인과 필집의 초사招辭 : 심문에 대한 진술서, 청송부 입안이 점련粘連된 형태로 현존한다.

그런데 이 점련 문서에는 매도인 기리금의 증언이 담긴 초사가 없다. 일반 매매문기는 물론이고 자매문기에서도 매도인의 초사를 받는 것이 당시 일반적인 관행이었다. 개인의 재산권 및 신분 보호를 위해서 매도인의 매도 의사와 매도 사실을 확인하는 일이 필수였기 때문이다. 그럼에도 불구하고 이 문서에 매도인 기리금의 초사가 없다는 사실은 기리금이 양인이었지만 임응호의 종의 아들로서 상당히 예속적인 지위에 있었고, 이러한 관계를 사회적으로 인정하고 있었기 때문인 듯싶다.

공증 과정이 완료되면 자매문기의 공증을 청하는 소지, 자매 거래 시에 작성했던 자매문기, 자매자·증인·필집의 증언을 기록한 초사, 공증 문서인 입안이 점련되어 매수인에게 발급되었다. 이는 공증받기 전의 자매문기보다 더 공신력 있는 문서가 되어 매수인이 보관했다.

가족 매매, 법적 사회적으로 용인되다

자매에는 득열과 기리금처럼 자신을 매매하는 경우도 있지만 가족이나 근친을 매매하는 경우도 있었다. 현재 남아 있는 자매문기를 검토해보면 자신만 매매한 문서보다 자신과 자신의 가족을 함께 매매하거나, 자신은 매매하지 않으면서 가족이나 동거하는 근친을 매매한 경우가 더 많다. 기근으로 가족의 생계가 위협받고 있을 때 가족이나 근친을 매매하는 일이 용인되었던 것이다. 가족이나 근친의 매매가 용인되었다는 것은 가족 구성원 중의 어떤 사람은 다른 가족 구성원의 권리를 대리할 수 있는 권한을 가지지만, 반대로 어떤 사람은 그에 예속된 존재였음을 의미한다. 매매하는 사람과 매매 대상이 일치하지 않을 때 누가 매매인이 되고 누가 매매 대상이 되었을까?

자매 거래 시 부부가 함께 매매되는 경우, 남편이 매도를 주관하는 사례는 보이지만 아내가 매도를 주관한 사례는 나타나지 않는다. 또한 아내만 매매 대상인데 남편이 매도를 주관한 사례도 여러 건 보인다. 물론 아내가 자신을 직접 매매한 사례도 있다. 그러나 부부가 함께 매매될 때뿐만 아니라 아내만 매매될 때도 남편이 매도를 주관하는 사례가 상당수 나타난다는 사실은 남편이 아내의 권리를 대리 행사하는 것이 사회적으로 용인되고 있었음을 알려준다.

부모와 자녀가 함께 매매될 때는 아버지가 매도를 주관했고, 어머니와 자녀가 함께 매매될 때는 아버지 혹은 어머니가 매도를 주관했다. 이 중 어머니가 매도를 주관한 사례는 이혼이나 사별로 아버지가 없는 가정이 많았다. 이 사례들에서도 남편이나 부모가 아내나 자식의 매매를 주관하는 것이 용인되었음을 확인할 수 있다.

혼인하지 않은 자녀들이 매매될 때는 아버지나 어머니가 매도를 주관했다. 부모가 자식을 매매한 사례 중 아버지가 매도를 주관한 사례가 압도적으로 많다는 점을 고려하면, 어머니가 자식을 매매한 경우는 집안에 아버지가 없거나 아버지로서 역할을 할 수 없는 상황이었을 것이다. 부모 슬하의 혼인하지 않은 자녀들이 스스로를 매매한 사례도 있지만, 이보다는 부모가 자식을 매매한 사례가 훨씬 많다.

자매문기에는 이렇게 남편이나 부모의 명의로 아내나 자식을 매매했다는 사실이 버젓이 드러난다. 자매문기가 매매 대상의 신분과 지위의 변동을 증빙할 뿐 아니라 뒷날의 거래나 소송에서 증빙 문서로 활용될 수 있다는 점에서 시사하는 바가 크다. 남편이나 부모의 명의로 아내나 자식을 매매하더라도 그 사실이 적힌 문서가 증빙 문서로 활용되는 데 문제가 되지 않는다는 것을 의미하기 때문이다. 조선 후기 하층민 사회에서 부모나 남편이 자식이나 아내의 거취를 결정하는 권리 행사가 법적으로나 사회적으로 용인되고 있던 것이다.

한편 조부모, 외조부모, 숙부가 손자·손녀나 조카를 매매한 사례도 소수 나타난다. 이러한 사례는 숙부를 살리기 위해 스스로 자매한 기리금의 상황과 비슷했을 것이다. 즉 매매된 손자·손녀나 조카가 조부모, 외조부모, 숙부와 동거하고 있거나, 또는 이들에게 경제적으로 의탁하던 관계였을 가능성이 크다.

자매 사례들을 검토해보면 가족 전체를 매매한 경우도 있지만 가족 중 일부 혹은 한 사람만 매매한 경우도 있다. 자녀 한 사람만 매매한 경우는 그 아이를 다른 사람의 노비가 되게 하여 굶주리지 않게 하고, 남은 가족은 한 아이의 양육비를 줄이면서 그 매매 대금으로 얼마간이라도 생활해가기 위해 선택한 방안이었다. 이 경우 대부분 딸을 매매했다. 이는 매도인의 인식과 매수인 측의 이해관계가 결합되어 나타난 현상이었다. 굶주리며 하루하루를 살아가는 하층민 사회에서도 아들과 딸에 대한 기대치가 달랐다. 한편 매수인 측에서는 가임 연령에 임박한 여성을 선호했다. 노비의 소속은 어머니를 따르기 때문에 천인과 천인이 혼인하여 아이를 낳으면 그 아이는 아버지 주인이 아닌 어머니 주인의 노비가 되었다. 따라서 매수인 측에서는 가임 연령에 임박한 여성을 매수하여 자신의 노비를 늘리고자 했던 것이다.

신분 하락보다 '효'가 우선

자매문기에 등장하는 빈곤한 집안의 부모는 가족의 중추 역할을 하지 못하는 무능력한 존재로 그려지곤 한다. 이러한 문서에서는 부모 슬하의 어린 자녀가 매매되는 경우일지라도 부모가 자녀를 매매하는 형태가 아닌, 자녀가 직접 자신을 매매하는 형태로 나타난다. 아래 용단의 자매문기가 바로 그러한 사례이다.

가경 4년 신사(1799) 4월 초2일 박 생원 댁 호노戶奴 정삼에게 드리는 명문

이 명문을 작성하는 일은 다음과 같습니다. 저(용단—글쓴이)의 부모는 본디 가난하여 의탁할 곳이 없어 동서로 다니며 빌어먹으며 근근이 목숨을 보전하였습니다. 이번에 큰 흉년을 당하여 더욱 살아가기가 어려워 굶어 죽을 것이 분명하므로 타지에 떠돌며 구걸한 지 3년인데 (고향에) 돌아가지 못하였고, 저는 나이가 겨우 8세에 불과하여 능히 나아가서 구걸할 수 없었습니다. 길에 버려져 배고픔과 추위가 함께 침범하여 밤낮으로 울부짖었고 쓰리

져 굶어 죽을 지경에 이르렀는데, 위의 상전 댁에서 인명을 가엾게 여겨 거두어 길러 지금까지 목숨을 부지하게 되었습니다. 사람을 살려준 은혜가 하해와 같아 헤아리기가 어려운데, 제가 비록 무지한 사람으로 은혜를 갚고자 하여도 보은할 길이 없었습니다. 이번에 마침 자휼전칙이 내려져 유기아를 수양한 이가 그(유기아를) 차지할 수 있도록 하라는 관關 : 동등 이하의 관청에 보내는 공문서이 또한 도착하였으므로, 저의 몸 및 후소생을 아울러 영영 자매하여 부림을 받겠다는 뜻으로 이와 같이 문서를 작성하고 금전 10냥 또한 수대로 받아 부모의 굶어 죽게 된 목숨을 살릴 것이니, 이후 누군가 만약 다른 말을 하는 사람이 있으면 이 문서로 옳고 그름을 변별하실 일입니다.

용단은 이 자매문기에서 연이은 흉년으로 자신이 아사지경에 이르렀다는 점, 자신을 매수할 상전 댁에서 굶어 죽을 목숨을 거두어주었다는 점, 자매 대금 10냥을 받아 아사지경에 이른 부모의 목숨을 살리고자 한다는 점을 기술했다. 이는 관에서 충분히 용인할 수 있는 자매 이유이다. 그런데 이 문서를 과연 여덟 살 어린아이가 쓴 것일까 하는 의문이 든다. 여덟 살 소녀가 부모를 살리기 위해 스스로 자신의 몸을 팔겠다고 한 것이 어색할 뿐더러 상전의 거두어준 은혜에 대한 감사 표현도 굉장히 어른스럽다. 또한 자휼전칙字恤典則이 반포되고 이 명이 지방관아에까지 도달했다는 사실을 어린아이가 어떻게 알았을까도 의문이 가는 대목이다. 이렇게 이 문서의 내용을 자세히 살펴보면 문맥상으로는 이 글의 화자가 용단일지라도 실제로 이 글을 구상하거나 작성한 사람은 어른이라고 보는 것이 더 타당할 듯하다.

이 문서에서 용단의 부모가 아닌 용단이 직접 자신을 매매한 것처럼 기술한 것은 당시에 마침 자휼전칙이 내려졌기 때문인 것 같다. 용단의 매수인 박 생원이 '어린아이가 의탁할 곳이 없어 구걸하는 모습을 지나치지 못하고 거두어 살린 사람'이 되기 위해서는 용단의 부모가 매도인의 역할을 하기보다는 용단이 의지할 데가 마땅치 않은 아이라는 점을 부각해야 했다. 더구나 용단이 매도인이 되면 부모를 살리기 위해서 자매한다는 명분도 내세울 수 있다. 실제로 이 자매문기에는 "금전 10냥 또한 수대로 받아 부모의 굶어 죽게 된 목숨을 살릴 것이니"라는 어구가 포함되어 있다. 이렇게 이 문서에는 아사 직전에 이른 자매자의 상황, 인명을 살리기 위한 아이 수양, 부모의 봉양이라는 세 가지 요건을 기술하여 용단의 자매를 합리화했다.

앞서 본 사례의 득열이나 용단과 같이 부모를 아사에서 구하려는 목적으로, 또는 부모의 장례 비용을 마련하고자 자매한다고 표방한 사례는 다른 자매문기들에서도 찾아볼 수 있다. 1752년(영조 28) 장예원 판결사 윤빈은 "민소民訴 중 가장 불쌍한 것이 양인이 자신을 팔기를 원하는 것인데, 아버지가 사망했는데 그 장례를 치르지 못하기 때문이기도 하고, 어머니가 굶주려 거의 죽게 된 상황에 처해 있기 때문이기도 하다"라고 했다. 노비소송을 관장하는 기관의 수장인 윤빈이 관에서 허용할 수밖에 없는 자매의 이유로 거론한 부분이 바로 부모의 봉양과 장례 비용이었다. 아사지경의 극심한 빈곤 상황과 함께 부모의 굶주림을 차마 보지 못해 자매를 선택하는 자식의 효심은 관으로부터 자매를 인정받을 수 있는 가장 타당한 명분이 되었던 것이다.

1809년(순조 9) 김월섬은 자매 거래 전 자매가 불가피하다는 상황을 인정받고 자신의 자매 의사를 공증받기 위해 관에 올린 소지에서 "일찍이 듣건대 부모를 위하여 몸을 파는 것을 허용한 법전이 있다고 합니다"라고 했다. 당시 부모를 위해 자매하는 것을 허용한 임시법이 있었는지는 알 수

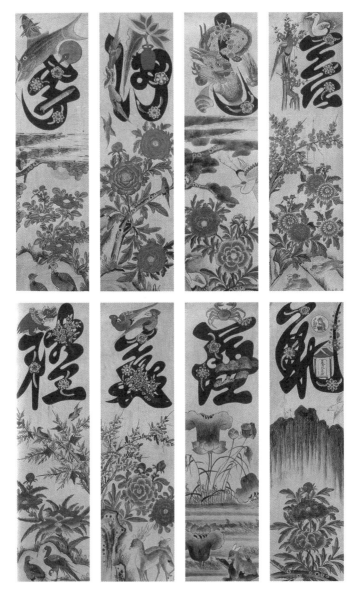

〈그림 4〉 문자도

유교 덕목에서 중시되는 '효제충신예의염치(孝悌忠信禮義廉恥)' 글자를 그림으로 표현한 문자도이다. 조선 후기에 문자도는 8폭 병풍으로 많이 만들어졌는데, 여덟 가지 덕목 중에 '효'가 제일 첫머리(병풍의 오른쪽)에 위치했다. 그만큼 조선 후기 사람들에게 '효'는 으뜸가는 가치였다. 위 문자도는 8폭 병풍의 문자도를 위 왼쪽에서부터 순서대로 배치했다.(위 : 孝悌忠信 / 아래 : 禮義廉恥)

없다. 그러나 적어도 극빈층의 자매가 부모를 봉양하기 위해 행해지는 어쩔 수 없는 선택으로 인식되고 있었다는 점은 알 수 있다. 관에서도 이러한 자매를 용인할 수밖에 없다고 판단했기에 자매 거래를 성사시키고자 했던 사람들은 후일의 소송 등 분쟁에 대비할 가장 효과적인 자매 이유로 부모 봉양을 들었던 것이다.

부모에 대한 효가 인간으로서 지켜야 할 가장 중요한 가치로 인식되고, 이 가치를 보호하기 위해 적극적으로 행정력을 동원했던 조선 사회에서 부모 봉양이라는 명분은 정부의 양인층 확보와 양천 신분 구분 정책에 반하는 자매를 용인하는 수단이 되기도 했다. 즉 자매자가 부모를 봉양하기 위해 자신을 파는 기특한 효녀·효자의 모습으로 묘사되면서 자매가 허용될 수 있는 여지가 확대되어갔던 것이다.

빈민 구제에만 한정되지 않은 자매

일반적으로 자매 뒤에는 자매한 당사자뿐 아니라 그 후손들까지 천인으로 신분이 하락했다. 따라서 자매는 사적으로 자매자 및 그 가족의 처지와 신분에 관계된 중요한 결정이었을 뿐 아니라, 국가적으로 양인의 수가 감소하게 된다는 점에서 주목해야 할 사안이었다. 그럼에도 불구하고 자매는 아사지경에 이른 백성을 구제하기 위해 허용되었다. 자매문기에 자매자의 빈곤한 처지가 절절하게 묘사되곤 하는 것은 이 때문이었다. 그렇다면 자매는 기근에 시달린 빈곤한 사람들을 구제하는 수단으로만 이용되었을까?

양인을 핍박하여 노비로 삼기 위해 자매를 이용하고, 자매문기에 자매자와 그 가족의 굶주림을 과장해서 쓰게 하지는 않았을까? 실제로 19세기에 작성된 자매문기에는 채무를 갚지 못했다는 이유로, 또는 양반 댁의 노비가 도망하는 것을 방조했다는 이유로 자신이나 가족을 팔아야 했던 사람들의 이야기가 등장한다. 이 시기에 이르러서는 굳이 빈민 구제의 명분을 내세우지 않더라도 자매가 성립되기도 했던 것이다.

> 동치 10년 신미(1872) 5월 30일 이 생원님께 드리는 명문
>
> 이 명문을 작성하는 일은 다음과 같습니다. 댁의 물 긷는 여종 족간이 나이 18세가 되어 마을의 남아와 종종 저희 집에서 놀다가 갑자기 도망쳐, (제가 그의) 도망을 유인한 죄를 지었기에 부득이 제 딸 문령을 대신 바쳐 양역(良役)하도록 했습니다. (생원님께서) 저의 사정을 살피셨으니, 죄로 인하여 가속을 바쳤는데, 전문 30냥을 내려주시기까지 했습니다. 실로 매우 감읍하여 여식을 영영 바친다는 뜻으로 이에 문서를 작성하니, 뒤에 만약 잡담하는 이가 있으면 이 문기를 가지고 옳고 그름을 변별하시기 바랍니다.

19세기 후반에 작성된 이 문서에는 이 생원 댁의 여종 족간이 임백동의 집에서 놀다가 도망친 일 때문에 임백동이 책임을 지고 자신의 딸 문령을 이 생원에게 매매한다는 이야기가 기록되어 있다. 족간이 종종 임백동의 집에서 마을의 남아와 놀았는데, 어느 날 그가 임백동의 집에서 놀다가 갑자기 도망쳐버렸다. 이 사건으로 인해 임백동은 족간의 도망을 유인했다 하여 딸 문령을 이 생원 댁에 바쳐야 했고, 대신 전문 30냥을 받았다. 이는 아사 직전의 절박한 상황이 아님에도 지역 양반의 권력에 굴복하여 자매가 이루어진 사례이다.

자매는 빈민을 구제하기 위해 허용되었기 때문에 이 거래가 법적 보호

를 받으려면 자매문기에 자매자가 생존하기 어려울 정도로 심한 굶주림에 시달렸다는 내용을 기록해야 했다. 혹시 다른 이유로 자매가 이루어졌다고 하더라도 문서에서만큼은 그 같은 내용이 기술되어야 했다. 또한 뒷날 소송 등 법적인 문제에 휘말리지 않기 위해 자매 거래의 매수인은 자매자에게 자매를 용인하는 내용의 입지를 관에서 받아오게 하기도 했고, 자매문기를 공증받기도 했다.

그러나 자매가 오랜 시간 허용되어오면서 19세기에 이르면 자매자의 빈곤 외에 다른 이유를 밝힌 자매문기도 작성되었다. 굶주림에 시달리다 생존을 위해 자매했다고 기술된 문서에서도 문서상의 이유가 실제 상황을 모두 반영했던 것은 아닐 터다. 그런데 19세기에 들어서서는 점차 이러한 표면상의 이유조차 내세울 필요가 없어지게 되었다. 이제 굳이 자매자의 빈곤을 분명하게 기술하지 않더라도 자매 거래를 법적으로 보호받을 수 있는 상황이 된 것이다.

자매 거래 성립 후에는 양인이 천인이 되거나, 적어도 자유인은 주인에게 예속되었다. 이렇게 자매는 거래 대상의 신분과 처지를 결정짓는 중요한 일이기 때문에 뒷날 일어날지 모르는 분쟁의 여지를 없애기 위해 문서상에 정부 정책과 관의 사법 행정 관행이 반영되었다. 이에 따라 자매문기와 관련 문서들에는 단순히 하층민 사회의 빈곤한 생활뿐 아니라 조선 후기의 다양한 사회상, 그리고 정부의 신분 정책 변화가 나타나 있다. 조선 사회에서 가장 중요한 유교적 가치로 보호되고 장려된 '효'의 가치가 거래 관행과 사법 행정에 어떤 방식으로 스며들었는지를 보여주기도 한다. 또한 문서를 작성한 사람들도 인지하지 못하는 가운데 하층민 가족 구성원들의 관계가 반영되어 있기도 하다.

3장

천장과 산송 — 종법 질서가 빚어낸 묘지 소송

사대부들은 명당 자리에 집착했다. 지관을 동원해 수개월씩 길지를 찾아 헤매느라 정작 장례는 치르지도 못하는 일이 속출했다. 심지어 이미 장례가 끝난 분묘라도 불길하다는 말을 들으면 다시 길지를 찾아 옮기고, 일이 뜻대로 풀리지 않아도 묏자리를 탓하며 천장하곤 했다.

윤두서 묘를 일곱 번 천장한 사연

한반도 남쪽 끝자락에 위치한 해남 고을에는 16세기 이래 지금까지 500년이 넘는 세월 동안 세거해온 유서 깊은 가문이 자리 잡고 있다. 해남 윤씨 윤선도尹善道 후손가이다. 이 집안은 원래 강진에 살았지만, 어초은魚樵隱 윤효정尹孝貞이 해남 정씨 정귀영의 딸과 혼인하여 처가 쪽에 터전을 잡음으로써 해남에 입향했다. 이후 윤구—윤홍중—윤유기—윤선도로 이어지며 가문이 크게 번성하여 명문가로 성장했다.

특히 윤선도의 증손자인 공재恭齋 윤두서尹斗緖는 조선 후기 대표적인 선비 화가로 잘 알려져 있다. 그는 1693년(숙종 19) 진사시에 합격했지만 집안이 남인 계열인 데다 붕당의 대립과 갈등이 심해지자 벼슬을 포기하고 학문과 시서화로 평생을 보냈다. 그의 대표작인 자화상은 국보 제240호로 지정되어 있다.

〈그림 1〉 윤두서 자화상

윤두서가 직접 그린 자화상으로, 몸 부분의 선이 퇴색하고 화폭 전체에 얼굴만 남은 독특한 형태이다. 특히 정면을 응시하는 시선이 강렬한 인상을 풍기고 있다. 국보 제240호 지정되어 있다. 개인 소장.

선비 화가로 알려진 윤두서는 살아 있을 때보다 사망한 뒤에 한층 더 파란만장한 시련이 기다리고 있었다. 그는 만년에 서울에서 해남 백련동으로 귀향하여 은거하다가 1715년(숙종 41) 11월 26일 고향 집에서 세상을 떠나, 강진 백도면에 있는 6대조 할아버지의 묘 아래에 안장되었다. 그런데 그 자리에서 영면하지 못하고 1828년(순조 28) 해남 현산면 백포리에 최후의 안식처를 찾을 때까지 100여 년 동안 무려 일곱 번이나 천장遷葬되는 우여곡절을 겪었다.

윤두서 묘를 일곱 차례나 천장한 데는 어떤 사연이 담겨 있을까? 해남 윤씨가에는 선조들의 행적을 정리한 『해남윤씨문헌』, 『당악문헌』 등의 서적들이 전해오고 있다. 그중 『해남윤씨문헌』에는 아들 윤덕희가 쓴 윤두서 행장行狀이 수록되어 있는데, 여기에서 천장과 관련된 내용을 확인할 수 있다.

> 무술년(1718)에 가평 조종면 원통산으로 이장하였다. …(중략)… 그 후 감여가堪輿家 : 풍수를 공부하여 묘자나 집터의 길흉을 가리는 사람들이 길하지 않다고 많이들 말하여 기유년(1729) 여름에 김포 강변 귀복정으로 개장改葬하였다. 또 훼손한 자들이 많아 병인년(1746)에 파주 신속면 우미서로 이장하였다. …(중략)… 임인년(1782) 봄에 강진 덕정동으로 이장하였다. …(중략)… 계묘년(1783) 봄에 연동 어초은공 묘 아래로 이장하였는데, 또 감여가가 좋지 않다고 하여 갑진년(1784) 4월에 영암 옥천면 죽천 도림정으로 이장하였다. 또 묏자리가 좋지 않다고 하는 이들이 많아서 도광 무자년(1828) 12월에 해남 현산면 백포촌 뒤에 이장하였다.
>
> ─「윤두서 행장」

〈표 1〉 윤두서 묘의 천장 내력

	연대	천장 배경	천장지
초장	1716년 봄	강진 백도면에 임시로 매장	
1차	1718년	망자의 상경(上京) 의도를 실현하기 위함	가평 조종면 원통산
2차	1729년 여름	감여가가 불길하다고 주장하여 천장	김포 강변 귀복정
3차	1746년	묘를 훼손하는 자들이 많아서 천장	파주 신속면 우미서
4차	1782년 봄	종가의 해남 이거 이후 묘제 및 분산 수호에 불편	강진 덕정동 선산
5차	1783년 봄	산송으로 사굴(私掘) 당함	해남 백련동 윤효정 묘 아래
6차	1784년 4월	감여가가 불길하다고 주장하여 천장	영암 옥천면 죽천 도림정
7차	1828년 12월	풍수적으로 불길하여 천장	해남 현산면 백포촌

윤두서 묘는 전라도 강진의 초장지初葬地를 시작으로 경기도 가평 → 김포 → 파주 → 전라도 강진 → 해남 → 영암 → 해남 등 전라도와 경기도의 여러 고을을 옮기며 일곱 차례나 천장되었다. 이러한 천장 내력을 정리해보면 〈표 1〉과 같다.

천장 이유는 묏자리가 좋지 않다는 풍수가의 견해에 따라 길지로 묘를 옮긴 것이 중심을 이룬다. 2차, 6차, 7차 천장이 바로 여기에 해당한다. 2차 천장은 강진에서 경기도 가평으로 이장한 지 겨우 10여 년 만인 1729년(영조 5)에 아들 윤덕희가 추진했다. 묏자리가 좋지 않다는 풍수가의 말을 받아들여 김포로 천장했다. 6차 천장은 1784년(정조 8) 4월 손자 윤꿩이 주도했는데, 이 역시 풍수가의 개입으로 해남 백련동에 있던 분묘를 1년도 못 채우고 영암 옥천면으로 옮겼다. 그러나 그곳 역시 풍수적으로 좋지 못하다고 하여 45년 만에 해남 현산면으로 일곱 번째 천장을 했다. 이곳의 분묘가 오늘날까지 전해지고 있으니 윤두서 묘는 초장初葬 이후 112년이

지나서야 겨우 안식처를 찾은 셈이다. 이렇듯 풍수설에 근거한 천장의 바탕에는 조선 사회의 음택풍수와 묏자리 열풍이라는 사회 분위기가 강하게 작용하였다. 이는 자손들의 효 의식에 근거하여 조상의 안거安居를 추구하는 위선의식爲先意識의 적극적인 실현 과정이었다.

후손의 거주지 변동도 천장의 한 요인으로 작용했다. 윤두서는 도성에 살면서 활동하다가 만년에 해남 백련동으로 낙향한 지 3년 만인 1715년(숙종 41) 겨울에 세상을 떠났다. 그는 생전에 해남에 오래 머물지 않고 곧 도성으로 돌아갈 예정이었다. 그에 따라 아들 윤덕희는 다음 해 봄에 강진 백도면 갈두리에 있는 6대조 윤구의 묘 아래쪽에 임시로 아버지를 매장했다. 곧 서울로 옮겨가기 위해서였다. 마침내 2년 만인 1718년(숙종 44) 봄 경기도 가평에 장지를 마련하여 옮겼으니, 이것이 곧 1차 천장이다. 윤덕희의 손자 윤규상은 윤덕희 행장에서 천장 당시의 상황을 이렇게 기록하고 있다.

(조부께서) 부모 장지를 정하지 못하였는데, 공재공恭齋公의 본의는 남토南土에 오래 머물고자 하지 않았기 때문에 조부께서 그 뜻을 이루고자 이서李溆 선생의 명으로 가평 땅에 묏자리를 정하였다. 또 서울에서 상여꾼을 사 무술년(1718) 봄에 부모 묘를 천장하고, 남양에 있는 모친 묘를 합장하였다. 그때가 늦봄이었는데 전염병이 크게 창궐하여 피할 곳이 없었다. 상여꾼들이 도중에 전염되어 차례로 넘어졌으나 마침내 천리 길을 무사히 도달하여 대사를 잘 마치고 여러 상인喪人들이 모두 무사히 돌아가니, 사람들이 탄복하였다.

— 「윤덕희 행장」

윤두서 부부 묘를 가평으로 옮긴 것은 옥동玉洞 이서李漵의 권유가 직접적인 계기였음을 알 수 있다. 이서는 윤두서와 도의道義로 교유한 절친으로, 윤두서의 아들 및 조카들도 모두 그를 모시고 공부하였다. 윤덕희가 자신의 스승이자 부친의 절친이었던 이서의 명을 받들어 이장을 구체화한 것은 어찌 보면 자연스러운 과정이었다.

윤덕희는 상여꾼을 사서 부모의 상여를 전라도 강진에서 경기도 가평까지 천리 길을 운구했다. 그 과정에서 돌림병을 만나 큰 피해를 입는 어려움을 겪었지만 결국 대사를 무사히 치러냈다. 그뿐만 아니라 이 천장 과정에서 당시 남양에 위치한 모친의 묘를 가평으로 이장하여 부모 묘를 합장했다. 윤두서는 15세 때인 1682년(숙종 8) 전주 이씨 이수광의 증손녀와 혼인했으나 1689년 부인이 아들 둘과 딸 하나를 남겨 두고 먼저 사망했다. 큰아들 윤덕희가 겨우 다섯 살 되던 해였다. 남양의 묘가 바로 그녀의 묘이다. 이후 윤두서는 당시 제주목사였던 이형상의 형인 이형징의 딸과 재혼하여 7남 2녀를 두었다. 그녀는 남편이 사망한 다음 해 5월에 세상을 떠나 백련동 아래에 임시로 묘를 썼다가 윤두서 묘를 옮길 때 함께 이장하였다. 윤두서 묘를 가평으로 옮기는 과정에서 서로 떨어져 있던 두 부인의 묘까지 함께 이장하여 합장했으니, 이후 2차 천장부터는 윤두서와 두 부인 등 세 사람의 묘가 함께 옮겨 다녔다.

윤덕희는 왜 군이 천리 먼 길을 무릅쓰면서 경기도로 부친 묘를 이장했을까? 스승이자 부친의 절친인 이서의 권유가 전적인 이유였을까? 여기에는 도성 및 도성 주변에 경제京第 : 서울 집와 분산墳山을 확보·유지하고 있던 윤씨 가문이 중앙 관료 집안으로서 사회적 위상을 계속 유지하고 도성을 근거지로 활동하려 한 의도가 강하게 작용했다. 윤덕희의 이후 행적은 이러한 사실을 잘 보여준다.

그는 부친의 묘를 경기도 가평으로 이장한 지 10여 년 뒤인 1731년(영조 7) 해남에 있는 가족을 이끌고 서울로 이사했다.

> 부모 선영 및 여러 대 선산이 모두 경기도에 있어서 때에 따라 성묘할 수 없고 또한 혼인에도 방해가 되었다. 마침내 서울로 가기로 결의하여 신해년 (1731) 봄 가솔을 거느리고 서울로 올라왔다. …(중략)… 임신년(1752) 봄 안씨 부인이 먼저 해남으로 돌아가고 그해 가을에 공이 서울 집을 큰아들에게 맡기고 온 가족을 데리고 남으로 내려왔다.
>
> ─「윤덕희 행장」

윤덕희가 서울로 이사한 이유는 경기도 지역에 위치한 선산을 수호하고 도성의 유력 가문과 혼인망을 유지하기 위해서였다. 즉 그로서는 도성을 근거지로 삼아 중앙 사족가로서 사회적 위상을 유지하고 이어가기 위한 결단이었다. 그러나 그의 시도는 20여 년 만에 전면 수정된다. 도성에 정착하지 못했던 것이다. 1752년(영조 28) 봄에 가족을 먼저 고향으로 내려보낸 뒤, 자신은 뒷마무리를 하고 서울 집은 아들에게 맡긴 채 가을에 해남으로 낙향했다. 이후에도 서울 집은 그대로 유지되었지만 윤씨가는 다시 상경하여 중앙 관료로 복귀하지 못한 채 해남에서 향촌 사족의 길을 걷게 된다.

1752년에 윤덕희가 해남으로 낙향함에 따라 분묘 또한 경기도에서 전라도 강진으로 다시 역방향의 천장이 추진되었다. 해남에 살면서 경기도에 있는 분산을 수호하고 관리하기가 쉽지 않았기 때문이다. 천리 먼 길에서 제때 맞춰 제사를 지내기란 쉽지 않아 제사를 지내지 못하는 일이 잦아졌다. 분산을 침범하여 묘를 훼손하는 이들이 있어도 막지 못하고, 인근 사람들이 산에 들어가 아름드리 소나무를 베어 가도 제지할 방도가 없었다. 이 때문에 자손들 사이에서 해남 가까운 곳으로 분묘를 옮기자는 논의가 일어났고, 결국 역방향 천장이 결정되었다.

천장은 윤덕희의 아들 윤굉 대에 본격적으로 추진되었다. 1782년(정조 6) 봄 경기도 파주에서 전라도 강진의 덕정동 선산으로 묘를 옮긴 4차 천장이 바로 그것이다. 그런데 천장 과정에서 윤굉은 산송山訟, 즉 묘지 소송에 휘말림으로써 어려운 상황에 처하고 만다.

산송의 발단, 역장

산송은 윤두서 부부의 묘를 1782년 봄 경기도 파주에서 전라도 강진의 선산으로 이장하는 과정에서(4차 천장) 발생했다. 윤굉이 애초 이장처로 선택한 곳은 강진 선산이 아닌 다른 곳이었다. 현재로서는 어느 곳인지 확인할 수 없으나 묘를 조성하기 위해 땅을 파는 과정에서 연거푸 큰 돌이 나오자 일을 중지시켰다. 한 번도 아니고 두 차례나 큰 돌로 인해 낭패를 당하자, 난관에 봉착한 그는 결국 강진 덕정동 선산으로 관심을 돌렸다. 그곳은 해남 윤씨가 처음 터를 닦고 살았던 곳으로, 해남 윤씨 세거시원지世居始原地로 알려진 곳이다. 해남 백련동에 처음 터전을 잡은 윤효정이 태어난 곳이자 그의 부친 윤경과 조부 윤사보의 분묘가 자리 잡은 곳이기도 했다. 윤경과 윤사보는 윤두서에게 각각 8대와 9대 조부이며, 윤굉에게는 10대와 11대 조부에 해당하는 인물이다.

덕정동 선산에는 위 산줄기 입수처入首處 : 산줄기의 정기를 모아 혈(穴)로 공급해주는 곳에 윤경의 묘가 있고, 아래 산줄기의 땅이 끝나는 움푹 꺼진 곳에 아내

이씨의 묘가 자리하고 있었다. 이씨의 묘 바로 아래쪽에는 시아버지의 묘가 위치했다. 양쪽 산줄기는 약 60보 정도 떨어져 있고, 그 사이에 한광지閑曠地 : 묵은땅이 넓게 펼쳐진 곳가 있었다. 윤굉이 윤두서 묘의 새로운 이장처로 선택한 지점이 바로 윤경 부부 묘 사이에 있는 한광지였다.

인터넷 포털 사이트가 제공하는 위성사진(〈그림 2〉)을 보면 오늘날에도 덕정동 선산의 모습과 윤경 부부 묘의 배치 상황을 상세히 확인할 수 있다. 윤경의 묘는 좌청룡左靑龍 산줄기, 윤사보와 며느리인 윤경 처 이씨는 우백호右白虎 산줄기에 위치하고 있다. 그 사이 어느 지점이 윤굉이 선택한 윤두서 부부 묘의 이장처였을 것이다.

그러나 새로운 이장처는 분쟁의 가능성이 높은 지점이었다. 좌청룡 우백호 자리에 위치한 윤경 부부와 윤사보의 묘에서는 앉거나 서서 새 이장처가 보이지 않는 위치였지만 역장逆葬의 혐의가 있었기 때문이다.

역장은 도장倒葬 또는 압장壓葬이라고도 하는데, 나중에 묘를 쓰는 사람이 기존 묘의 뇌후腦後, 즉 머리 쪽에 묘를 쓰는 형태이다. 선산과 같은 족장지族葬地에서는 대체로 후손의 묘가 조상의 묘 위쪽에 위치하는 형태를 띠었으며, 그런 묏자리가 원래 기피 대상도 아니었다. 15~16세기 무렵까지는 역장 또는 도장이라는 용어조차 생소할 정도로 문제시되지 않는 장법葬法이었다. 임진왜란 이전에 조성된 분묘들 중에는 후손이 조상 위쪽에 자리 잡은 예를 어렵지 않게 찾을 수 있다. 16세기 중반 을사사화(1545)에 연루되어 경상도 성주에서 유배를 살다가 거기에서 생을 마감한 묵재默齋 이문건李文楗은 충청도 괴산의 조상 분묘 위쪽에 입장入葬했는데, 현재까지도 역장한 원래 상태 그대로 전하고 있다.

그런데 조선 후기 유교 의례가 보급되고 종법宗法 의식이 확산되어가면서 상황이 달라졌다. 음택풍수가 유행하면서 역장을 기피하는 사회적 인

〈그림 2〉 해남 윤씨 강진 덕정동 선산

해남 윤씨의 세거시원지(世居始原地)로 알려진 강진 덕정동 선산의 현재 모습이다. 양쪽 산줄기에 자리잡은 윤경(尹耕)과 윤사보(尹思甫)의 분묘를 중심으로 자손들의 분묘가 집중적으로 분포하고 있다. 위성 사진에서 □로 표시한 지점이 윤평이 선택한 윤두서 부부 묘의 이장처로 추정된다.

Daum 지도 스카이뷰(http://local.daum.net/map)

식이 싹트기 시작했다. 지맥의 흐름을 중시하는 풍수설에서는 기존의 분묘 머리 쪽에 새로운 분묘가 들어오면 묘혈로 내려가는 주맥의 흐름이 단절된다고 보아, 이를 금기로 여겼던 것이다. 거리가 아무리 멀어도 혈맥을 누른다고 여겼기 때문에 역장은 거리의 원근에 관계없이 무조건 금장禁葬의 대상이었다. 자손의 도리로 봐도 조상 묘의 머리 위쪽에 후손 묘가 자리 잡은 형태는 불효로 받아들여졌다. 따라서 역장이 발생하면 먼저 장례를 치른 쪽에서는 두 분묘 사이의 거리가 멀고 가까움을 따지지 않고 결사적으로 저항했다. 같은 문중 내 일가 사이라도 소송을 피할 수는 없었다.

덕정동 선산에서도 이장처는 역장의 혐의가 있어 문제시되는 곳이었기 때문에, 다툼을 방지하기 위해 누구도 사용할 수 없도록 문중에서 합의하여 비워둔 구역이었다. 이 사실을 잘 알고 있던 윤굉은 종인들 간의 분쟁을 피하기 위해 미리 문중에 묏자리를 사용할 수 있도록 요청했고, 문중 장로들의 허락을 얻은 뒤 이장을 추진했다. 하지만 문중의 허락이 있었음에도 막상 묏자리를 조성하는 작업이 시작되자, 강진에 사는 윤홍호·윤효원 부자가 같은 계파 족인들을 이끌고 산에 올라와 막아섰다.

족인들의 저항에 부딪치자 윤굉 측은 윤홍호 측에 간절히 애걸했고, 문중에서도 적극적으로 중재에 나섰다. 다행히 갈등은 원만히 조정되어 1782년(정조 6) 5월 100여 명의 종인들이 지켜보는 가운데 무사히 장례를 마칠 수 있었다.

그러나 양측의 합의는 오래가지 못하였다. 장례를 치른 지 수개월이 지난 그해 가을에 다시 분쟁이 재발하여 소송으로 확대되었다. 9월 10일 윤홍호 측에서 같은 계파 종인인 윤덕찬을 내세워 강진현에 소장을 제출하여 묘를 파내줄 것을 요구했던 것이다.

강진현감의 판결

소송은 1차적으로 분산이 소재한 산재관^{山在官} 강진현에서 진행되었다. 쟁점은 역시 역장 문제에 집중되었다. 피고 윤굉 측도 역장의 혐의를 스스로 인정했다. 다만 역장을 어떻게 인식하는가의 문제에서 원고와 피고의 의견이 엇갈렸다.

원고 측은 '위로 계체^{階砌}에 미치고 아래는 용미^{龍尾}를 누른다'고 주장했다. 계체는 무덤 앞에 평평하게 만들어 놓은 장대석을 말하고, 용미는 무덤 뒤쪽에 용의 꼬리처럼 길쭉하게 튀어나온 부분을 가리킨다. 이장한 윤두서 부부 묘가 위쪽 무덤 앞의 장대석과 아래쪽 무덤 뒤의 용 꼬리 사이에 위치하였음을 알 수 있다. 따라서 아래쪽 무덤에서 볼 때는 역장에 해당한다. 이에 원고 측에서는 역장을 결코 허용할 수 없다고 주장했다. 여기에는 역장을 금기시하는 풍수적 지리관과 당시의 사회적 관습, 그리고 자손의 도리가 명분으로 작용했을 것이다. 반면 피고 측은 역장의 선례가 있다는 점을 강조했다. 실제로 덕정동 선산에는 11대조 윤사보의 묘 위에 10대 조모 윤경 처의 묘가 있고, 또 그 위에는 9대 방계 조부 윤효례의 분묘가 있음을 예로 들었다.

원고 측과 피고 측의 주장이 첨예하게 대립하는 가운데, 강진현감은 덕정동 선산의 상황과 이장처의 위치를 파악하기 위해 직접 현장을 답사하고 산도^{山圖}를 그렸다. 산송이 발생하면 먼저 분산의 혈맥 흐름과 분묘 위치를 표시하는 산도를 그리는 점이 다른 소송과 다르다. 분묘와 관련된 소송이기 때문에 산의 형국과 분쟁 묘 사이의 관계를 파악하기 위해서는 필수적인 절차였다. 산도에는 산의 혈맥, 각 분묘의 위치와 거리를 기록한 뒤 원고 및 피고의 확인 서명을 받고, 뒷면에는 산도에 근거한 판결 내용을 기록했다. 이 소송에서도 강진현감이 직접 현장을 답사하고 형리^{刑吏}에게 산도를 그리게 했지만, 아쉽게도 오늘날 이 산도는 전하지 않는다.

강진현감이 1782년 12월 9일 관찰사에게 제출한 첩정^{牒呈}에 따르면, 이장처는 윤사보 처의 묘에서 30보 정도 위쪽에 위치한 지점이었다. 또한 윤사보 묘에서 시작된 덕정동 선산은 이장처 외에도 윤굉의 9대 조모, 즉 윤효정 처의 묘가 10대 조모인 윤경 처의 묘를 압장^{壓葬}하고, 윤경 처의 묘는 윤사보 처의 묘를 압장하고 있었다. 자식이 어미 묘를 누르고 며느리가 시어머니 묘를 누르는 형상인지라, 이미 역장이 문중 법도를 형성하고 있는 상황이었다.

현장 답사 결과 강진에서 소송은 윤굉 측에 유리하게 전개되었다. 강진현감은 윤굉이 다툼이 생길 만한 곳에 묘를 쓴 것이 결코 잘한 일은 아니지만, 그 묘가 혈맥을 누르지도 않고 또한 앉거나 서거나 모두 보이지 않는 위치라고 판단했다. 원고 측이 주장하는 '도장'이라는 것도 이미 윤씨 문중의 가법^{家法}이 된 듯하니 금지할 근거가 없다는 입장이었다. 게다가 장례를 치를 당시에는 금장하지 못하다가 5개월이나 지난 뒤 소송을 제기한 일도 이치에 합당하지 않다고 보았다.

이런 점들을 근거로 강진현감은 윤씨 문중의 대표자 윤도서에게 허장^{許葬} 다짐을 받고 원고 윤덕찬에게도 낙송^{落訟} 진술을 받은 뒤 윤굉에게 승소 판결을 내렸다. 당시 문장^{門長:문중의 대표자}과 원고의 진술을 기록한 문서가 오늘날까지 윤씨 후손가에 전하고 있는데, 그 내용을 풀이하면 다음과 같다.

문장의 다짐

임인년(1782) 9월 16일 원고 윤덕찬과 피고 윤굉 등의 문장 윤도서, 82세.

〈그림 3〉 1782년(정조 6) 윤도서와 윤덕찬의 초사
해남 윤씨가의 문장(門長)인 윤도서와 원고 윤덕찬이 강진현감에게 구두로 진술한 내용을 기록한 초사(招辭)이다. 윤도서는 윤두서 부부 묘의 덕정동 선산 입장(入葬)을 허락했다고 인정하고, 윤덕찬은 패소를 인정한다는 내용이다.

아룁니다. 우리 문중 사람 굉이 조부의 묘산을 이장하기 위하여 천리 먼 곳에서 운구하여 우리 선산의 한쪽 아래에 장사지내고자 하였는데, 그곳은 바로 조상 묘의 도장처(倒葬處)였습니다. 문중의 여러 족인들이 이 장례 소식을 듣고 모두들 산에 모여 여러 날 동안 금장하자 굉이 울며 애걸하였습니다. 문중 의견은 다 같은 자손으로서 누구는 된다 하고 누구는 안 된다고 하였습니다. 저는 연로한 문장으로서 산 아래 사는데 선대에 도장(倒葬)한 일이 없었다면 굉의 이번 일은 과연 망녕된 일이겠지만, 선대부터 이미 한 산록에 도장이 있으므로 저 또한 허락하였습니다. 그런데 5개월이 지난 지금에 와서 문중 사람들이 선대의 유훈을 생각지 않고, 또한 문장이 허락한 것도 고려하지 않고서는 장례를 치를 때 왈가왈부했던 족인들을 다시 모아 쟁단을 야기하여 관에 소송하는 지경에 이르렀습니다. 양반이라 이름하는 이로서 실로 얼굴을 들 수 없습니다. 지금까지의 사실은 이에 불과합니다. 관가의 처결만을 기다리오니 이 다짐을 잘 살펴서 처리하실 일.

원고의 진술

같은 날 소장 대표자 해남 화산에 사는 윤덕찬, 65세.

253

아룁니다. 같은 종인宗人 굉이 조부를 매장한 곳은 곧 우리 선산의 도장
위치의 한쪽 아래입니다. 굉이 장례 지낼 때 저는 논의에 참여하지 못했는
데, 사촌 아우 덕엽이 저를 찾아왔습니다. 도장에 관해 논하건대 여러 대 선
조의 도장은 결코 통상적인 일이 아니며, 의리로 논하건대 설령 선조의 유
훈이 있다 해도 선대의 차례를 빙자하여 조상 묘 뒤쪽에 장례를 치르는 것
은 지극히 부당한 일입니다. 그러나 여러 족인들 중 누구는 된다 하고 누구
는 안 된다 하고 문장은 이미 허락하였습니다. 당시에 금장하지 못한 일을
감히 쟁단을 일으켜 관에 소송하는 지경까지 이르렀습니다. 5개월 뒤에 소
송을 제기한 일은 과연 시기를 놓쳤다고 할 수 있으므로 이처럼 진술하오니
상고하여 처리하실 일.

사굴한 죄인은 유배형

강진의 1차 소송은 원고 윤덕찬이 낙송 다짐을 함으로써 윤굉 측의 승
소로 마무리되었다. 그러나 윤홍호 측이 강진현감의 판결에 승복하지 않
고 상급 기관인 전라도 관찰사에게 의송議送을 제출하면서 소송은 2단계로
접어들며 확대되었다.

관찰사는 의송을 접수하면 해당 군현 수령에게 조사하여 보고할 것을
명하는 처분을 내린다. 소장을 낸 사람, 즉 정소자로訴者가 관찰사의 처분이
기록된 의송을 첨부하여 다시 군현 수령에게 소지所志를 제출하면 재조사
및 재심리에 들어가게 된다. 윤홍호의 의송도 이러한 절차에 따라 진행되
어 전라도 관찰사가 강진현감에게 조사 보고하라는 처분을 내렸다. 그러
나 1차 소송에서 윤굉에게 승소 판결을 내렸던 강진현감이 그 판결을 번

복하고 다시 윤홍호 측에 유리한 판결을 내리지는 않았을 듯하다. 오히려 1차 소송 결과를 바탕으로 윤굉 측에 유리한 내용을 관찰사에게 보고했을 것이다. 의송 접수 이후에 윤홍호 측의 행적에서 이런 사실을 짐작할 수 있다.

1782년 11월 19일 밤 윤홍호 측은 불법으로 윤두서 부부 묘를 파내는 사굴私掘을 감행했다. 관찰사에게 의송을 올려 호소해봐도 소송이 불리하게 전개되고 이장묘를 파낼 가망도 보이지 않자, 스스로 묘를 파내는 극단적인 선택을 한 것이다. 조선 사회에서는 분묘를 살아 있는 사람처럼 취급했으므로 투장묘偸葬墓 : 남의 산이나 묏자리에 몰래 자기 집안의 묘를 쓰는 일라 하더라도 그 묘를 돌보는 후손 외에는 손댈 수 없었다. 설령 승소했다고 해도 승소한 사람이 패소한 측의 묘를 파내는 것이 아니라 패소자 스스로 묘를 파내기를 기다려야 했다.

만약 다른 사람이 묘를 훼손하면 『대명률』의 규정에 따라 처벌했다. 봉분을 훼손하는 데 머물고 관곽까지 미치지 않았다면 장杖 100대, 도徒 3년의 도형徒刑에 처했다. 봉분을 훼손하여 관곽이 드러난 경우에는 장 100대, 유 3,000리의 유배형을 적용했다. 조선시대 형벌은 태笞─장杖─도徒─유流─사死의 오형五刑 체제를 근본으로 하였는데, 이 가운데 도형과 유배형은 죄인을 근거지에서 퇴출시켜 특정 지역으로 보낸 뒤 강제로 살게 하는 자유구속형이다. 사형 다음의 엄한 형벌이었다. 도형은 배소配所에서 2~3년의 정해진 기간 동안 노역을 시켰고, 유형은 노역이 없는 대신 평생 배소에서 살다 죽어야 하는 종신형이었다. 따라서 다른 사람의 묘를 사굴할 때는 유배 길에 오를 각오가 되어 있어야 했다.

사굴에 이렇듯 엄한 형벌이 적용되었음에도 금장자禁葬者의 입장에서는 투장자가 버티면서 묘를 파내지 않을 경우, 조상에게 죄를 지을 수 없다는 명분을 내세워 사굴을 감행하는 경우가 종종 발생했다. 사굴은 금장자가 취할 수 있는 가장 확실하고 강력한 대응이었다. 윤홍호 측도 소송이 시작된 지 2개월 만에 결국 사굴을 시도하여 윤두서 부부의 묘를 범하기에 이르렀다.

윤굉은 조부모의 세 분묘가 파헤쳐지는 변고를 당하자 즉시 강진현감에게 등장等狀을 제출하여 사굴자에 대한 엄중한 처벌을 요구했다. 여기에 문중 사람 32인이 연명으로 참여했다. 강진현감은 유향소留鄕所를 통해 현장 상황에 대한 조사를 실시하였는데, 그때 당시 유향소에서 제출한 조사 보고서가 현재까지 전하고 있다.

보고서의 내용을 보면 묘의 파손 정도를 상세히 알 수 있다. 사굴 현장은 처참했다. 땅을 파낸 크기는 길이 4보 반, 넓이 5보, 깊이 4척 5촌이었다. 1보는 6주척周尺이고 1주척은 오늘날 23.1cm에 해당한다. 이를 토대로 미터법으로 환산해보면 길이 624cm, 넓이 693cm, 깊이 104cm에 달하는 규모이다. 그뿐만 아니라 분묘의 내계內階에 묻어둔 묘지석도 남김없이 모두 파손되었다. 봉분 속 윤두서 부부의 세 관도 모두 노출되고 손상을 입었다.

윤굉 조부 증 참판 진사

외관	횡대 하변은 도끼로 부서졌고 상변은 그대로 있음.	
내관	위편 방판方板에 도끼 흔적 1곳	길이 1촌寸, 넓이 3분分
	천판天板 왼편 위에 박탈剝脫 1곳	길이 3촌 5분, 넓이 3분
	좌변판左邊板에 박탈 1곳	길이 1촌, 넓이 4분
	좌변판 아래편 방망이로 뚫은 상처	길이 1촌, 넓이 2분
	우변右邊 지판地板에 박삭剝削 1곳	길이 8촌, 넓이 1촌 2분

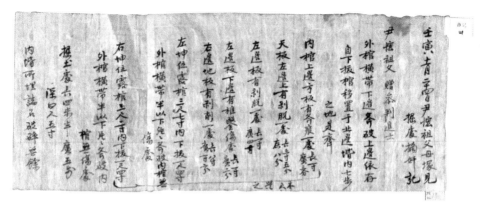

〈그림 4〉 1782년(정조 6) 윤굉 조부모총 견굴처 적간기(摘奸記)
강진 지역의 유향소에서 사굴 현장을 조사하고 강진현감에게 제출한 보고서이다. 윤두서 부부 묘의 훼손 상황을 상세히 기록해 놓았는데, 세 묘지석이 모두 부서졌을 뿐 아니라 세 관이 모두 노출되고 훼손되었음을 확인할 수 있다.

> 왼쪽에 있는 처의 관은 3척 7촌 중에서 하판下板 1척 4촌 노출.
>> 외관 횡대는 반 이하가 조각조각 도끼로 부서졌고, 내관은 상한 곳
>> 이 없음.
> 오른쪽에 있는 처의 관은 3척 2촌 중에서 하판 1척 4촌 노출.
>> 외관 횡대는 반 이하가 조각조각 도끼로 부서졌고, 내관은 상한 곳
>> 이 없음.

윤두서의 관은 외관外棺이 파손되고 내관內棺의 일부까지 손상된 상태였고, 두 부인의 관은 모두 외관의 횡대 아래 절반이 도끼로 조각조각 부서졌으나 내관은 다행히 손상을 면한 상황이었다.

사굴을 주도한 장본인은 윤흥호 부자였다. 그러나 정작 사굴했다고 관에 자수한 이는 윤흥호의 서얼 족인 윤재홍이었다. 금장자가 사굴을 감행

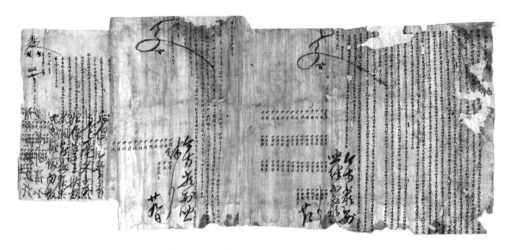

〈그림 5〉 1782년 11~12월 윤굉 등이 강진현 및 전라도 관찰사에게 올린 소지 3건
윤굉 측에서 사굴을 주도한 윤홍호 부자를 엄히 처벌할 것을 요구한 청원서로, 3건이 점련된 형태이다. 왼쪽에 있는
문서가 시간적으로 가장 앞서는데, 1782년 11월 강진현감에게 제출한 등장(等狀)이다. 가운데 문서는 12월 28일 전
라도 관찰사에게 제출한 의송(議送), 오른쪽 문서는 12월 29일 전라도 관찰사에게 재차 제출한 의송이다.

한 뒤 스스로 관에 나아가 자수하는 것은 자신의 정당성을 확보하기 위한
행위였다. 사굴이 사적인 이해에 따라 결행된 일이 아니라 자손의 도리상
불가피했음을 강조하고, 명분을 세우려는 의도였다. 따라서 자수자가 문중
을 대표하여 처벌을 받고 유배 길에 오르면 나머지 족인이 협력하여 유배
살이를 지원하고 구원 활동을 벌이는 등 문중 차원의 대응이 뒤따르기 마
련이었다. 윤홍호도 족인을 내세워 자수시키고 그의 뒷바라지를 약속했다.

이런 상황을 잘 알고 있던 윤굉 측은, 자수한 윤재홍은 소송과 무관하
고 윤홍호가 돈으로 매수한 것이라고 주장하며 사굴을 실제로 주도한 윤
홍호 부자의 처벌을 요구했다. 그러나 강진현에서 적극적으로 대처하지
않자, 윤굉은 상급 기관인 전라도 관찰사에게 의송을 올려 윤홍호 부자의
처벌을 호소했다. 결국 강진현감은 관찰사의 명을 받고 사굴 사건을 다시

〈그림 6〉 해남 백포리의 윤두서 고택과 분묘
원래 윤선도가 큰아들 인미를 분가시키기 위해 지은 집인데, 증손인 윤두서가 직접 살았던 곳으로 더 많이 알려져 있다. 사굴당한 윤두서 부부의 분묘는 전라남도 해남 백련동과 영암을 거쳐 1828년(순조 28) 해남군 현산면 백포리에 이장되어 오늘에 이르고 있다. 해남 윤씨 중앙 종친회 소장.

조사하여 12월 9일 관찰사에게 첩정을 올렸다. 이 첩정에서 강진현감은 윤재홍이 주범이 아니고 윤홍호가 우두머리가 되어 지휘한 일임을 밝히며 두 사람을 모두 옥에 가두었다고 보고했다.

윤홍호와 윤재홍이 모두 투옥된 뒤에도 윤굉 측의 정소呈訴 활동은 멈추지 않았다. 12월 28일 윤굉 등 47인이 연명으로 전라도 관찰사에게 의송을 제출하여 윤홍호 부자의 처벌을 요구했고, 다음 날인 29일에도 또다시 관찰사에게 의송을 제출하여 윤홍호 부자를 주모자로 엄한 형벌에 처할 것을 재차 호소했다.

사굴을 주도한 윤홍호와 윤재홍은 어떤 처벌을 받았을까? 이와 관련하여 전라도 관찰사가 강진현감에게 보낸 공문의 일부가 전사본으로 전하고 있다. 이 문서에 따르면 사굴자로 자수한 윤재홍은 유배형에 처하여 장

100을 가한 뒤 강원도 ○천현으로 정배定配했고, 윤홍호는 도형에 처하여 장 100을 가한 뒤 충청도 충주목에 3년 동안 도배徒配시켰다.

사굴자들의 처벌에도 불구하고 정작 사굴당한 윤두서와 두 부인의 분묘는 끝내 덕정동 선산으로 돌아가지 못했다. 사굴까지 감행하며 강력하게 저항한 윤홍호 측의 금장이 결국 관철되었음을 알 수 있다. 윤두서 부부 묘는 이듬해 봄 해남 백련동의 윤효정 묘 아래로 천장되었다가, 묏자리가 좋지 않다는 지관地官의 주장에 따라 그 다음 해에 다시 영암으로 천장되었다. 그러나 그곳 또한 풍수적으로 좋지 않다고 하여 1828년(순조 28) 해남 현산면 백포리 언덕으로 이장하여 현재에 이른다.

산송의 출현과 역사적 배경

윤씨가의 소송처럼 분묘와 관련된 산송은 노비 소송, 전답 소송과 함께 조선시대를 대표하는 3대 소송이었다. 시기적으로는 16~17세기를 전후로 등장하여 18~19세기에 이르면 사회 전반에 광범위하게 확산되면서 성행했다. 조상의 분묘를 수호하는 양반 사대부가라면 산송을 겪지 않은 집안이 없을 정도로 조선 후기 사회를 휩쓸었다.

산송의 출현은 종법 질서 및 유교 의례의 보급과 밀접하게 관련되어 있다. 고려 사회에서는 남귀여가혼男歸女家婚, 즉 남자가 신부가 될 여자 집으로 가서 혼례를 치른 뒤 그대로 처가에서 사는 혼인 방식이 널리 행해졌기 때문에, 남성이 처가 쪽에 거주하다가 사망하면 처가 쪽 묘역에 묻히기 마련이었다. 예를 들어 할아버지가 과천에 장가들고 아버지가 일산에 장가들고 그 아들이 춘천에 장가들었다고 한다면, 3대의 분묘는 각각 과

천, 일산, 춘천에 위치하게 되는 것이다. 이는 부계 친족의 입장에서 볼 때 조상들의 분묘가 여기저기 흩어지는 결과를 의미한다. 이러한 상황에서는 현실적으로 부계 조상의 분묘를 대대로 수호하고 보살피기가 쉽지 않다. 먼 조상의 분묘는 몇 세대 지나지 않아 이름 모를 고총古塚이 되고 세월과 함께 잊히고 알 수 없게 되어버리는 것이 자연스러운 현상이었다. 여기에는 불교 사회의 윤회輪廻 의식과 화장火葬 문화도 영향을 미쳤다.

그런데 유교 이념을 내세운 조선이 건국되면서 상황이 달라지게 되었다. 16세기 이래 성리학에 근거한 종법 질서가 본격화하면서 부계 의식이 강화되고, 부계 조상의 분묘들을 한곳에 집중시켜가면서 종산宗山, 즉 선산이 형성되기 시작했다. 이와 함께 유교식 상·장례가 보급되면서 불교식 화장 문화도 유교식 매장 문화로 전환되었다. 이는 분묘 및 분묘 수호에 대한 사회적 관심의 확대로 이어졌다. 사람들은 조상의 분묘, 특히 부계 조상의 분묘를 수호하는 일에 적극적이었다. 조상의 분묘를 단장하고 묘역을 조성하는 일이나 옛적에 잃어버린 먼 조상의 분묘를 찾기 위한 노력이 활발하게 펼쳐졌다.

특히 16세기 이후 『주자가례』의 보급이 본격화되면서 사대부들 사이에서는 묏자리 선정에 대한 관심이 높아졌다. 『주자가례』는 조상의 안거安居를 위한 효자의 도리에서 묏자리의 중요성을 강조했다. 조상과 자손은 같은 기운으로 연결되어 있기 때문에, 지하에서 조상이 편안하면 결과적으로 자손도 편안하고 번성한다는 논리였다. 유교의 효 관념이 풍수설과 결합하여 분묘의 화복론禍福論을 인정한 것이었다. 조선 사회에 묏자리 열풍이 일어나게 되는 순간이었다.

사대부들은 명당 자리에 집착했다. 지관을 동원해 수개월씩 길지를 찾아 헤매느라 정작 장례는 치르지도 못하는 일이 속출했다. 심지어 이미 장례가 끝난 분묘라도 불길하다는 말을 들으면 다시 길지를 찾아 옮기고, 일이 뜻대로 풀리지 않아도 묏자리를 탓하며 천장하곤 했다. 그 과정에서 다른 사람의 분산을 침범하는 일도 마다하지 않았다. 길지에 대한 열망은 필연적으로 투장의 폐단을 야기했고, 이는 곧 소송으로 이어졌다. 투장을 규제하려는 국가의 노력에도 불구하고 투장은 갈수록 성행했고, 투장자와 금장자는 치열하게 대립했다.

묏자리 열풍과 함께 분산의 규모 확대도 산송의 주요 원인이었다. 조선은 이미 국초부터 분묘의 규모와 경계를 법제적으로 규정하고 있었다. 『경국대전』에 따르면, 문무 관료 1품관의 분묘는 사면 각 90보(125m), 2품은 80보(111m), 3품은 70보(97m), 4품은 60보(83m), 5품은 50보(69m), 6품 이하는 40보(55m)였다. 관직이 없는 일반 사족들도 6품과 동일하게 40보를 분산으로 인정받았다.

그러나 『경국대전』의 규정은 16~17세기에 『주자가례』가 보급되고 성리학적 의례가 정착되면서 점차 퇴색했다. 사대부들은 분묘의 풍수를 철저하게 따졌기 때문에 『경국대전』의 규정은 지세의 흐름을 고려하지 않은 산술적인 거리로 인식하고 외면했다. 그들은 풍수상의 지세에 따라 좌청룡 우백호의 영역을 수호했다. 여기에는 묘혈을 좌우로 둘러싸는 산줄기 안의 모든 영역이 포함되었다. 관직의 고하나 유무에 관계없이 사대부라면 누구나 좌청룡 우백호를 원했고, 자연스럽게 분산의 규모도 확대되어갔다. 국가에서도 이런 사회적 요구와 현실을 외면할 수 없었다. 1676년(숙종 2)에 이르면 결국 용호龍虎 수호를 법적으로 공인하고, 영조 대에는 『속대전』에 정식 법 조항으로 수록했다.

그러나 용호 수호의 공인은 오히려 산송이 폭발적으로 증가하는 계기가 되었다. 분산 규모의 확대는 그만큼 분쟁의 여지가 늘어났음을 의미했다. 이전에는 분쟁이 일어날 수 없을 정도로 멀리 떨어진 지역도 이제는 용호 안에 들어와 금장의 대상이 되었다. 그뿐만 아니라 용호 수호를 공인하면서도 『경국대전』의 규정은 폐지하지 않았기 때문에, 숙종 대 이후로는 사실상 서로 상충하는 두 법이 동시에 적용되는 결과를 가져왔다. 용호 수호를 공인한 숙종 대 이후 산송이 성행한 것은 우연한 현상이 아니었다.

　이렇듯 조선 후기 산송의 열풍에는 종법 질서와 유교 의례의 보급에 따른 분묘에 대한 사회적 관심의 확대, 묏자리 열풍, 용호 수호의 확립과 분묘제의 변화 등이 주요 요인으로 작용했다. 윤씨가의 산송 또한 이런 사회적 흐름 속에서 발생한 하나의 역사적 현상이었다.

제4부

국가·공동체와 소송

인간 세상에서 과연 소송 없는 사회를 실현할 수 있을까. 현생 인류의 조상을 호모사피엔스라고 하듯이 인간이란 존재는 집단·사회 속에서 다른 사람들과 접촉하며 살아야 하는 운명이다. 그런데 두 사람만이 모여도 서로 다르고 의견 대립이 심각하게 일어나는 것을 보면 대립과 갈등, 분쟁과 소송은 어쩌 보면 인간과 사회 본연의 특성이며 인류의 역사와 흐름을 같이하는 자연스러운 현상일 것이다. 분쟁과 소송은 자신의 권리를 주장하는 적극적인 사회 현상이자 역동적 역사의 현장인 것이다.

유교 문화의 역사적 경험이 지금 세기를 살아가는 현대인의 가치관과 사고틀에 흔적을 남긴 것인가. 인식의 전환이 요구되는 순간이다. 분쟁과 소송은 개인과 개인, 개인과 집단, 집단과 집단 간의 이해가 충돌했을 때 이를 조정하고 해결하기 위한 과정이다. 집단과 사회 내의 수많은 다양한 관계들 속에서 발생하는 대립과 갈등을 조정하는 적극적인 사회 현상이자 역동적 역사의 현장이다.

1장

향전 — 향촌의 주도권 장악을 위한 분쟁

병호시비(屛虎是非)는 여강서원에서 배향하는 퇴계의 위패 왼쪽에 누구의 위패를 놓느냐의 문제로부터 비롯되었다. 그러나 이 문제는 단순히 위패의 위치 때문에 벌어진 일은 아니었다. 종법을 절대시하는 성리학에서 위패의 서열은 곧 현실의 서열이 된다.

노론 정권하 지방 사림의 처지

예부터 불구경, 물 구경, 싸움 구경을 3대 구경거리라고 하는데, 그중에서도 싸움 구경은 사람들이 가장 좋아하는 구경으로 꼽힌다. 싸움이 흥미로운 볼거리라고 하는 데는 치열한 다툼 가운데서 생겨나는 팽팽한 긴장감에 있을 것이다. 말로 시비를 가리는 싸움이든 힘으로 치고받는 싸움이든, 싸우는 당사자들은 자신의 모든 것을 걸고 싸움에 임한다. 그래서 싸움에는 당사자들의 적나라한 모습이 나타나게 마련이다.

18세기에 향촌의 주도권을 둘러싼 지방 사림의 다툼 역시 그 어느 싸움 못지않게 치열했다. 우리는 바로 이 갈등과 분쟁을 통해 그들의 삶의 양상과 시대의 모습을 들여다볼 수 있다. 그런데 이 시기에 지방 사림은 왜 권력의 핵심인 중앙 정계를 놔두고 향촌에 몰두했을까? 물론 그들이라고 지방에 안주하려 했던 것만은 아니다. 지방 사림 역시 과거를 통해 중앙 정계에 진출하려는 시도를 지속해왔다. 그러나 18세기에 노론 중심의 전제 정권이 들어서면서 지방 사림의 중앙 정계 진출은 사실상 막힌 거나 진배없었다. 당시 노론이 척신戚臣, 즉 임금과 인척 관계에 있는 신하들과 결탁하여 벌족閥族을 형성하고 은밀히 권력을 나눠 가짐으로써 지방 사림에게는 좀처럼 중앙 정계에 진출할 기회가 주어지지 않았다.

그렇다고 이 시기에 지방 사림이 정치 세력으로 존재하지 못했던 것은 아니다. 조선 중기 이후 정권을 담당한 사림의 정치 형태는 공론公論 정치로, 일종의 여론 정치였다. 이때의 공론이란 모든 백성의 여론이 아니라 정치에 참여할 수 있는 사림의 여론이었다. 따라서 지방 사림은 아래로부터 여론을 형성하고 이끌어가는 세력으로 정치에 참여할 수 있었다.

이러한 의미에서 향촌은 중앙과는 또 다른 정치의 장場으로서 사림에게 중요했다. 18세기 이후 중앙 정계에서 멀어져 있던 이들은 향촌 사회에서 종전에 누리던 기득권과 정치적 입지를 강화하기 위해 노력했다. 그 과정에서 지방 사림들 간에 향촌의 주도권 문제를 놓고 갈등이 빈발하였다. 지방 사림의 향촌 내 주도권 장악을 위한 활동은 대부분 조상에 대한 증직贈職 : 죽은 뒤에 품계와 벼슬을 추증하던 일, 증시贈諡 : 임금이 죽은 신하에게 시호(諡號)를 내려 주던 일, 그리고 서원과 사우祠宇의 건립 등 조상을 매개로 자기 가문의 위상을 높여 나가고자 하는 것들인데, 이는 사림의 이념인 성리학이 혈연에 기초한 종법 질서의 사상이기 때문이었다.

이 글에서는 영남 지역을 중심으로 18세기 이후 지역 내 향론 분열로 가장 심각한 갈등을 유발했던 당파 간의 분열, 위차位次 시비, 사우師友 연원 시비 등에 대해서 살펴보고자 한다. 영남의 남인들은 갑술환국甲戌換局(1694) 이후 노론 정권으로부터 갖은 탄압을 받은 데다 향촌 사회에서는 중앙 노론의 지원을 받는 신흥 노론과 중인·서얼들로부터 심각한 위협을 받는 등

위아래로 강력한 도전을 받고 있었다. 이러한 분위기 속에서 향권 회복이 더욱 어려워지자 향촌 내 자기 존립을 위한 문제에 관심을 집중하게 되었다. 영남에서 향론의 분열에 따른 재지 사족 간의 주도권 장악을 위한 당파·학파·문중 간의 분쟁이 타 지역에 비해 더욱 격화된 것도 이 같은 사정에 연유하는 바가 크다. 또한 여기에는 영남의 향론을 분열시키고자 했던 노론의 자파 세력 확대책과 영남 남인들의 관심사를 향촌 문제에 묶어 두기 위한 분열·이간책으로 더욱 조장된 측면도 있었다.

향촌 사림의 당파 간 분열

집권 세력은 지방 사림이 중앙 정계에서 멀어져 있다고 해서 그들을 완전히 무시할 수는 없었다. 공론 정치하에서 지방 사림은 여론 형성의 주도 세력으로서 집권 세력과 대립했기 때문이다. 따라서 집권 세력은 자신들의 정권 기반을 안정시키기 위해 지방 사림 속에 자파의 세력을 확대하는 일이 절대적으로 필요했다.

조선 후기에 중앙 권력과 지방 사림 사이의 이러한 정치적 역학 관계는 지방 사림들 간에 분열을 초래했다. 즉 향권을 장악하고 있는 기존 세력에 중앙의 집권 세력과 결탁한 신흥 세력이 도전함으로써 향론鄕論이 갈리고, 이로 인해 둘 사이의 갈등과 대립이 심각하게 나타났다. 이 같은 상황은 정도의 차이는 있지만 전국의 향촌 어디에서나 일어나는 보편적 현상이었다.

당파 간의 갈등이 가장 심각했던 곳은 영남 지역이었다. 영남 지역 사림의 경우 인조반정(1623) 이후 점차 재야 세력으로 밀려나고, 시간이 갈수록 서인 또는 노론 정권에 대한 정치적 차원의 도전이 힘들어졌다. 상황이 이렇게 되자 영남 사림은 정권적 차원의 도전보다는 향촌 사회의 주도권 장악이라는 문제에 더 큰 관심을 갖게 되었다. 그러면서 전통적으로 퇴계 학맥을 중심으로 단합된 힘을 과시했다. 이는 곧 영남 지역이 노론 정권하에 유일한 반대 세력인 남인의 본거지였음을 의미한다. 이 때문에 영남 사림은 노론 정권에게 눈엣가시와 같은 존재였다.

노론 정권은 집권당의 힘을 이용하여 영남 사림의 분열을 획책했다. 영남 사림 가운데 향촌 사회의 주도권 다툼에서 밀려난 사족들을 우대하고 벼슬에 등용하여 자파 세력으로 키워갔던 것이다. 그 결과 18세기 후반쯤에는 영남 지역의 거의 모든 곳에서 신흥 노론 세력이 생겨났다. 노론 정권에 힘입은 이들은 17세기 중반 이후 '우율승무소牛栗陞廡疏 : 서인이 그들의 종사(宗師)인 성혼과 이이를 문묘에 배향하고자 올린 소', '예론소禮論疏 : 현종 연간 복제(服制) 문제를 두고 서인과 남인이 각각 자파의 예론을 주장하며 올린 소', '양송승무소兩宋陞廡疏 : 서인이 송시열·송준길을 문묘에 배향하고자 올린 소' 등과 같이 중앙 정계에서 정치적 쟁점이 있을 때마다 남인 쪽이 올린 반대 유소儒疏에 대항하여 서인 또는 노론의 입장을 대변함으로써 영남 지역의 향론 분열을 주도했다.

18세기 이후 영남 지역에서 벌어진 당파 간의 대표적인 갈등과 대립은 서원의 건립과 연관되어 있다. 서인 또는 노론 정권은 이전부터 영남 지역에서 자신들의 지배력을 확대하기 위해 유향소·향교·서원 등 남인계 재지 사족의 기구에 자파 세력인 신흥 노론의 참여를 적극적으로 지원했다. 신흥 노론은 지방관의 후원 아래 이들 기구 중 먼저 관권의 영향력이 미치는 향청鄕廳과 향교에서 주도권을 장악하고자 노력하였으며, 서원에도 남인들과 함께 공동으로 참여해 나갔다. 영남 내에서 지역별로 차이는 있었지만, 대부분의 지역에서 이들 기구는 남인이 우세한 가운데 남인과 노론이 공존하는 방향으로 운영되었던 것 같다. 그러나 시간이 흐름에 따라 관청의 영향이 미치는 향청과 향교에서 노론이 우세해지면, 남인들은 이 기구들을 기피하고 독자적인 서원 운영을 통한 향촌 활동에 주력하였다. 서원은 관청의 영향력에서 벗어나 사림이 주도적으로 운영할 수 있는 기구였기 때문이다.

신흥 노론이 향촌 사회에서 기존의 남인 세력에 맞서기 위해서는 서원 문제를 해결하지 않으면 안 되었다. 신흥 노론은 먼저 자신들의 문중원사 門中院祠: 18세기 말 이후 문중 인물을 제향자(祭享者)로 해서 설립하고 운영한 서원과 사우나 제향자의 후손이 없는 서원·사우를 통해 향촌 문제에 적극적으로 개입하려 했다. 하지만 서원을 통해 향촌 문제에 참여하는 일은 남인계의 반발에 부딪혀 쉽지 않았다. 이에 그들은 지역 내에 자신들의 존립 기반을 마련하고자 자파 서원의 건립을 모색했다. 이러한 신흥 노론계의 지역 내 이해관계는 영남 남인에 대한 집권 노론 세력의 시책과 맞물려 있었다. 즉 노론 정권은 영남 지역에서 자파 세력을 확대하고 자신들의 유일한 견제 세력인 영남 사림의 분열을 조장하는 데 서원이 중요하다는 점을 인식하고 있었다. 이에 따라 그들은 도道 내 여러 고을에서 노론계 서원을 계속해서 건립해 나갔다. 노론계 서원은 이전까지 퇴계학파라는 학문적·정신적 일체감으로 향론을 모아냈던 영남 남인의 분열을 조장함으로써 그 활동을 약화시키려 했다.

하지만 노론 정권이 신흥 노론을 통해 영남 지역에 자파의 서원을 건립하려는 시도는 남인계 재지 사족의 완강한 반발에 부딪혀 곳곳에서 치열한 분쟁을 불러일으켰다. 이 분쟁은 외면적으로는 영남 사림 내의 갈등처럼 보이지만, 갈등의 한 축인 신흥 노론의 배후에 당시의 정권 담당자들이 있었기 때문에 그 결말은 중앙 정계의 정치 변동에 따라 좌우되었다.

갑술환국 이후 중앙 정계는 노론의 우세하에 노론과 소론이 공존하는 상황이었다. 하지만 영남 남인에 대한 정책을 두고 노론과 소론 간에는 차이가 있었다. 노론은 기존 체제에 도전하는 남인의 행위에 대해 가혹한 제재를 가하는 등 강경한 입장을 견지했다. 이에 반해 소론은 조용론調用論·위무론慰撫論 등을 펴면서 영남 남인에게 우호적이었다. 노론에 비해 정치적 열세에 있는 소론으로서는 자신들에 대한 지지 세력의 확보가 절실했기 때문이다. 따라서 소론은 소론계의 박문수朴文秀·조현명趙顯命 등이 영남 감사로 파견된 것을 기회로 영남에 거주하는 남인 명사를 일일이 탐방하여 교유를 트고 조정에 천거하는 등 서로의 관계를 돈독히 하였다.

영남 남인에 대한 노론과 소론 간의 입장 차이는 노론계 서원의 건립을 둘러싼 분쟁에서 단적으로 드러났다. 경주의 인산영당仁山影堂: 송시열 배향과 안동의 김상헌金尙憲 서원 건립을 둘러싸고 신흥 노론계와 남인계 재지 사족 사이에 일어난 분쟁이 그 대표적인 사례이다.

경주의 인산영당은 1719년(숙종 45) 노론 정권의 적극적인 비호를 받으며 경주 지역의 신흥 노론과 노론계 인사인 경주부윤의 주도로 건립되었다. 그러나 경종의 즉위로 정국이 뒤바뀌자, 1722년(경종 2)에 인산영당은 소론계 인사로 바뀐 경주부윤과 남인계 유생들에 의해 헐려버렸다. 소론이 노론에게 정치적 보복을 가한 것이었다. 이후 영조가 즉위하자 정국은 또다시 급변했고, 이번에는 노론 측에서 인산영당 철거에 관여했던 인사들을 엄형에 처하고 이전의 영당보다 격이 높은 서원으로 승격하여 재건립했다.

1738년(영조 14) 안동에서 김상헌 서원 건립을 놓고 벌어진 갈등은 향촌 사회에서뿐만 아니라 중앙 정계의 노론과 소론 간에도 심각한 분쟁을 불러일으켰다. 노론 정권이 남인의 본거지인 안동에 그들이 내세우는 존명

대의尊明大義의 상징적 인물인 김상헌을 제향하는 서원을 건립하고자 한 데
는 그곳에 자신들의 근거지를 확보함과 동시에, 남인 세력을 억누르려는
의도가 다분히 내포되어 있었다.

그러나 안동은 남인계 재지 사족이 향교와 서원을 통해 향권을 완전히
장악하고 있는 곳이었다. 경상 감사 윤양래尹陽來가 영조에게 "안동의 향권
은 나라에서 빼앗고자 해도 불가능합니다. 소위 서인이라고 하는 무리가
향교에 발도 붙일 수 없을 만큼 서로의 정서가 비틀어져 있습니다. 따로
몸 맡길 곳을 세우고자 해도 남인이 재산을 나누려 하지 않습니다"(『승정원
일기』 875책, 영조 14년 7월 16일)라고 말한 것은 그와 같은 상황을 잘 보여준
다. 상황이 이러하니 김상헌 서원을 건립하려는 시도는 안동 일원의 향권
에 대한 노론계의 탈취 기도로 비치기에 충분했다. 안동 사림이 김상헌 서
원의 건립을 그저 방관만 하지 않을 것은 불을 보듯 명확했다.

안동 지역 노론계 유림들은 노론의 강경파인 유척기兪拓基 경상 감사와
어유룡魚有龍 안동부사 등 관청의 후원 아래 서원 건립을 추진해 나갔다. 남
인은 이러한 서원 건립에 대해 처음부터 거세게 반발했지만, 결국 서원 건
물은 준공되었다. 그러자 남인은 관령官令의 제지에도 아랑곳하지 않고 대
거 몰려가 서원을 허물어뜨렸다. 이 일에는 향청의 수뇌부인 좌수座首와 교
임校任을 비롯하여 안동의 대표적인 명사들이 앞장서서 참가했다. 이는 안
동부 내 노론계의 도전에 쐐기를 박아 그 기세를 꺾고자 하는 의도가 담겨
있었다.

이렇게 되자 노론계 감사와 안동부사는 이 일에 가담한 남인 인사들을
관령에 항거하였다는 죄목으로 체포하고 벌을 내렸다. 그러나 이 조치는
남인계의 분노를 더욱 격화시켰고 수많은 남인 인사가 부府로 몰려가 부사
에게 항의하는 소요로 이어졌다. 결국 이 사태가 조정에까지 알려져, 안동

지역 사림 간의 단순한 다툼은 이제 향전鄕戰을 넘어서 중앙 정계의 문제로 비화했다. 노론과 소론은 자파의 세력을 옹호하기 위해 치열한 공방전을 펼쳤으며, 이로 인해 조정은 몇 달 동안 다른 정사를 볼 수 없을 정도로 시끄러웠다.

노론이 안동에 자파의 서원을 건립하는 데 실패한 것은 바로 그 지역이 영남 남인의 중심지라는 특수성과 중앙 정계의 소론이 반대하고 나섰기 때문이다. 하지만 당시 중앙 정계는 물론이고 지방 관리도 노론이나 노론계가 장악하고 있었으므로 영남 지역에서 노론계 서원을 건립하는 일은 대체로 신흥 노론의 승리로 귀결되는 추세였다. 김상헌 서원이 정조 10년(1786)에 서간사西磵祠로 이름이 바뀌어 다시 건립되고, 여기에 편액扁額, 즉 임금이 직접 그 서원의 이름을 써서 내린 것도 바로 이러한 흐름이 반영된 것이다. 이렇게 건립된 노론계 서원은 그 운영에서도 남인계 서원과는 달리 중앙의 고위 관료를 원장으로 추대하는 등 중앙 권력과 긴밀한 관계 속에서 이루어졌다. 그 덕분에 낡은 원사院祠를 보수한다든가, 사액서원賜額書院 : 임금이 편액을 내리면서 토지와 노비, 서적 등을 하사한 서원으로 지정되는 것도 남인계 서원과 다르게 수월히 이루어졌다.

영남 지역에서 노론계 서원이 건립되기 시작한 것은 노론 정권이 영남 사림 속에 자파 세력을 심어 반대 세력을 분열시키려는 의도가 결정적인 계기였다. 노론의 이러한 의도는 결론적으로 성공했는데, 사실 여기에는 향촌 안에서 분열의 조짐이 싹트고 있었기 때문이기도 하다. 곧 향촌에서 기존의 양반층에 맞설 수 있는 세력이 성장했다는 뜻이다. 그 세력이란, 신분제도가 무너진 조선 후기에 재력을 가지고 양반이 되려 했던 사람들과 서얼을 비롯한 중인 계층이었다. 이들은 그즈음 향촌에서 강력한 세력을 형성해가며 자신들의 문제를 해결하기 위해 노론계에 적극 가담했다.

김상헌 서원의 건립에 일부 비양반층을 포함하여 서얼 등 중인 세력도 가담했는데, 이 역시 같은 이유에 있다. 서로 간의 이해관계가 복잡하게 얽혀 있는 향촌 사회에서 당파 간의 향전은 그 승패에 관계없이 향론에 심각한 분열을 불러왔고, 점차 기존의 향촌 지배 질서를 허물어뜨렸다.

위패의 서열은 곧 현실의 서열

18세기 이후 향촌의 분열을 가속화한 또 다른 요인은 문중과 씨족을 중심으로 한 유림 간의 대립이었다. 이 대립은 주로 서원과 사우에서 배향配享이나 추향追享 문제, 위패의 차례 문제, 선조先祖의 학통과 사우師友의 연원 문제, 그 밖에 문집의 간행이나 그에 따른 사실의 옳고 그름에 대한 시비(문자시비文字是非) 등에서 비롯되었다. 이러한 문제가 시비의 대상이 되었던 까닭은 혈연적 질서인 종법을 단지 관념으로만 파악하지 않고 현실을 구성하는 질서로 삼았기 때문이었다.

향촌 사회에서 학파 또는 문중 간의 시비는 중앙 관료들을 제외한 재지 사족 사이에 숱하게 일어났다. 이 같은 시비는 당시에 전국적으로 전개된 현상이지만, 영남 지역에서 특히 심했다. 그 까닭은 다음과 같은 두 가지 요인이 동시에 작용하고 있었기 때문이다. 그 하나는 18세기 이후 노론과 소론이 정국을 주도하는 구도 아래에서 남인의 정치적 입지가 좁아져 결국 하나의 당파로서 정치적 활동이 크게 위축되었다는 것. 다른 하나는 중인과 서얼로 대표되는 새로운 세력이 성장하여 기존 체제에 강력한 도전을 해왔다는 것이다. 이러한 분위기 속에서 영남 남인들은 자기 방어적 차원으로 향촌의 내부 문제에 관심을 쏟게 되었다. 그 결과 향촌의 주도권을 장악하기 위한 시도는 각종 분쟁의 양상으로 나타났다. 특히 집권 노론이 남인을 분열시키려는 이간책은 분쟁을 더욱 격렬하고 장기적으로 끌고 간 요인으로 작용했다.

영남 지역에서 유림 간에 벌어진 대표적인 시비는 주로 위차位次 : 위패를 놓는 차례와 학문적 연원의 문제로부터 생겨났으며, 이는 단순히 해당 문중에서만 그치지 않고 타 지역의 문중들에까지 확대됨으로써 갈등이 더욱 심화되었다.

위차와 관련된 대표적인 시비로는 안동의 병호시비屛虎是非가 있다. 병호시비는 1620년(광해군 12) 안동에 퇴계를 으뜸으로 배향하는 여강서원廬江書院 : 1676년(숙종 2)에 사액을 받고 '호계서원(虎溪書院)'으로 이름이 바뀜에 서애西厓 유성룡柳成龍과 학봉鶴峰 김성일金誠一의 추가 배향 문제가 대두되면서 벌어졌다. 이때 유성룡과 김성일 중 누구의 신주를 퇴계의 왼편에 모실 것이냐는 문제가 시비의 계기가 된 것이다. 성리학에서는 서열을 매길 때 왼쪽을 우선으로 하는데, 의정부 3정승의 서열이 영의정, 좌의정, 우의정 순으로 되는 것 또한 이 때문이다. 이 시비가 발생한 원인은, 나이로 보면 학봉이 서애보다 네 살 위지만, 관직으로 보면 영의정을 지낸 서애가 경상도 관찰사를 지낸 학봉보다 앞서기에 서열을 따지는 일이 쉽지 않았기 때문이다. 처음 두 사람의 추배追配가 논의될 때는 유성룡의 제자인 정경세鄭經世의 주장에 따라 유성룡이 좌측, 김성일이 우측으로 정해졌다. 이는 관직을 기준으로 신주의 차례를 정한 것으로, 곧 유성룡의 위패가 김성일의 것보다 앞쪽에 모셔졌음을 뜻한다.

이 시비는 이렇게 일단락된 듯했지만, 1805년(순조 5) 서울 문묘에 영남 4현(유성룡, 김성일, 정구鄭逑, 장현광張顯光)의 문묘 종사를 청원하면서 다시 불거졌다. 이 청원서에 네 분의 순서를 어떻게 할 것인가의 문제로 서애와 학봉 양측 학파가 대립했다. 정구와 장현광은 나이 차이도 있고 학문적으로 선후배 사이이므로 문제가 없었으나, 김성일과 유성룡 학파 양측은 서로 자기 쪽이 앞서야 한다고 주장했다. 병파屛派, 즉 유성룡을 배향하는 병산 서원 쪽에서는 관직을 앞세워 서애가 앞서야 한다고 주장했다. 이에 대해 호파虎派, 즉 김성일을 배향하는 호계서원 쪽에서는 학봉이 학문적으로 서애보다 못할 것이 없고, '향촌 사회의 질서는 나이가 우선'이라는 성리학적 향촌 윤리를 내세워 청원서 서술에서 학봉이 먼저여야 한다고 주장했다.

이 청원운동은 집권 노론 세력에 맞서 영남학파의 학문적 정통성을 확보하려는 목적이 컸지만, 영남 남인이 대동단결하더라도 그 성사를 장담할 수 없는 상황이었다. 그럼에도 불구하고 자파의 이익을 앞세워 분열된 의견을 내다 보니, 결국 청원 자체가 무산되었다.

병파와 호파의 갈등은 시간이 지날수록 좁혀지기는커녕 더욱 증폭되었다. 1812년(순조 12) 이상정李象靖을 호계서원에 추향하는 문제를 두고 양 파는 또다시 대립했다. 이상정은 김성일, 이현일李玄逸로 이어지는 호파의 대표적 인물이었다. 그 때문에 병파 유생들의 강력한 반대가 뒤따랐고, 결국 그의 배향은 좌절되었다. 그 후 이상정이 찬술한 『퇴계서절요退溪書節要』에 유운룡·유성룡 형제에 관한 서술에 오류가 있다며 병파에서 시비를 제기하여 양측은 또다시 날카롭게 대립했다. 영남 남인 사이에서 사사건건 시비가 일어나게 된 데는 노론 정권이 영남에 영향력을 강화하기 위한 방편으로 향론의 분열을 조장한 측면이 크게 작용했다.

싸움은 중재자가 있을 때조차 화해하기 어려운데, 오히려 배후에서 부추기는 세력이 있으면 더욱 격화될 수밖에 없다. 1816년(순조 16)에는 병파 측이 호계서원 사당에 있는 서애의 위패가 옮겨졌으니 원위치로 되돌려야 한다는 주장을 제기했다. 이 문제로 병파와 호파 양측은 각각 통문을 돌

〈그림 1〉 병산서원

경상북도 안동시 풍천면 병산리에 위치한 병산서원은 1613년(광해군 5)에 창건되었다. 고려 말기 풍산현에 있던 풍악서당(豊岳書堂)이 그 전신으로, 1572년(선조 5)에 현재의 위치로 옮겨졌다. 유성룡과 그의 셋째 아들 유진(柳袗)을 배향하고 있다. 1863년(철종 14)에 사액을 받았으며, 흥선대원군의 서원철폐령 때 훼철되지 않은 전국 47개 서원 중 하나이다.

려 세를 규합하고, 소지所志와 상서上書를 올리는 등 격심하게 대립했다. 서로 간의 대립이 격해지면서 일을 처리할 때도 냉철한 판단보다 감정이 개입되는 경우가 종종 생겨났다. 서울·경기 지역의 남인을 대표하며 영남의 남인을 후원하고 배려했던 채제공蔡濟恭이 순조 대에 천주교와 연관되어 노론 벽파에 의해 관작을 삭탈당했는데, 이에 대한 억울함을 풀어달라는 상소를 병파가 주도했다는 이유로 호파에서는 그 상소의 연명을 거부했다. 또 1845년(헌종 11)에는 호파인 유치명柳致明이 이상정을 이황―김성일―이현일로 이어지는 퇴계학맥의 적통을 이은 학자라고 『대산선생실기大山先生實記』에다 기술하자, 병파는 그 문집을 간행한 목판 자체를 부숴 없애야 한다는 격한 감정을 드러냈다.

병호시비가 확대되면서 그 여파는 다른 가문에까지 미쳤다. 대부분의 가문은 이 시비에 휘말려들기를 꺼려 했다. 어느 한쪽을 쉽사리 편들어버린다면 반대쪽으로부터 핍박당할 것이 분명했기 때문에, '병屛'도 아니고 '호虎'도 아닌 중립적인 입장을 견지하려 했다. 하지만 당시 영남 사회에서는 '비병비호非屛非虎', 즉 병파와 호파 어느 한쪽에도 속하지 않는 사람은 양반으로 대접할 수 없다 하여 입장을 확실히 밝힐 것을 강요받았다. 특히 김성일과 유성룡이 퇴계의 학통을 양분해왔다는 점에서 이 시비는 경상도 전 사림의 문제로 확대되었고, 그 결과 영남 유림을 양분하는 양상으로 나아갔다.

심지어 이 시비에 휘말려 혈연관계까지 소원해지는 경우도 생겨났다. 조선시대에는 대체로 학연과 혈연이 서로 연계되어 있었지만, 두 가지가 서로 충돌하는 일이 생기면 혈연보다 학연을 더 중요하게 여겼다. 실제로 학봉 김성일의 후손인 김흥락金興洛은 외가인 양동의 여주 이씨가 병파 편을 들었다는 이유로 발을 끊고 살았다. 혼인 또한 이 시비의 영향을 받아,

병파는 병파끼리 호파는 호파끼리 혼인을 맺었다.

병호시비가 극단적으로 치닫자, 양측은 사태의 심각성을 깨닫고 그 해결을 위해 모임을 가졌다. 1871년(고종 8) 대원군의 서원 훼철령으로 호계서원이 철폐되고 10여 년이 지난 1882년(고종 19) 병·호파의 수장인 유도성柳道性과 김흥락은 양 파의 유생들을 모아 향음주례를 열고 서로 멀어진 사이를 메꾸려 했다. 병파에서는 호파의 김흥락을 병산서원 원장으로 추대하는 등 우호적인 분위기도 무르익어갔다. 하지만 병파의 일부가 이를 반대함으로써 양측의 화해는 일시적인 모습으로 끝나고 말았다.

양 파의 화해에 대원군이 직접 나서기도 했다. 대원군은 정권을 잡고 난 뒤 노론을 견제하기 위해 그때까지 정권에서 소외되었던 남인을 등용하여 자기 세력으로 삼으려 했다. 하지만 남인을 정치 세력화 하는 데 병·호 간의 갈등은 큰 걸림돌이 되었다. 이에 대원군은 자신이 등용한 병파의 유후조柳厚祚를 통해 양측의 화해를 시도하는 한편, 안동부사에게도 양측을 중재하도록 지시했다. 당시 대원군은 '그의 말 한마디에 산천초목이 떨었다'고 할 만큼 절대 권력자였기에, 그의 지시와 의지에 따라 양 파는 표면적으로 화해하는 것처럼 보였다. 하지만 절대 권력자의 힘조차도 병파와 호파의 갈등을 근원적으로 해소하기에는 역부족일 만큼 그 갈등의 골은 깊고 넓었다.

병호시비는 여강서원(호계서원)에서 배향하는 퇴계의 위패 왼쪽에 누구의 위패를 놓느냐의 문제로부터 비롯되었다. 그러나 이 문제는 단순히 위패의 위치 때문에 벌어진 일은 아니었다. 종법을 절대시하는 성리학에서 위패의 서열은 곧 현실의 서열이 된다. 따라서 위패의 순서는 퇴계학맥의 정통성을 가늠하는 잣대이자, 나아가 향촌에서 주도권의 향배를 결정하는 일이었다. 병호시비가 약 100년 동안 승자도 패자도 없이 지루하게 이어진 데는 이러한 연유가 있었다. 당시 이 시비에 깊숙이 개입되었던 각 문중에서는 자신들의 정당성을 주장하기 위하여 『여강지廬江誌』, 『여강전말廬江顚末』, 『병호보합전말屛虎保合顚末』 등 다양한 기록을 남겼다.

학문적 연원을 둘러싼 문중 간 갈등

속담에 '싸움은 말리고 흥정은 붙이라'는 말이 있는 것처럼, 싸움은 가능한 하지 않는 것이 좋다. 하지만 힘으로 치고받는 싸움이 아니라 서로의 견해가 달라서 시비를 가리는 싸움이라면 얼마든지 할 수 있고, 또 해야 한다. 싸움을 통해 서로의 생각을 알 수 있을 뿐만 아니라, 그 과정을 거쳐 새로운 발전적인 대안을 찾는 계기를 마련할 수 있기 때문이다. 그러나 싸움의 결과가 발전적인 방향으로 귀결되기 위해서는 먼저 싸움거리가 삶에서 진정 중요한 것인지, 또한 상대의 주장에 귀를 기울일 준비가 되어 있는지를 따져보아야 한다. 이 점을 염두에 둘 때 19세기 향촌 사회에서 선조先祖의 학통이나 사우師友 연원을 두고 벌인 문중 간의 시비는 많은 것을 생각하게 한다.

선조의 사우 연원을 두고 문중 간에 벌어진 시비 가운데 대표적인 것으로는 경주 양좌동의 손이시비孫李是非가 있다. 양동마을은 안동의 하회마을과 함께 우리나라의 대표적인 동성 촌락으로, 중국 당나라 때의 주진촌朱陳村처럼 월성 손씨와 여주 이씨 양 가문이 조선 중기부터 500여 년 동안 오순도순 살아오고 있는 마을이다.

두 가문 중 손씨가 먼저 양동에 자리 잡았는데, 손소孫昭가 처가를 따라 이 마을에 처음 살게 된 것이 손씨 가문이 정착한 계기였다. 손소뿐 아니라 그 아들들도 당대에 공신과 고관의 반열에 든 덕에 손씨의 후손은 경상도 지방을 대표하는 일약 명문으로 성장했다.

이씨 또한 처가를 따라 양동으로 이주해왔는데, 그 처가가 손씨였다. 이씨 문중 역시 탁월한 한 인물을 배출했는데, 그가 바로 회재晦齋 이언적李彦迪이다. 그는 손소의 외손으로 탁월한 학문적 업적을 이루어 동방오현東方五賢: 성리학의 대가인 다섯 사람, 즉 김굉필, 정여창, 조광조, 이언적, 이황 가운데 한 사람으로 추앙을 받았으며, 세상을 떠난 뒤에는 종묘와 문묘에 동시에 배향되었다. 여주 이씨는 이언적의 출세를 바탕으로 가문의 위세가 급격히 높아지면서 17세기 이후 영남의 대표적인 명문으로 자리 잡았다.

양동에 거주하게 된 손씨와 이씨 두 가문은 외조와 외손 사이로 서로 의지하고 도우며 화목하게 지냈다. 그러나 시간이 지나면서 서로 경쟁하고 반목하는 사이로 변해갔다. 두 가문의 사이가 벌어지게 된 계기는 선조의 사우 연원에 관한 시비 때문이었다. 즉 이언적의 외삼촌인 손중돈孫仲暾이 이언적에게 학문적 영향을 미쳤느냐, 그렇지 않느냐에 관한 시비가 두 가문이 반목하게 된 원인이었다.

손중돈은 손씨 집안을 양동으로 이끌고 온 손소의 아들이다. 그는 성종 대부터 중종 대까지 중앙과 지방의 관직을 두루 거쳤고, 특히 청백리로서 많은 치적을 남겼다. 손중돈의 이러한 관료적 기반은 생질인 이언적으로 이어져 그가 벼슬에 나가고 대학자로 성장하는 데 알게 모르게 큰 힘이 되었다. 그 후 이씨 문중에서 중앙 관계官界에 진출하는 사람이 많아지면서 가문의 위세가 높아졌다. 반면 손씨 문중에서는 손중돈 이후 이씨 가문에 비해 벼슬에 나가는 인물이 많지 않았고, 따라서 자연히 양동을 중심으로 향촌에서 세력을 구축하는 데 주력했다.

두 가문의 차이는 처음에는 크게 문제되지 않았다. 하지만 조선 후기

〈그림 2〉 무첨당
양동마을에 세거하는 여강 이씨 회재 이언적의 종택이다. 15세기 중반 무렵에 건립되었으며, 현재 보물 제411호로 지정되어 있다. 무첨당(無忝堂)은 이 집의 당호인데, 이언적의 맏손자인 이의윤(李宜潤)의 호에서 따왔다. 무첨당 대청의 동쪽 방문 위에는 '좌해금서(左海琴書)' 현판을 비롯하여 여러 편액이 걸려 있다. '좌해금서'는 흥선대원군이 집권 전 이곳을 방문하여 남긴 것이다.

영남 남인이 중앙의 정치적 기반을 잃고 향촌에 기반을 구축하려 할 때부터 갈등이 시작되었다. 이씨 문중에서는 동방오현 중의 한 분으로 추앙받는 선조인 이언적의 학문을 앞세워 향촌의 지배권을 갖고자 했다. 이에 대해 손씨 문중에서는 이언적의 학문이 손중돈으로부터 나왔다는 논리로 향촌의 주도권을 놓치려 하지 않았다.

이런 배경에서 시작된 손이시비가 본격화된 것은 1905년부터이다. 하지만 그 이전인 1773년(영조 49), 손중돈을 배향하는 동강서원 사당을 중건할 때 이상정이 쓴 상량문으로 인해 이미 논란이 있었다. 이 상량문에는 이언적이 손중돈의 학통을 이었다는 내용이 들어 있었다. 이 상량문은 당시 이씨 측의 강력한 항의와 여론의 압박에 굴복하여 당일 본가로 되돌렸다고 한다. 이 문제는 잠복되어 있다가 1845년(헌종 11) 손씨 측에서 『우재실기愚齋實記』를 증보 간행하면서 이상정이 쓴 상량문을 삽입하는 문제로 또 한차례 논란이 일었다. 그러나 이씨 문중에서 거세게 항의하고 도 내 유림을 상대로 그 부당성을 알리며 손씨 측을 압박해 나감으로써 손씨 측의 의도대로 진행되지는 못하였다. 이 같은 결말은 이 시기에 경주 지역이나 경상도 내의 사회적 위상으로 볼 때 이씨가 손씨보다 우위에 있었다는 사실을 반증한다.

이 문제는 1905년 손씨 문중이 손중돈의 『경절공실기景節公實記』를 중간重刊하면서 양 문중 간에 격렬한 시비로 본격화되었다. 1905년 4월 손씨 문중이 이 서책을 새롭게 펴낼 때 여주 이씨 종가인 무첨당無忝堂에 소장되어 있는 『여강세고驪江世稿』에서 이언적이 지었다고 전해지는 손중돈의 가장家狀과 만사輓詞를 삽입하고, 거기에 이언적의 이름을 써넣었다. 나아가 이상정이 쓴 상량문, 즉 이언적이 손중돈의 학맥을 이었다는 구절에 주석을 달아 둘 사이의 학문적 연계가 사실인 것으로 보이게 했다. 또한 이 자

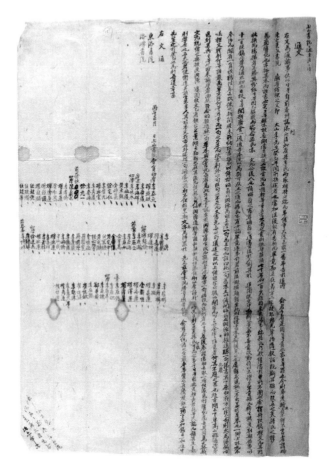

〈그림 3〉 병오(1846) 정월 통문

1846년(헌종 12) 정월에 경주 옥산서원에서 구미 동락서원과 낙봉서원 등에
보낸 통문이다. 『우재실기』를 중간(重刊)하면서 이상정이 지은 동강서원 상
량문의 내용, 곧 회재(晦齋) 이언적이 우재(愚齋) 손중돈의 도맥을 이었다는
구절을 삽입한 것에 대해 강력히 비판했다. 무첨당 소장.

료들을 근거로 퇴계의 후손인 진성 이씨 하계파下溪派의 이만도李晚燾, 이병호李炳鎬, 이만규李晚煃로부터 이언적의 학문이 손중돈에 연원을 두고 있다는 내용의 서문과 발문을 얻어 실었다. 이만도의 발문은 다음과 같다.

경절공景節公『우재선생실기』가 간행된 지도 또한 백 년이 지났는데 근래에 선생의 『정원일기政院日記』 및 회재가 찬술한 선생(손중돈)의 가장家狀을 추가하여 수록하였다. 선생은 회재의 외삼촌이 되니 「가장」은 분명히 문원공文元公이 쓴 …(중략)… 원본이다. …(중략)… 불초한 후학이 『경절공실기』 가운데 기재되어 있는 숙질 간에 (도학을) 이어받았다는 구절을 읽을 때마다 의심하지 않을 수 없었다. 우리 선조 퇴계께서 회재의 행장을 지으면서 말씀하시기를 "이미 외숙 되는 이조판서 손모에게 가서 배웠다 하였으며, 또 비록 명문의 스승에게 배운 일은 없었으나"라고 하였으며, 또 말씀하시기를 "회재 선생은 비록 전수받은 곳은 없으나 스스로 이 학문에 분발하였다"라고 하였다. 그러므로 곧 위에서 말한 (외삼촌에게 가서) 배웠다 함은 비교적 가볍게 언급한 것이고, 아래에서 말한 학업을 배운 바가 없다거나 스승 없이 학문에 분발했다거나 한 말은 비교적 무겁게 언급한 것이다. …(중략)… 가령 이 제문(「가장」)이 원래 회재의 문집 속에 들어 있어 (퇴계 선생이) 행장을 지을 때 함께 감정을 했다면, 그 학문을 전수받았다는 표현의 가볍고 무거운 곳을 퇴계 선생도 어떻게 처리하였을지 알 수 없다.

이 글에는, 퇴계가 회재의 행장을 지으면서 회재가 따로 학문을 배운 일이 없다고 서술했는데 이는 이언적이 썼다고 하는 손중돈의 행장과 만사를 보지 못했기 때문이라는 내용이 들어 있었다. 진성 이씨 하계파가 손씨 문중의 편을 드는 글을 써준 데는 여주 이씨가 병호시비에서 자신들의 편인 호파가 아닌 반대편인 병파를 지지했던 일에 대한 앙갚음의 의도가 깔려 있었다. 손씨 문중은 이런 관계를 알고서 진성 이씨 하계파에게 의도적으로 지원을 요청했을 것이다.

아무튼 이 같은 내용을 담은 『경절공실기』가 배포되자, 예상대로 이씨 문중에서 강력하게 반발했다. 이씨 문중은 양동서당에서 즉각 회의를 갖고 대책을 숙의했다. 그리고 곧바로 인근 향촌의 문중에 회문回文을 돌려 옥산서원에서 이를 성토하는 모임을 가졌다.

이 시비 사태가 확대일로의 기미를 보이자 한편에서는 양 문중을 중재하고 조정해보려고 시도했다. 그러나 이씨 문중은 일체의 중재안을 거부하고 오히려 통문을 내어 손씨 문중을 압박해 나갔다. 이에 더해, 이 문제는 유림 사회의 학문적 연원과 관련된 사안이기 때문에 문중 차원이 아닌 사림 사회 전체에 관련된다는 점을 강조하면서 향촌뿐 아니라 도 내 사림에까지 통문을 돌렸다. 양 문중 간의 시비는 초기부터 곧바로 경상도 전역으로 확산되면서 여론을 자기편으로 끌어들이기 위한 치열한 공방전으로 전개되었다.

이 논쟁에서 손씨 문중은 먼저 퇴계가 쓴 회재의 행장에 의문을 제기했다. 회재의 행장에 퇴계가 자신을 후학이라 썼다고 하지만, 그것은 이씨 문중이 문헌상의 근거도 없이 함부로 쓴 것이라고 주장했다. 따라서 『회재집』은 잘못되었으므로 없애야 한다는 주장까지 나왔다.

이에 대해 이씨 문중은 『경정공실기』의 문제점을 하나하나 지적하며 손씨 문중에 맞섰다. 첫째, 손씨 문중에서 회재의 학문적 연원이 손중돈에게 있다는 증거로 제시한 이상정의 상량문은 그 잘못을 지적받고 바로 되돌렸는데도 손씨 문중은 이를 고쳐 실었다. 둘째, 회재가 직접 지었다고 하는 손중돈의 가장과 만사가 회재의 수본手本이라는 증거가 없음에도 불

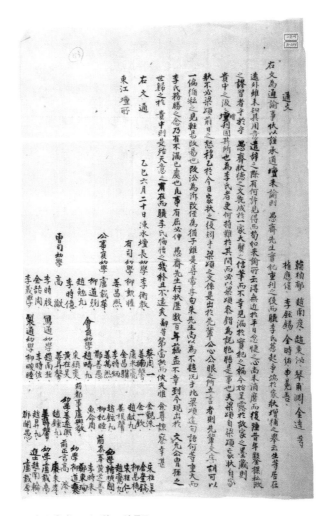

〈그림 4〉 을사(1905) 6월 20일 통문

1905년 6월 20일 의성 속수단소(涑水壇所, 손중돈 배향)에서 경주의 동강단소(東江壇所)로 보낸 통문이다. 회재(晦齋)가 쓴 우재(愚齋) 장문(狀文)의 원본이 여주 이씨 댁에서 나왔으니 『경절공실기』에 그 내용을 삽입하는 것은 당연한데, 이씨 측에서 이 문제를 가지고 쟁단을 야기한다고 비판하는 내용이다. 무첨당 소장.

구하고 그 아래 이언적의 이름을 함부로 써넣은 것은 불경한 짓이다. 셋째, 퇴계가 회재의 후학이라 쓴 사실이 있음에도 이를 부정하는 것은 선현을 모욕하는 것이다. 넷째, 무엇보다 정조 임금이 회재의 제문에 회재가 따로 배운 곳이 없이 바로 성리학을 창시한 중국의 학자들과 연결된다고 했다. 이런 사실을 근거로 이씨 문중은 회재의 학문적 연원이 손중돈이라는 『경정공실기』의 내용은 터무니없다고 주장하였다. 이씨 측 주장이 잘 드러난 낙빈단소洛濱壇所 회중會中의 통문은 다음과 같다.

> 손씨의 거동이 악습에서 유래한 것임을 익히 알고 있으나 뜻하지 않게 오늘 『회재집』을 파판破板하지는 패지悖旨가 나와, 세상의 변화가 이에 극에 이르게 되었다. 슬프다 한 번 기력을 내면 한 번 망녕스러운 짓을 짓는데, 비록 손씨를 지탱해주는 조력자가 없는 듯하나 도산陶山의 세 사람이 실로 표양하였다. 귀원貴院 통문 중의 이만도·이만규·이병호 세 사람이 이들이다. 대개 『경절공실기』 중간重刊은 이 세 사람의 힘을 빌리지 않았다면 이룰 수 없었을 것이다. 『실기』가 만들어지지 않았다면 『회재집』을 파판해야 한다는 학설이 어디 감히 나왔겠는가. …(중략)… 퇴계 선생은 크게 공정한 서술 태도로 「회재선생행장」을 지으면서 말씀하시기를, 전해받은 곳이 없다고 하시면서 특히 끝에 '후학'이라고 서명하여 경모하는 마음을 보이시니 천고의 신빙성 있는 문적이요, 지금에 이르기까지 유가에서 이를 신명神明처럼 받들고 금석金石처럼 믿고 있다. …(중략)… 바라건대 귀원은 극도의 중벌을 내려 유적儒籍에서 영구히 삭출하고 망녕된 죄를 경계하면 심히 다행이겠다.

이씨 문중의 주장이 설득력을 얻으면서 여론은 이씨 문중에 유리하게 돌아갔다. 이씨 문중을 지지하는 도 내의 유림들 또한 『경정공실기』의 간행에 관계된 이들의 이름을 세덕사世德祠에 걸어 놓고 책벌하며, 유림의 명부(儒籍)에서도 그 이름을 영구히 삭제하고, 나아가 『실기』는 사사로이 간행되었기 때문에 모두 환송하고 그 책판을 깨트려 없애야 한다는 등의 내용을 담은 통문을 돌렸다. 이 시비는 도 내 전역을 넘어 서울의 태학을 비롯하여 호서 유생과 호남도회소湖南儒會所까지 번졌다. 이들도 통문을 보내 손씨 문중을 강력히 성토하고 나섰다. 전국적인 여론이 손씨 문중에 불리하게 형성되자, 당초 손씨 문중을 지지했던 일부 유림들조차 이씨 문중으로 전향하는 경우도 생겨났다.

손이시비와 같이 문중 간에 벌어진 시비는 끊이지 않았다. 성주에서는 퇴계 이후 영남의 대표적인 학자인 한강寒岡 정구鄭逑와 여헌旅軒 장현광張顯光의 학문적 연원 문제로 두 문중 간에 심각한 갈등이 빚어졌다. 장현광이 처삼촌인 정구에게 글을 배웠다, 배우지 않았다로 시작된 이 시비는 곧 경상도 전역으로 확산되었다. 이것이 이른바 한려시비寒旅是非로, 경상도 중부권에서 전개된 대표적인 시비이다.

향촌 사족의 확대되는 갈등이 불러온 폐단

19세기에 오면 이러한 문중 간의 시비는 더욱 확대되어 영남 지역 내에서 신성불가침의 영역으로 여겨진 퇴계까지 시비의 대상에 올랐다. 예컨대 퇴계의 고향인 예안에서는 퇴계와 그의 고향 선배인 이현보李賢輔의 학문적 전수 관계를 두고 진성 이씨와 영천 이씨 사이에 심각한 분쟁이 일어났다. 영천 이씨 쪽에서는 자신의 선조가 퇴계와 같은 고을의 선배이고 또 대학자라는 점을 들어 퇴계의 학문적 성취에 일정한 영향을 주었다고 주장했다. 영천 이씨의 이러한 주장은 진성 이씨의 분노를 불러왔고, 결국 퇴계를 모시는 도산서원 측은 서원에 소장된 모든 유생의 명부에서 영천 이씨를 삭제해버리는 사태까지 나아갔다.

또, 같은 예안 고을에서 1822년(순조 22)에는 퇴계의 문인인 김부필金富弼의 '문순文純'이라는 시호 문제를 두고 진성 이씨와 광산 김씨(기호계 : 김장생계金長生系) 사이에 심각한 분쟁이 벌어졌다. 퇴계의 시호 역시 '문순'이라는 점이 시비의 발단이었다. 영남 지역에서 퇴계는 절대적 존재로, 그를 존숭한다는 뜻에서 퇴계 이후 아무도 '문순'이라는 시호를 받지 않았다. 그런데 이런 묵계를 무시하고 광산 김씨 문중이 김부필의 시호를 '문순'으로 받은 것이다. 진성 이씨 문중에서는 이를 퇴계에 대한 모독이라 간주했고, 곧 양측 간에 심각한 분쟁이 전개되었다. 특히 이 시비는 노론계의 대표적 가문인 광산 김씨 재경在京 가문이 개입하면서 사태의 해결을 더욱 어렵게 만든 측면이 있었다.

이렇듯 당시 문중 간의 이해관계가 걸린 분쟁에는 실권을 지닌 재경 가문이 후원 세력으로 직접 개입하는 경우가 많았는데, 이것은 18세기 이후 문중 의식이 확대되었기 때문이다. 문중 의식은 정치적 대립을 넘어서는 혈연적 유대 관계로 긴밀히 연결되어 형성되었다. 즉 한 가문 안에 당색이 다른 일족이 있을 경우 정치적으로는 대립하더라도 문중 사업이나 족보 편찬, 종회宗會나 족회族會를 통해 서로 접촉하고 왕래하면서 혈연적 유대를 이어갔다. 그랬기 때문에 향촌에서 자기 문중의 시비가 일어나면, 재경 세력은 자신의 권력을 이용하여 직간접적으로 문중을 돕는 데 기꺼이 나섰다.

그 대표적인 예가 권행權幸·김선평金宣平·장길張吉 등 세 공신의 사당인 태사묘太師廟에서 위패의 차례를 둘러싸고 벌어진 안동 권씨와 김씨 간의 분쟁이다. 이 분쟁은 숙종 이후부터 본격화되었는데, 권씨 쪽의 재경 관료인 권유權愈와 권이진權以鎭, 김씨 쪽의 재경 관료인 김수일金壽一과 김시학金時學 등이 개입하면서 위패의 차례가 권력의 교체와 함께 계속 바뀌었다. 양 문중은 이 문제를 놓고 장기간 대립했다. 결국 이 문제가 국왕 정조에게까지 알려졌다. 이에 정조가 직접 나서, 제사를 지낼 때 누구에게 먼저 할 것 없이 세 사람에게 동시에 술을 올리라는 명을 내림으로써 양 가문의 대립을 종식시키고자 하였다.

19세기 중엽 이후로 들어서면 시비가 더욱 흔해져서 반촌班村을 형성하고 있는 곳에는 시비가 하나쯤 있어야 양반 행세를 할 수 있다는 말이 나올 정도였다. 이런 시비들 가운데 가장 보편적이고 일반적으로 일어난 것이 문자시비였다. 문집 등 각종 서책이 발간될 때마다 자기들의 조상과 관련된 기술에 대한 시비가 끊이지 않았다. 그 과정에서 자신들의 주장을 정당화하기 위해 『변정록辨正錄』, 『변무록辨誣錄』 등을 끊임없이 펴냈다. 향촌에서 벌어진 사족 간의 갈등은 문중들 사이의 분쟁으로 끝나지 않고, 문중 내 파별派別에까지 확대되어 더욱 분열되는 양상을 보이면서 수습할 수 없는 상황으로 치달았다. 19세기 이후 향촌 사회에서 재지 사족들 간에 벌어진 각종 시비는 성리학의 말폐적 현상이었으며, 이로 인해 향촌 사회는 자체 붕괴되는 양상으로 나아갔다.

2장

물싸움 – 등장과 발괄에 나타난 민중 의식

19세기 이후 많이 보이는 등장(等狀)류의 민장은 다중의 힘을 빌려 민원을 호소하려는 시도였다. 다수의 민인이 연명한 등장, 연판장 등이 그것이다. 등장이나 연판장은 의견을 같이하는 사람들이 서명함으로써 다중의 힘을 과시하려는 의도가 있었다.

조선 후기 등장과 발괄이 성행한 까닭

판소리 춘향전의 「백발가」에 다음과 같은 구절이 있다.

등장 가자 등장 가자

하느님 전前에 등장 갈 양이면

무슨 말을 하실는지

늙은이는 죽지 말고

젊은이는 늙지 않게

하느님 전 등장 가세

여기에는 오늘날 우리에게 매우 낯선 단어인 '등장'이라는 말이 네 차례나 나온다. 하지만 이 판소리를 즐겨 들었던 조선시대 사람들은 등장이 무슨 말인지 잘 알고 있었을 것이다.

조선시대의 국가권력을 당대의 다른 나라와 비교해보면 거의 절대적이었다고 해도 과언이 아니다. 일반 백성 사이에 갈등이나 문제가 생기면 왕권의 대행자인 지방 수령은 국가권력으로서 그 문제를 판정했다. 또한 민인들은 서로 간의 직접적인 분쟁뿐 아니라 토지나 노비를 매매하고 이를 공증하기 위해서 수령으로부터 입안立案이나 입지立旨를 받아두었다. 민인들이 지방 수령이나 국가권력에 어떠한 사실에 대해 호소하기 위해서는 청원서를 제출해야 하는데, 그것을 소지所志라고 했다. 청원서에는 소지 외에도 의송議送, 단자單子, 원정冤情, 등장等狀, 발괄白活 등 여러 가지 종류가 있다. 소지가 가장 일반적인 청원서이고, 의송은 상급심인 관찰사에게 청원하는 문서이다. 단자는 아랫사람이 윗사람에게 올리는 간단한 문서이지만, 일반적으로 청원서를 단자라고 칭하기도 한다. 원정은 대개 청원서가 자신의 억울함을 호소하는 경우가 많기 때문에 그 문서의 제목으로 쓰였다.

그런데 등장과 발괄은 다른 청원서와 성격이 약간 다르다. 등장은 지역 사회의 유림이나 친족 집단 또는 마을 구성원 등 다수의 사람이 집단적으로 어떠한 사실에 대해 청원하는 경우에 쓰였다. '아무개 아무개 등' 여러 사람이 올린 소장訴狀이라는 뜻이다. 이러한 청원서는 집단의 다중성을 보여주는 동시에 다수의 의견이라는 힘을 지니므로 판결을 내리는 수령에게는 일종의 압력 기제로서 작용했다. 등장 문서는 특히 조선 후기에 많이 나타났는데, 이는 집단적 민중 의식의 성장과 관련해서 이해할 수 있다.

발괄은 문자를 모르는 사람이 구두로 억울함을 호소하는 것이다. 조선시대 양반들은 문자 생활이 가능했지만, 상민 이하의 사람들은 문자 해독이나 작성 능력이 없었다. 이런 사람들을 위해서 외지부外知部라고 하는 대서·대필자가 문서 작성을 대행해주고 소송을 조장하기도 했지만, 문자 해

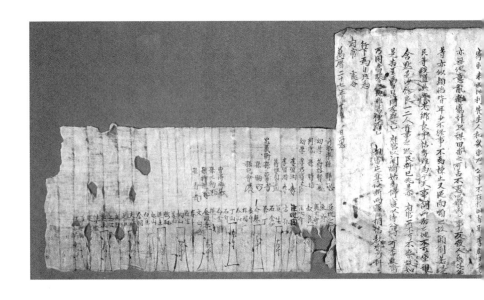

독력이 없는 사람은 실상 외지부를 고용할 능력도 없었을 것이다. 이렇듯 기본적으로 문자를 쓸 능력이 없는 사람들이 관청에 가서 자신의 억울한 사정을 수령에게 말로 호소하는 것을 발괄이라고 했는데, 나중에는 문자로 작성되었어도 보통 상민 이하의 사람들이 내는 청원서는 발괄이라고 일컬었다.

조선 후기에 성행한 등장과 발괄은 다수의 힘을 이용하여 권리를 관철하려 했다는 측면과 일반 상민들의 권리 의식의 성장이라는 측면에서 주목된다. 특히 한말에 나타난 사발통문과 사발등장은 통문과 등장의 주체를 숨기기 위해서 사발을 엎어놓고 연명하는 방식으로 작성되었는데, 이는 농민들이 자신들의 의사를 표현하는 한 방식으로 발전했다는 점에서 매우 중요한 의미를 갖는다. 일본의 경우에도 우리나라의 사발등장과 같은 방식의 연명 청원서인 '가라카사렌반傘連判'이 근대 이행기에 많이 나타났다.

이 글에서는 조선시대 촌락공동체의 공통 관심사 중 하나인 보洑와 관

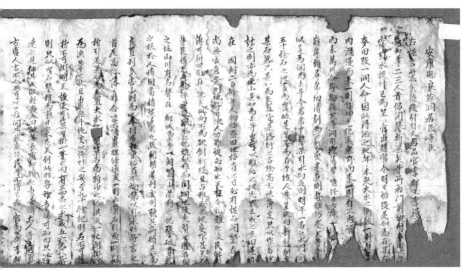

〈그림 1〉 양좌동 거민(居民) 등장

1599년(선조 32) 양좌동 주민들이 경주 관아에 낸 등장이다. 양좌동 마을 앞으로 물길을 개착하려는 이웃 마을 품관의 시도를 막기 위해 양반부터 하층민까지 마을 주민 전체의 이름으로 올렸다.

개灌漑의 치수 문제를 둘러싸고 마을 구성원들이 어떻게 대응했는지를 고문서에 나타난 민중 의식의 성장이라는 관점에서 살펴볼 것이다. 이를 위해 보 문제를 둘러싸고 벌어진 두 사건, 즉 16~17세기 경상도 양동마을(지금의 경북 경주시 양좌동)에서 불거진 갈등과 싸움, 그리고 19세기 전라도 고부(지금의 전북 정읍시)에서 일어난 마을 간 또는 세력 간의 갈등과 농민항쟁을 검토할 것이다. 이 사례는 조선 중기와 말기의 등장等狀 변화 형태를 잘 보여준다.

경주 양좌동에 내려오는 문서들

2010년 안동 하회마을과 함께 세계문화유산으로 지정된 경주 양동마을(양동마을의 행정적 명칭은 양좌동이다)은 경주 손씨와 여주 이씨의 집성촌인 양반 마을이다. 이 마을과 관련된 많은 문서가 경주 손씨 종손 집인 서백당書百堂에 소장되어 있다. 수십 년 전 사료 조사차 서백당을 방문했을 때, 필자의 눈길을 가장 먼저 끌었던 것은 보물로 지정된 적개공신敵愾功臣 손소孫昭의 초상화도, 분재기分財記 : 자손들이 재산을 나누는 것을 기록한 문서나 호적 자료도 아니고, 바로 만력萬曆 : 명나라 신종의 연호, 1573~1619 연간에 작성된 안강현 양좌동 백성의 등장이었다(지금은 한국학중앙연구원의 장서각에 기탁되어 있음). 등장이란 앞서 설명했듯이 여러 사람이 공동의 요구 사항을 관에 올리는 문서이다. 이 자료에 관심을 갖게 된 까닭은 '만력 연간'에 작성된, 곧 시기적으로 오랜 문서이기 때문이기도 하지만, 그보다는 이 문서에 첨부되어 나열된 마을 사람들의 명단과 서명 때문이었다.

이 문서에 점련粘連된 마을 사람들의 명단을 보면 양반과 서얼 그리고 하층민의 연명이 알기 쉽게 구분되어 있음을 알 수 있다. 앞의 〈그림 1〉 왼쪽 문서 상단에는 전 참봉 손엽, 유학 장계현 등 마을 양반의 명단이 직역, 성명, 수결手決의 순서로 기록되어 있다. 그 옆에 약간 간격을 띄우고 양반들의 명단보다 한 칸 정도 아래로 내려서 조득해, 손삼륵 등 서얼의 성명과 수결이 기록되어 있다. 그 다음에 행을 바꾸어서 막구지, 주질개, 막생 등 양인 혹은 천민의 이름과 수촌手寸 : 왼손 가운뎃손가락의 첫째와 둘째 마디 사이의 길이를 재어 그림으로 표시한 하층민의 이른바 수결이 보인다.(크게 보려면 〈그림 3〉 참조) 요샛말로 사인 또는 서명이라 할 수 있는 수결이 이미 이 시대에 일반적으로 쓰이고 있었다. 그러나 수결은 서얼 이상의 양반만 할 수 있고 하층민들에게는 허용되지 않았다. 하층민들의 경우 성도 없이 대부분 막부르는 이름을 쓰고, 손가락 그림으로 서명을 대신했다.

16세기 말 관개를 둘러싼 갈등

1599년(선조 32), 양좌동 주민들이 경주 관아에 '안강현 양좌동 거민 등
장安康縣良佐洞居民等狀'을 올렸다. 이웃 마을 품관品官이 자기네 마을의 토지를
개간하려고 양좌동 마을 앞에 물길을 내려는 것을 저지하기 위해서였다.
등장 내용을 살펴보면 다음과 같다.

> 인자화에 사는 품관 이군옥 등 2~3명이 사람들을 이끌고 개착開鑿하려는
> 새 도랑은 저희들이 사는 문 앞의 보리밭에 가로로 물길을 뚫어 물을 끌어
> 들일 계획을 갖고 이미 관에 청원서를 올린 상황이고, 감관監官이 들어와 오
> 늘내일 사이에 일을 시작한다고 합니다. 이 보리밭은 한동네의 여러 목숨
> 줄이 걸려 있는 땅으로, 매년 큰물로 인한 충격을 면하지 못하고 있습니다.
> 물줄기의 하나는 동네에서부터 차서 오고, 또 하나는 신광현·기계현 쪽에
> 서 들을 가득 채우며 오고, 다른 하나는 정혜 쪽에서 와서 모든 물이 합세하
> 여 저희들 동네 앞에서 한꺼번에 쏟아져 부딪칩니다. 종일 비가 내려서 언
> 덕이 무너진다면 여간 걱정이 아닙니다. 보통의 조그만 물을 구획하여 큰
> 구덩이를 만들면 물줄기의 변화하는 모양을 헤아리기가 어렵고 그 변하는
> 형세를 막아내기 어려우므로 저희들이 항상 걱정하는 바입니다. …(중략)…
> 위의 이군옥을 부윤府尹께서 타이르고 우선 정지시킨 뒤 공론을 기다렸다가
> 가부를 결정하거나, 개착해야 할 땅의 정당성을 알기 어려우면 직접 조사하
> 여 결정하셔서 두 측이 서로 다투는 것을 중단하게 해주시기 바랍니다.

내용인즉, 인자화(지도상 지금의 양좌동 동남쪽에 있는 인좌리로 추정)에 거주하
는 이군옥 등 품관이 토지를 개간하기 위해 새로이 도랑을 만들어서 양좌

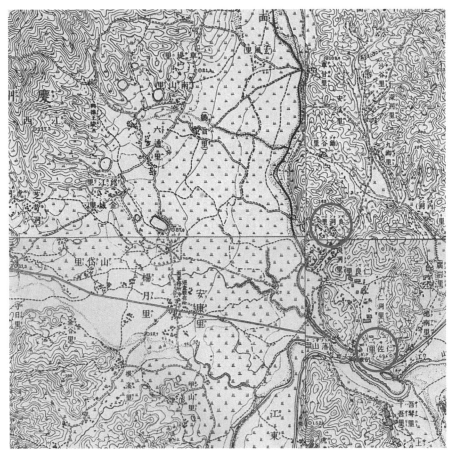

〈그림 2〉 양좌동 앞들

1926년에 제작된 5만분의 1 지도 속에 나타난 양좌동 마을이다. 우측 중간에 양좌동(양동) 마을이 있고 가운데 넓은 들판의 모습이 보인다. 물은 북쪽, 서쪽, 남쪽에서 흘러들어와 마을 앞에서 모여 동쪽으로 돌아 나간다. 마을 앞 보리밭을 개착하려는 이웃 주민은 양동마을 아래 인좌리에 살고 있었던 것으로 보인다.

동 마을 바로 앞의 보리밭을 거쳐 물을 끌어들이려 하고 있으며, 이미 그
계획을 갖고 관부에 문서를 올린 결과 감관監官이 파견 나와 곧 작업을 시
작하려 한다는 것이다. 그러나 그 보리밭은 양좌동 사람들이 경작하고 있
는 밭이고, 만일 거기에 도랑을 만든다면 매년 홍수에 직면하는 사태를 피
할 수 없다. 동네 물줄기의 경로는 셋인데, 하나는 마을에서 흘러가는 물,
또 하나는 신광현과 기계현 등 북쪽에서 흘러오는 물, 다른 하나는 정혜
쪽인 서쪽에서 오는 물로, 모두 양좌동에서 합류한다. 따라서 거기에 새
도랑을 파서 물길을 만들면 마을 앞 평야의 50여 석을 생산하는 밭이 모
두 범람하고 만다는 주장이다.

한편 이군옥 등이 개간하려는 근거는 새로이 도랑을 만들어 물을 끌어
들이면 상당한 넓이(원문에서 면적 표기는 '섬지기石落只')의 토지를 얻을 수 있다
는 것이다. 그러나 양좌동 마을 사람들은 실제로 그 개간지가 반드시 논
이 된다는 보장이 없기 때문에 매우 위험한 일이라고 주장했다. 임진왜란
이후 국가에서는 개간 권장 정책을 펴왔는데, 전쟁 전이야 사람이 많고 토
지가 적기 때문에 개간을 해도 좋았지만, 전쟁이 끝난 뒤에는 사람이 줄고
토지가 척박해져서 굳이 위험을 무릅쓰고 경작지를 넓히는 것보다는 황폐
해진 토지를 경작하는 편이 좋다는 것이었다. 또한 풍수설에 따르면 이 지
역은 선현先賢과 명상名相을 배출하는 곳으로 유명한데, 갑자기 물을 끌어들
이기 위해 청룡의 근맥을 자른다면 사람들의 노여움을 살 것이라고 했다.

개간을 위해 소지를 올린 인자화 마을 사람들의 의견도 분열되었던 것
같다. 개간하는 것을 막자고 주장하는 양좌동 마을 사람들의 등장에 따르
면, 일부러 공사를 벌이려는 쪽은 단지 이군옥 부자뿐이고 소민小民들은 그
것을 바라지 않는다는 것이다. 또한 최근에 역역力役을 징발할 때 도망한
이들이 7~8인이나 되고 사람들이 역을 피하는 상황인데도 이군옥 부자가

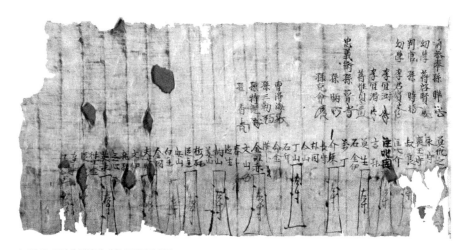

〈그림 3〉 등장에 첨부된 마을 구성원의 명단
〈그림 1〉의 '안강현 양좌동 거민 등장'에 첨부된 문서로, 양반·서얼·하층민의 연명 구분이 명확하다.

자기의 이익을 위해 반대하는 사람들의 의견을 전혀 듣지 않으니, 관에서 그들을 설득하여 공사를 그만두게 했으면 좋겠다는 것이다.

양좌동에서 등장을 올린 사람들은 전 참봉 손엽 등 사족 10명, 서얼 조득해 등 4명(이상 14명은 모두 수결함), 그리고 막구지 등 성을 갖지 않은 상민 이하 계층 38명(이 중 13명만 수촌을 함), 합하여 52명이다. 이들은 양좌동 마을의 각 호戶를 대표하는 인물이었을 것이다.

이러한 청원에 대해 경주관에서는 다음과 같은 처분(데김題音)을 내렸다.

한광지閑曠地를 개척하여 백성들로 하여금 이득을 얻도록 하는 것은 급선무이므로, 이익이 많고 해로움이 적으면 그렇게 해도 된다. 그러나 양좌동 한 마을의 입장에서 보면 모두 안 된다고 하면서 관아 마당 가득히 걱정을 호소한다. 이들 또한 우리 백성이다. 저쪽에 이롭고 이쪽에 해롭다면, 내가 어찌 한쪽 편을 들겠는가? 바로 이 소장을 가지고 당장 이군옥 등에게 분부하여 일을 정지하게 할 것이니, 너희들은 모두 안심하고 물러가라.

즉 개간이 서둘러서 처리해야 할 일이긴 한데, 해가 적고 이익이 많으면 시행해도 좋겠지만 양좌동 사람들이 모두 불가하다면서 관아에 찾아와 호소하고 있다. 양측의 이해가 다른 경우에 관이 한쪽 편만 드는 것은 안 될 일이므로 이군옥에게 명하여 작업을 일단 정지하도록 할 터이니 안심하고 돌아가라는 내용이다.

17세기 이후 산천 관리와 마을 운영

양좌동과 인자화 마을 사람들 간의 다툼 이후, 주민들은 마을 앞 저습지나 보 위아래의 범람지에 대해서 주민 전체가 합의한 완의完議를 만들어 확실하게 관리해 나갔다. 302쪽의 〈표 1〉은 양좌동 마을에서 완의를 이룬 뒤 계속해서 마을 주위의 산이나 평야를 관리하기 위해 만든 규정이다.

이 동약洞約은 주로 새로운 보를 만드는 데 징발하는 역役을 금지시키는 등 마을 앞의 들을 관리하기 위한 규정이 대부분이지만(문서 1, 6), 이 외에도 마을의 뒷산에 묘지를 만들어 매장하는 것을 금지하는 규정도 있다(문서 2, 5). 또한 깔자리·화문석·차일遮日 등 마을 공동의 물건 관리에 관한 것, 촌락 공동의 작업을 위한 역의 징발에 적극 참여할 것(문서 4), 젊은이가 늙은이를 능멸하거나 서얼이 적자를 능멸하거나 아랫사람이 윗사람을 능멸하는 것의 금지 등 신분 질서 유지를 위한 규정(문서 3)도 포함되어 있다.

이처럼 동계의 규약은 주로 마을의 공동생활과 관련된 것들인데, 정리

순번 / 제목	연대	내용	비고*
1-1 / (장로) 입의	1706년(숙종 32)	도랑 공한지의 개간 금지	손10(2) / 이11(3) / 신1 // 황 / 황보 / 이 / 손2
1-2 / 완의	1722년(경종 2)	도랑 위에 도랑 만드는 것 금지→가뭄에 모가 고사할 것 같아 임시로 둑을 트지만, 추수 뒤에는 다시 막을 것	손9 / 이9
1-3 / 회문(回文)	1750년(영조 26)	중간 보를 개간하는 것을 금단해야 하는데도 토지 개간 상황을 조사할 때 황복징이 몰래 장부에 등록	손3 /
1-4 / 완의	1752년(영조 28)	동네의 도랑을 만들거나 진황지를 개간하거나 논을 만드는 것 금지	손12 / 이11(1) / 황1 / 김1
1-5 / 완의	1754년(영조 30)	보 아래 옛 물길 터 일대를 논으로 만드는 것 금지	손21 / 이13(1) / 황1
1-6 / 완의	1763년(영조 39)	보 안의 한광지에서 경작 금지 강조	손10(1) / 이22(6)
2 완의	1759년(영조 35)	이건상이 동네의 주산(主山) 주룡 자리에 무덤을 썼는데, 앞으로는 금지	3부 작성(송첨, 무첨당, 향단에 보관)
3 완의	1809년(순조 9)	젊은이가 늙은이를, 서얼이 적자를, 아랫사람이 윗사람을 능멸하는 것을 금함	완의
4 완의	1813년(순조 13)	깔자리·화문석·차일 등 동네의 비품 관리, 일꾼 징발	완의
5 완의	1813년(순조 13)	주산을 지키고 나무 베는 것을 금지	완의
6 완의	1814년(순조 14)	새로운 보를 만드는 일 중지, 임시로 둑을 튼 곳은 막고 보 안에서 개간 금지	완의
(7 입의)	1601~1763년	개울 위아래 진황지와 밭을 논으로 만드는 것 금지	1-1~1-6번 완의의 등본

* 손=경주 손씨, 이=여주 이씨. 괄호 속의 숫자는 서파(庶派).

해보면 마을 앞의 보와 물길을 관리하는 문제, 마을 뒷산의 관리 문제, 공동 비품의 관리 및 역의 징발 문제 등이다. 특히 광대한 범람지가 마을 앞에 펼쳐진 양좌동으로서는 보와 물길 관리가 중요한 문제였다. 그래서 그들에게는 물길 안의 공한지空閑地에서 농사짓지 않는 것이 오래된 관행으로 이어져왔다.

> 이 들에 자리한 도랑(浦渠)의 공한지에 경작을 금단한 것에 대해서는 이미 장로들의 입의立議가 있었다. 이에 따라 뒷사람들이 감히 땅을 일굴 마음을 먹지 못한 지가 오래되었다. 그런데 근래 모두 개간하여 빈 땅이 조금도 없다. 만약 수재를 만나면 반드시 모래에 뒤덮일 걱정이 있고 영원히 봇도랑의 터를 잃을 것이니, 우습게 볼 일이 아님이 명확하다. 이에 보를 막기 위해 모두 모인 날 전례대로 기경起耕을 금하는 계획을 하니, 이후에는 입의에 따라 빈 땅에 개간한 것을 폐기하고, 매년 동임洞任은 직접 자세히 살필 것.
> ─병술(1706년, 숙종 36) 5월 초4일 동중(1-1문서)

이렇게 보 안의 경작을 엄격히 금지했지만, 가뭄이 심할 때는 어쩔 수 없이 물이 솟는 곳에서 물을 끌어다가 관개를 할 수 밖에 없었다. 다만 이런 조치는 임시적으로만 허용했다. 1722년(경종 2)의 동중 완의는 바로 그러한 사정을 말해준다(문서 1-2 완의).

1750년(영조 26)에는 황복징이라는 사람이 토지 개간 상황을 조사할 때 자기 이름으로 양안量案에 등록을 해 놓은 뒤 보 안을 개간하려는 사건이 일어났다. 이에 마을 구성원들이 모두 관가에 나가 항의를 하는 사태가 벌어지기도 했다. 황복징의 보 안 개간 시도에 대해 관에 항의해야 한다는 회람 문서에는 '집회에 참여하지 않거나 서명하지 않는 마을 구성원은 동안洞案에서 삭제하겠다'고 강제하는 문구도 보인다(문서 1-3 회문). 이후에도 마을 앞에 펼쳐진 범람지와 보·물길을 둘러싸고 보 안에서 개간을 금지하려는 마을 구성원들과 논을 만들어 경작을 하려는 사람들 사이에 갈등이 지속되었던 것 같다.

그 밖에 마을에서 지키려고 했던 것에는 마을 뒷산에서 장례를 치르지 못하게 하는 것과 산의 나무를 잘 보호하는 것도 포함되었다. 1759년(영조 35) 이건상이 마을 뒷산의 주룡主龍: 산등성이를 풍수설에서는 용(龍)이라고 하는데, 주룡은 가장 큰 줄기를 말한다에 묘를 쓰고 계속 이어서 묏자리로 쓰려다가 마을 사람들의 반대에 부딪혀 그 뜻이 좌절되었다. 이를 계기로 마을 구성원들은 뒷산이 400년 넘는 공공의 '금호지지禁護之地: 금지하여 지키는 곳'임을 강조하며, 묘를 쓰는 것이나 나무 채벌을 금지하는 완의를 3부 작성하여 송첨松籤: 경주 손씨 종가, 무첨당無忝堂: 여주 이씨 종가의 별당, 향단香壇: 여주 이씨 주택 세 곳에 보관하도록 했다.

관권과 민권의 충돌 현장, 만석보

이번에는 우리나라 전근대 역사상 최대 최후의 농민항쟁으로 일컬어지는 동학농민전쟁의 시발이 된 고부민란, 바로 그 지역의 보와 물길을 둘러싼 싸움을 살펴보자. 고부농민봉기의 계기가 된 만석보萬石洑는 무엇이고 어디를 말할까?

만석보라는 이름은 만 섬을 경작하는 농지의 관개가 가능하다는 의미에서 붙여졌을 것이다. 물막이 댐 만석보는 우일과 배들을 둘러 나온 물이 동진강으로 흘러들어가는 어디엔가 만들어졌던 것 같다. 관개시설이 충분하지 못했던 시기에는 평야 지대에 홍수가 날 때마다 물이 범람하여 농사 짓기가 어려웠다. 우일과 배들평야는 현재 호남평야의 일부를 이루고 있는데, 만석보는 정주시 정우면과 이평면의 넓은 평야 지대 어디쯤 만들어졌을 것이다. 태인 쪽에서 흘러나오는 동진강 둑 위에 현재 만석보의 유허지라는 비석(만석보유지비萬石洑遺址碑)이 세워져 있지만, 정확한 위치는 알 수 없다.

하지만 이 글에서 살펴보려는 것은 만석보의 정확한 위치가 아니라 조선 후기 민중 의식의 성장, 그리고 전근대 말기와 근대 초기의 보와 농민 항쟁의 관계다. 또한 민중이 점차 발괄이나 등장, 상언·격쟁 등을 통해 자신들의 주장을 관철하려는 의식이 싹트고 있었음을 말하려고 한다. 그것은 만석보 바로 근처, 아니 만석보 그 자체인지도 모를 수금들의 보 싸움에 관한 이야기다.

전봉준 공초供招 : 재판에서 진술한 기록를 보면, 전봉준은 농민항쟁의 원인이 고부군수의 가렴주구에서 비롯되었다며 그 구체적인 내용으로 다섯 가지 부정을 말했다.

첫째, 민보民洑 아래 또다시 보를 쌓고 강제로 민간에 지시를 내려서 좋은 논(상답上畓)은 한 마지기에 2말의 세를 거두고, 나쁜 논(하답下畓)은 한 마지기에 1말의 세를 거두어 모두 700여 석을 거둔 일.

둘째, 진황지陳荒地를 백성에게 갈아먹게 하고 관가에서 징세하지 않는다는 문서를 주고 나서도, 추수 때가 되면 억지로 세금을 거둔 일.

셋째, 부민富民의 돈 2만여 량을 강제로 빼앗은 일.

넷째, 태인현감을 지냈던 고부군수 아버지의 비각을 세운다며 천여 량의 돈을 거둔 일.

다섯째, 대동미를 민간에서 징수할 때는 좋은 쌀(정백미精白米) 16말씩 거두고는 상납할 때는 나쁜 쌀(추미麤米) 사서 이득을 남겨먹은 일.

보세洑稅를 강제로 거둔 일이 고부군수의 가렴주구를 지적하는 내용의 첫머리에 거론되고 있다. 이는 그 시기에 호남 지방의 평야 지대를 범람하는 물길을 잡는 일이 매우 중요했다는 사실과 함께 수령이 그것을 이용하여 수탈을 자행했음을 알려준다. 그런데 보나 제언堤堰을 쌓는 일은 단지 관과 민의 문제일 뿐 아니라 백성들 사이의 문제이기도 했다. 이제부터 만석보와 그에 관련된 수금들의 수리 상황을 살펴볼 텐데, 주요 검토 자료는 제언 축조 시비와 관련된 등장 2매, 수금면 민인들에게 부과된 잡역과 면의 통폐합에 관련된 등장 1매이다.

〈그림 4〉에서 보듯이 수금들은 정토산의 서쪽에 위치해 있다. 정토산의 서쪽으로는 정읍천이 흐르고, 북쪽으로는 태인천이 흘러 동진강으로 합류한다. 이 지역은 본디 홍수로 물이 불어나면 곧잘 범람하기 때문에 제언을 쌓고 관개를 하지 않으면 농사를 지을 수 없었다. 드넓은 호남평야를 홍수의 걱정 없이 경작할 수 있게 된 것은 사실 그다지 오래되지 않았다.

18세기 후반에 편찬된 『택리지擇里志』에는 오늘날 평야 지대로 꼽는 곳을 풍토병(장기瘴氣)이 있다고 하여 사대부가 살 만한 곳으로 인정하지 않았다. 오히려 전라도의 남원이나 구례, 경상도의 성주나 진주와 같이 산곡간(지리학적인 용어로는 산록완사면) 지역을 사대부의 가거처可居處로 지목했다. 이 영향을 받아, 산으로부터 복류하여 흐르는 샘물이 있고 계곡물을 이용하여 관개를 할 수 있는 곳에 일찍부터 마을이 생기고 사대부들이 살기 시작했던 것이다.

따라서 전라도 평야 지대에서도 먼저 샘물을 얻을 수 있는 지역을 중

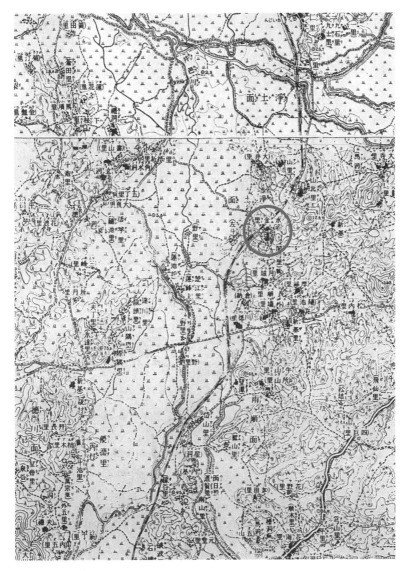

〈그림 4〉 만석보 부근

1926년에 제작된 5만분의 1 지도이다. 가운데 우측(동그라미 표시)에 수금이, 그 앞으로는 평야가 넓게 펼쳐져 있는 것이 보인다. 아래 정읍 쪽에서 우일들로 물이 흘러들어오고, 그 앞에 장순들과 수금들이 펼쳐져 있다.

심으로 마을이 형성되고, 관개·개간이 이루어지면서 농경지가 확대되어갔을 것이다. 『택리지』에서는 전라우도 지역에 대해 "태인, 고부 및 해안가의 부안, 무장 등의 읍에는 모두 풍토병이 있다"고 평가했다. 실제로 동학농민전쟁의 진원지인 배들과 수금들 등의 평야 지대도 풍토병과 홍수로 인한 범람을 극복하지 못해 19세기 후반에 가서야 널리 개간되었다. 5만분의 1 축척 지도를 잘 살펴보면 새말(新村)이니 새터(新基) 등의 이름이 많이 보이는데, 이런 곳은 강물의 범람이나 풍토병과 같은 자연적 조건을 극복하기 시작한 19세기 이후에 형성된 마을이다.

동학농민전쟁이 일어나게 된 계기, 곧 물세의 근원이 되었던 만석보는 정읍천과 태인천이 합류하여 동진강으로 흘러들어가는 곳에 위치해 있었다. 먼저 수금들을 비롯하여 예동들, 북촌들, 장순들, 우일들을 둘러싼 분쟁을 살펴보자.

우리가 경작하는 수금들은 예동들과 북촌들 사이에 있어서, 개벽 이후에 세 들이 원래 수해가 없고 산이 무너지거나 물길이 막히는 일이 없이 제 길을 따라 잘 흘렀는데 중간에 산이 무너지고 내가 막혀 물이 제 길을 잃었습니다. 예동들의 백성이 서쪽에 긴 둑을 쌓으니 큰물이 질 때마다 물이 북쪽으로 흘러들어가는 탓에 북촌들 백성이 그에 잇대어서 긴 둑을 쌓았습니다. 이에 수금들은 두 들의 사이에 끼어 서쪽과 북쪽의 긴 둑이 만나는 곳에 마치 항아리의 주둥이처럼 물이 모이는 골짜기가 되고 말았습니다. 그래서 우리도 상류인 장순들에서부터 시작하여 긴 둑을 쌓아 여러 물이 폭주하는 것을 막으려고 하였습니다. 그랬더니 우일면의 백성이 전에 없는 일이라고 하며 세력을 끼고 그 둑을 터버렸습니다. 이에 500여 섬지기의 목숨이 달려 있는 들이 물구덩이가 되어버리고, 저희와 같은 세력 없는 백성은 어찌할 수 없이 밥 먹을 희망을 잃은 것이 한두 해가 아닙니다.

—「수금면 민인 등장水金面 民人 等狀 1」

수금면 백성이 올린 등장의 내용을 간단히 정리하자면 이렇다. 예동들과 북촌들의 백성이 먼저 긴 제방을 만드니 그 사이에 낀 수금들이 큰물을 만나면 물바다가 되었다. 수금들을 경작하는 백성은 그 물을 막기 위해 장순들에 잇대어서 둑을 쌓았는데, 그 둑으로 인해 피해를 입게 된 우일면의 백성이 그 둑을 터버렸다는 것이다. 수금들의 백성은 예동과 북촌의 둑을 허용해준다면 장순들에 잇대어 막은 수금들의 둑도 허용해주고, 그렇지 않다면 모든 제방을 터달라고 청원했다. 이 청원에 대해서 관의 결정이 어떻게 내려졌는지는 알 수 없지만, 이 지역 평야 지대의 관개를 둘러싼 마을 간의 이해관계가 첨예하게 대립되고 있음을 알 수 있다.

또 하나 살펴볼 민장은 수금의 민인들과 이 선달이라는 개인의 분쟁에 관한 것이다. 선달先達이란 원래 과거에 합격한 사람을 일컫는 말이었다. 그러나 조선 후기에 과거 제도가 흐트러지면서 전쟁이나 큰 공사 때마다 수백 명 또는 수천 명의 무과 합격자를 뽑았고, 이 때문에 무과 출신들이 천하게 여겨졌다. 이에 무과에 급제한 사람을 가리키는 선달도 덩달아 무시당했다. 동학란이 일어나는 19세기 말 즈음에는 선달이 무뢰배를 뜻하는 비칭이 되어버렸다. 『매천야록梅泉野錄』에서도 "매 번 수백 인을 뽑다 보니 스스로도 천하게 여기고, 관청 하예下隸의 청사廳舍나 주막의 벽에까지 홍패가 걸리지 않은 곳이 없으며, 향곡鄕曲의 무뢰배들이 약간 말을 잘하고 술 몇 잔만 사도 그 홍패를 얻을 수 있다. 이웃들이 우습게 알고 아무개 선달이라고 부른다" 했다. 등장에 언급된 이 선달도 그러한 무뢰배의 한 명으로, 고부 관아나 전주 감영과 연결된 세력으로 보인다.

어제 이 선달이 둑을 막는 일로 의송議送을 올려 특별히 향소鄕所：좌수·별감 등을 유향소 또는 향소·향청이라고 했다. 수령을 보좌하여 관내의 일을 맡아봄가 파견 나와 잘못을 조사하였는데, 저희들이 사는 세 면의 민전이 해를 입는 것이 특히 크다는 사실은 향소의 도형圖形：그림지도에서 볼 수 있습니다. 그러니 저희들이 어찌 함께 호소하지 않을 수 있겠습니까? 대개 세 면의 민전이 태인과 정읍에서 흘러온 두 큰 물이 합해지는 곳에 있고, 또 예동과 북촌 두 들판의 사이에 자리하고 있습니다. 두 촌의 민인들이 각각 긴 둑을 쌓아 이미 수해를 막았지만, 두 큰 물이 합해지는 곳의 구멍은 상처의 구멍처럼 좁아서 일시에 비가 내리면 세 면의 민전은 도리어 물을 담는 곳이 되어 완연히 하나의 큰 강처럼 변해버리고, 저희들은 해를 입어 원망을 한 지가 몇 년이 되었습니다. 그런데 지금 또 이 물구멍 안에 크게 둥근 둑을 쌓아서 전에 상처의 구멍과 같던 물구멍이 이제는 바늘구멍만도 못하게 되었습니다. 그러니 정읍과 태인의 두 큰 물이 흘러들어오면 세 면의 민인만 홍수 피해를 당할 것이고, 그렇다면 장차 어떻게 농사짓고 살겠습니까?

이 선달이 하려는 것은 한 사람의 사욕으로 진전陳田을 개간할 계책입니다. 다만 세 면의 민전은 오래전부터 원전元田인 바, 한 사람이 사사로이 기경起耕한 것으로 만민이 경작하는 원전을 어찌 폐할 수 있으며, 또 이 선달이 몰래 민인들의 의송이라고 사칭한 것을 가지고 어찌 관가에서 시행할 수 있겠습니까? 거짓 관령官令으로 역역力役을 내서 둑을 쌓았으나 도리어 그로 인한 피해가 부역을 한 저희에게 고스란히 올 것이니, 제 손으로 제 뺨을 때리고 돌을 안고 물에 들어가는 것과 같습니다. 이러하건대 어찌 스스로 사지에 보낼 이치가 있겠습니까?

— 「수금면 민인 등장水金面 民人 等狀 2」

이 민장의 초고도 관의 판결(제사題辭, 뎨김題音)이 없기 때문에 어떻게 해결되었는지 알 수 없다. 하지만 이 선달이 태인과 정읍의 두 물이 합해지는 곳에 둥근 둑을 크게 쌓고, 또 민을 그 둑 쌓는 부역에 동원했던 것을 보면, 그가 관권과 유착된 세력임을 알 수 있다. 특히 전주 감영에 의송을 올려 유리한 판결을 받아냈으니, 아마도 감영과 결탁된 세력인 듯싶다. 의송이란 관할 읍에서 내린 판결에 불복하여 상급 관청인 감영에 다시 소지를 올리는 것을 말한다.

수금면 백성의 주장은 이렇다. 답내면·수금면·벌미면 세 면의 민전이 태인현과 정읍현의 두 물이 흘러들어와 합해지는 곳에 있고, 예동들과 북촌들에 이미 둑이 있어 물이 빠지는 구멍이 좁은데, 기존의 둑 위에 다시 둥근 둑을 크게 쌓는다면 홍수가 질 때 세 면의 민전이 저수지가 되어버린다는 것이다. 이 선달이 쌓은 둥근 둑의 위치가 현재 정확히 어디인지는 알 수 없다. 그 일대 들판은 식민지 시기 이후 여러 차례의 농지 정리와 관개 사업으로 본모습을 알아볼 수 없기 때문이다. 그러나 민장의 설명으로 추측해보건대, 이 선달이 쌓은 둥근 보는 만석보이거나 그 부근에 세워진 것인 듯싶다. 설령 그가 만든 보가 만석보가 아니라 해도, 적어도 그 둥근 둑이 민인들의 의사를 무시하고 관의 권력을 빌려 그 일대 민인들을 동원해 축조되었다는 점에서는 만석보와 비슷한 성격을 가졌다고 할 수 있다.

전봉준의 공초에서 농민 봉기의 원인을 말하는 가운데 "민보民洑 아래 또다시 보를 쌓고 강제로 민간에 지시를 내려서 좋은 논(상답上畓)은 한 마지기에 2말의 세를 거두고, 나쁜 논(하답下畓)은 한 마지기에 1말의 세를 거두어 모두 700여 석을 거둔 일"을 첫째로 든 것은 그러한 정황을 말해준다. 만석보라는 이름은 사료상에서는 찾아보기 힘든 것으로, 후대에 붙여진 이름이다.

사발통문과 민중 의식의 성장

지금까지 동학농민전쟁의 진원지인 만석보 주변의 상황을 보여주는 몇 몇 고문서를 통해 당시 백성의 어려움을 살펴보았다. 어려운 처지에 봉착한 민인들은 관에 민장을 올려 시정을 호소하기도 하고, 그래도 안 되면 감영에 의송을 올려 해결을 시도했다. 그러나 민장을 올리는 것 자체가 쉬운 일이 아니었다. 관의 문턱은 매우 높았다. 다산 정약용은 『목민심서』에서 그것을 '혼권閻權'이라고 표현했다.

관아의 하인들을 제대로 통제하는 것을 선정善政의 기본으로 파악한 정약용은 문졸門卒을 잘 다스려야 한다고 강조했다. 그에 따르면 문졸이란 "옛날의 이른바 조예皁隸로서, 관속 중에서 가장 교화에 따르지 않는 자"(『목민심서』「이전吏典」'어중馭衆'조)였다. 문졸은 일수日守, 사령使令 혹은 나장羅將이라 불렸는데, 그들이 손아귀에 틀어잡은 권리로는 다섯 가지가 있다. 첫째는 혼권閻權이고, 둘째는 장권杖權 : 곤장을 치는 권한, 셋째는 옥권獄權 : 옥을 지키는 권한이며, 넷째는 저권邸權 : 면리의 일과 연락을 대행하는 권한, 다섯째는 포권捕權 : 범인을 체포하는 권한이다. 백성이 소장을 가지고 관아 문에 이르렀어도 그 호소하는 바가 이속吏屬과 관계된 일이면 문지기는 관에 들어오려는 백성을 막아버렸다. 이에 여러 날 배회해도 품만 버릴 뿐이라서 그 백성은 결국 울며 돌아갈 수밖에 없다. 문졸이 백성의 관아 출입을 좌지우지하는 권한이 바로 혼권인 것이다.

그 때문에 정약용은, 수령이 된 사람은 모름지기 먼저 다짐하고 거듭거듭 관속을 타이르고 경계하여 백성이 관정에 들어오기를 어머니 집에 들어오는 것같이 해야 하고, 그래도 이를 지키지 않는 관속이 있다면 마땅히 최고형을 시행하라고 했다. 그러나 이와 같은 다산의 경고를 목민관들은 제대로 귀담아듣지 않았다. 문졸들이 관아의 문턱을 높여 놓았으니, 그 결과는 관과 민의 정면충돌로 이어질 수밖에 없었다.

민원이 생기면 대체로 먼저 소지, 즉 민장을 제출한다. 그러나 민장을 들고 관아에 찾아간 백성은 문졸들의 '혼권'에 부딪히면서부터 좌절을 겪는다. 결국 민인들은 여러 사람의 힘을 빌려 자신들의 뜻을 관철하려 하게 된다. 19세기 이후 많이 보이는 등장류의 민장은 다중의 힘을 빌려 민원을 호소하려는 시도였다. 다수의 민인이 연명한 등장等狀, 연판장連判狀 등이 그것이다. 등장이나 연판장은 의견을 같이하는 사람들이 서명함으로써 다중의 힘을 과시하려는 의도가 있었다. 청원의 주체는 다르지만, 예컨대 서얼들이 국가에 자신들의 관직 진출을 허용해줄 것을 요구한 상소에는 무려 천여 명, 순조 대에는 거의 만 명에 가까운 사람들이 서명했다. 그들은 등장을 올린 우두머리를 보호하기 위해 사발을 엎어 놓고 원형으로 연명하기도 했는데, 이것이 바로 사발등장이다.

한 고을의 관아를 상대로 민원을 내기도 했는데, 이 경우 역시 다수의 민인이 연명했다. 문중 등장이든 촌락 등장이든, 수십 명에 이르는 다수의 민인이 서명함으로써 관에 압박을 가해 자신들의 의견을 관철하고자 했던 것이다. 이런 등장에도 물론 주모자, 즉 '장두狀頭'가 있게 마련이다. 관에서는 이러한 주모자를 잡아 처벌했다.

전봉준의 아버지 전창혁全彰赫도 민원을 올리는 과정에서 장두로 나섰다가 곤장을 맞고 장독으로 죽었다. 전봉준의 아버지 전창혁이 이렇게 억울하게 죽은 사실은 많이 알려져 있지 않은데, 1936년 그 지역의 향토사가인 장봉선이 『동학란실기東學亂實記』에 전창혁이 조병갑의 곤장에 맞아 죽은 사실을 다음과 같이 서술했다.

조병갑이 모친상을 당하여 집으로 돌아가자, 권세에 붙기를 좋아하는 궁색한 선비나 이속吏屬들이 부조할 것을 주장하여 2천 량을 분배하고 향교의 장의掌議 김성천金聖天과 전 장의 전승록孫承彔(전창혁의 다른 이름)에게 돈을 거둘 것을 의뢰하였다. 김성천이 이를 떼어먹고 말하기를 "조병갑은 본군 재직 중에 추호도 선치善治가 없었으며, 또 기생의 죽음에 무슨 부조냐"고 큰소리 하였다. …(중략)… 조병갑은 고부 재임再任을 생각하던 중에 이 말을 듣고 원한이 사무쳐서 더 적극적으로 재임 운동을 하였다. 재임해 와보니 김성천은 이미 죽고 없어 전승록만 잡아다가 곤장을 난타하여 내보내니, 전승록은 돌아온 뒤 장독으로 죽었다.

여기에서 전봉준의 아버지가 향교의 장의를 했는지, 또 천안 전씨가 고부 지역의 양반층이었는지는 그다지 중요하지 않다. 전봉준의 아버지 전창혁의 죽음과 관련하여 많은 구전 자료를 수집해 사실을 밝히려고 노력한 소설가 송기숙의 고증에 따르면, 전창혁이 민소의 장두로 소를 올린 일이 빌미가 되어 장살되었다는 설과 고부군수 조병갑이 모친상을 당했을 때의 민부전民賻錢 까탈로 장살당했다는 설이 있다. 두 가지 설 모두 관권의 폭력으로 살해되었음을 전한다.

등장을 올린 민인들은 위와 같은 처벌을 피하기 위해 다수가 원형으로 연명을 하여 주모자를 은폐하려 했다. 농민전쟁이 발발한 지역의 한 농가에서 발견된 〈그림 5〉의 사발통문도 바로 농민들이 민원을 올리고 그 해결이 좌절되자 여러 농민 세력을 규합하고 조직하기 위해 작성된 것으로 보인다. 이 사발통문은 1893년(고종 30) 11월에 만들어진 것으로, 크게 네 부분으로 이루어져 있다.

첫 부분에는 전봉준 등 발통자發通者 20명이 둥근 원형으로 연명했고,

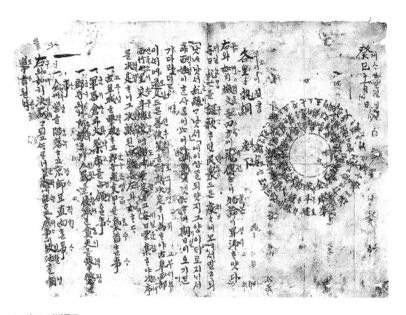

〈그림 5〉 사발통문

동학농민봉기 직전 각 마을에 돌려진 사발통문이다. 장두(狀頭), 즉 민장을 올린 우두머리를 보호하기 위해 등장의 변형 형태인 사발등장이 만들어졌는데, 사발통문은 통문의 변형 형태이다. 전봉준(全琫準) 등 20명이 둥근 원형으로 연명한 것이 보인다.

다음에 '각 마을 집강 좌하(各里里執綱座下)'라고 하여 각 마을의 집강들에게 격문을 보내고 여론이 들끓어서 난리가 나기를 기다리는 민중의 모습을 기대한 서론 부분, 그리고 동학도가 고부군 서부면 죽산리의 송두호 집에 모여서 행동 강령을 정했다고 하는 내용의 본문이 이어진다. 행동 강령으로는 ① 고부성을 격파하고 군수 조병갑을 효수할 것, ② 군기창과 화약고를 점령할 것, ③ 군수에게 아부하고 인민을 침어(侵漁)하는 탐관오리를 쳐서 징계할 것, ④ 전주 감영을 함락하고 서울로 직향할 것을 결의했다. 마지막 부분은 훼손되어서 일부분만 남아 있는데, 군략에 능하고 서사에 민활한 사람을 영도자로 추대하자는 내용일 것으로 짐작된다.

이 사발통문에서 주목되는 점은 통문을 주도한 이들이 동학도라는 것이다. 연명에 참가한 20명은 대부분 이 지역의 동학도였던 것 같다. 하지만 이들 동학도만으로는 거사를 감행하기 힘들다고 판단했기 때문에 관의 수탈로 고통을 겪고 있는 민중을 동원하려 했던 것이다. 또한 민중을 동원하고 거사의 의의를 전달할 대표로 각 마을의 집강(執綱)을 설정했다.

사발통문에 대해서 아직 그 위작의 가능성을 의심하는 학자가 있다. 그러나 전후 정황으로 볼 때 사발통문은 위작일 수 없다. 사발통문과 같은 동학도의 움직임이 혁명적 거사로 발전할 수 있는 가능성은 이미 1893년 보은 취회(聚會), 삼례 집회 등 교조신원운동과 농민운동 등을 통해 찾아볼 수 있다. 이들은 집회를 통해 각 지역의 동학 접주(接主)들과 서로 연결망을 구축해 나갔다. 사발통문에서 "낫네 낫서 亂離ㄱ 낫서(났네 났어 난리가 났어)"라는 표현을 쓸 수 있었던 것은 보은·삼례 집회에서 동학도와 민중의 전투성과 투쟁성을 목격한 결과였다. 양 집회를 통해 서장옥(徐璋玉) 휘하의 남접 세력의 투쟁성이 확인되고 맹아적 형태의 지도부가 결성될 수 있었던 것이다.

　　그러나 고부군 서부면 죽산리의 집회에서는 아직 고부 관내의 문제가 초점이었다. 즉 군수 조병갑의 탐학을 응징하고, 그에 빌붙어 위세를 부리는 이서들을 규탄하려는 목적이 컸다. 군기창과 화약고를 점령하여 처음부터 무력 투쟁으로 발전시키고자 했던 것은 1893년 보은 취회와 삼례 집회 이래의 전투성을 계승하려던 것으로 보인다. 또 전주 감영을 함락하고 서울로 직향할 것이라는 표현은 지방정부, 특히 의송을 처리할 때 감영 세력과 결탁된 이서들에 대한 불만의 표시이고, 서울로 직향한다고 하는 것도 서울 함락을 꾀하려 했다기보다는 서울에 있는 최고 의사결정권자와 연맹·연결을 도모하려 했던 것으로 보인다.

　　지금까지 등장과 발괄을 매개로 하여 조선 후기에 민중 의식이 어떻게 성장해왔는가를 살펴보았다. 17세기 초에 작성된 경주 양좌동 백성의 등장을 통해서는 양반, 서얼, 하층민 등으로 구성된 한 마을의 모습을 볼 수 있었다. 비록 주도층은 다를 수 있지만 한 마을의 공동 이익을 위하여 관에 청원을 할 때는 다 함께 등장에 서명함으로써 공동의 목표를 달성하려고 하였다.

　　또한 19세기 말에 작성된 전라도 고부의 등장과 사발통문은 민중 의식의 성장과 문서 형태의 변화를 단적으로 보여준다. 단순한 청원이 아니라 백성의 생사가 달려 있는 문제를 청원할 때는 우두머리를 보호하기 위해 사발 모양의 원형 연명을 하여 자신들의 의사를 전달하였다.

　　이 글에서 언급한 사례는 단지 경상도와 전라도 두 지역에 불과하지만 소지나 의송, 등장 등의 청원서가 어떻게 쓰였는지를 충분히 보여주는 자료라고 생각된다.

3장

부세 문제 – 잘못된 세 부과에 대한 저항

부세 문제의 해결은 단순히 관에 요구 사항을 전달하는 것만으로 이루어지지 않는다. 문제를 해결하려는 관의 적극적인 의지가 함께해야만 가능하다. 또한 관이 제시한 해결책에 대해서도 백성들이 납득할 수 있어야 한다. 양자 간에 갈등의 폭이 크다면 그에 대한 문제점을 찾고 해결책을 모색해야 한다.

세금에 대하여

우리는 국가에 세금 내는 것을 당연하게 생각한다. 하지만 막상 자신에게 부과된 청구서를 보면 가능한 세금을 덜 내기 위해 온갖 머리를 짜내곤 한다. 최근에 국세청은 합법적으로 세금을 덜 낼 수 있는 방법을 국민에게 알려주었다. 세금 징수가 주요 업무인데도 말이다. 참 재미있는 현상이다.

세금을 덜 내는 방법에 대해 국민에게 홍보하기는 했지만, 그렇다고 국세청이 불법적인 수단에 의한 탈세까지 가만두는 것은 아니다. 어디까지나 법적으로 용인되는 선에서만 인정해준다는 말이다. 국세청으로서는 국민이 세금을 덜 내는 것을 좋아할 리가 없다. 주어진 한도에서 최대한 세금을 덜 낼 수 있는 방법을 가르쳐줄 뿐, 그 범위를 넘은 것은 탈법으로 규정하고 여지없이 추적한다. 요행히 세금 추적에서 벗어날 수도 있겠지만,

결코 쉬운 일이 아닐 뿐더러 바람직하지도 않다. 그러나 국가의 감시망을 피해 불법적으로 이루어지는, 이른바 지하경제에서 이루어지는 것들은 국세청으로서도 파악하기 힘들지 모르겠다.

현대사회에서 세금을 제대로 내지 않는 사람에게는 비난과 조롱이 따르며, 또 과도하게 탈세했다면 국가는 누구를 막론하고 처벌하고 그에 따른 불이익을 주기도 한다. 잘못 부과된 것이 아니라면, 세금을 납부하는 일은 국민으로서 갖춰야 할 의무인 것이다.

세금은 국가재정의 밑바탕을 이룬다. 세를 부과하는 것은 국가가 마음 대로 정할 수 있는 일이 아니며, 그 자체로 정당성을 갖고 있어야 한다. 즉 법 규정에 의거하여 세가 부과되어야 한다는 말이다. 정해진 법률에 따르지 않고 부과된 세금에 대해서는 누구든 부당성을 제기하고 국가에 정정을 요구할 권리가 있다. 혹 규정된 절차를 거쳤더라도 잘못 부과된 세액에 대해서는 정정해줄 것을 요구할 수 있다. 과도하게 징수된 세액에 대해서 당당히 반환을 요청하는 것은 국민의 권리이다.

그렇다면 조선시대 국가의 세 부과는 어떠한 모습을 띠었을까? 국가가 부과한 세에는 어떤 종류가 있으며, 어떻게 부과되었을까? 세 부과에 대해 세 부담자들은 어떻게 반응했으며, 세 부과가 잘못 이루어졌을 경우에는 어떻게 대처하고 해결하려 했을까? 만일 세 부과가 잘못되었다면, 조선시대 사람들도 지금처럼 고지된 청구서를 직접 갖고 가서 잘못된 내용을 바로잡아줄 것을 요청했을까? 이제부터 궁금증을 해결해보자. 구체적으로, 조선시대의 주요한 세목税目에는 무엇이 있는지, 국가는 그것을 어떠한 명목하에 거둬들이려 했는지, 그리고 사람들은 잘못 부과된 것에 대해 어떻게 바로잡아줄 것을 요청했는지 살펴보자.

부세 문제를 개선하려는 논의와 그 한계

조선은 이미 초기부터 국가 차원에서 부세의 시행과 관련된 논의를 진행한 적이 있다. 그 대표적인 것이 공법貢法을 제정하는 과정에서 나타났다. 세종은 백성(民)을 대상으로 여론을 조사케 하고, 그 결과를 토대로 공법을 시행하려 했다. 당시에 실시된 이른바 여론조사에는 총 172,806명이 참여했고, 여기에서 공법의 시행을 찬성한 이들이 98,657명, 불가하다는 이들이 74,149명이었다. 『세종실록지리지』에 따르면 조선의 인구가 692,477명인데, 이 점을 고려한다면 전체 인구의 1/4이 참여한 셈이다. 조선의 인구수가 정확했는지의 여부를 떠나 공법을 제정하기 위한 여론조사가 국가적인 규모로 진행되었음을 알려준다. 이와 같이 대규모로 진행된 여론조사는 조선 초기에 국가가 부세 문제와 관련된 갈등을 해결하고자 한 대표적 사례다. 그러나 이러한 논의는 백성이 주체로서 직접 자신의 문제를 해결하려 한 것이라고 볼 수 없다. 즉 국가가 정책적 차원에서 문제가 되는 점들을 정리하여 의견을 수렴한 뒤 이를 통해 해결하려는 목적하에 이루어졌다.

앞으로 살펴볼 부세 문제는 주로 조선 후기로 시기를 한정한다. 부세로 말미암은 폐해가 커지면서, 국가적 차원에서 이 문제가 부각되고 논의되기 시작한 것은 17세기 이후이다. 국왕도 이와 관련하여 의견을 수렴하려는 노력을 보였다. 전세(전정), 군역(군정), 환곡(환정)이 부세와 관련되어 중요한 문제를 드러냈다. 이 세 가지는 특히 수세 과정에서 큰 폐단을 일으키며 국가적인 문제로 대두했는데, 이들을 묶어 삼정三政이라 통칭했다.

삼정은 17세기 이후 시간적인 격차를 두면서 폐해를 드러냈고, 문제점이 계속 누적되면서 국가적 차원에서 해결책을 제시해야만 하는 상황에 이르렀다. 국가의 수세 행정 과정에서 이들 세 가지 부세 형태는 많은 문제점을 노출했고, 그로 말미암아 백성이 많은 피해를 입게 되자 사회적으로도 큰 논의거리가 될 수밖에 없었기 때문이다.

이전부터 전세 및 군역에 따른 문제가 없었던 것은 아니지만, 특히 숙종, 영조, 정조 대를 거치면서 삼정은 더욱 큰 사회적 문제로 대두했다. 결국 숙종 대에 이들 문제를 해결하기 위한 제도적인 해결책이 시도되었고, 영조 대에는 군역의 문제점을 해결하기 위한 조치들이 취해졌다. 환곡의 경우, 영조와 정조 대를 거치며 국가가 부세 차원에서 다루면서 재정과 깊은 관계를 맺게 되었고, 그로 인해 문제점들이 드러났다.

국왕과 중앙 관료들은 국가적인 차원에서 새로운 제도를 통해 이들 문제를 해결하려 했으나, 단순히 법제적으로 규제한다고 해결될 성질이 아님을 깨달았다. 결국 이들 문제를 해결하기 위해 관리에 한정하지 않고 일반 백성에게까지 해결책을 구했다.

정조의 책문策文이나 농서윤음農書綸音 등은 당시의 농업과 관련된 문제뿐만 아니라 부세 문제도 포함하고 있었다. 1862년(철종 13) 전국적인 농민항쟁이 발생하자 철종은 그 해결책을 구하는 구언교求言敎를 내렸는데, 부세 문제, 특히 삼정을 중심으로 그 운영에 대한 폐단과 해결 방법을 찾으려 했다. 이는 전국적인 규모로 농민항쟁이 발생하자 궁지에 몰린 국왕과 집권층이 자신들은 여론을 무시하지 않고 귀 기울일 거라는 명분을 내세우기 위한 몸짓이었다. 결국 부세의 폐해에 따른 문제 해결 의지를 보여야 했던 정부는 삼정이정청三政釐正廳이라는 새로운 기구를 만들고 구체적인 대책을 마련하기에 이르렀다.

국왕의 구언 방식은 통치자인 국왕이 관리나 일반 백성의 의견을 묻는 형식으로 이루어졌다. 그러나 사실 이 방식은 일방적으로 의견을 묻는 것에 불과하므로 상호 의견 교환이나 논의가 이루어지기 힘들었다. 그나마 여론 수렴이라는 측면에서 관리들에게만 의견을 듣던 것에 비하면, 그 방식은 꽤 진전을 이루었다고 볼 수 있다. 어쨌든 이때는 국왕·관리·백성들 간에 의견 교환의 틀이 갖춰지지 않았을 뿐더러, 정부도 적극적인 문제 해결 의지를 갖고 있지는 않았으므로 삼정이정청이라는 특별 기구도 곧바로 해체되고 말았다.

국왕이 관리들로부터 상소를 받거나 과거를 치를 때 책문 등의 형태로 의견을 듣는 방법도 있었다. 그러나 이는 형식적으로 흐를 수도 있었으므로, 중앙정부는 여론 청취 대상의 외연을 확대하여 새로운 무엇인가를 구하려 했다. 그 밖에 국왕이 행차할 때 상언·격쟁의 형태로 일반 백성의 민원을 듣기도 했으나, 이 또한 한정적인 것이었다.

결국 부세 문제의 본질은 중앙에서 접근해야 하는 성질임에도 불구하고 정부는 소극적인 제도 개선에 머물렀기 때문에 근본적인 해결이 될 수 없었다. 부세 문제의 핵심은 중앙재정과 지방재정의 관련 속에서 파악해야 했지만, 중앙에서 제도의 개혁을 의도하지 않는다면 수령이나 감사는 지방재정 차원에서만 개별적으로 부세의 문제점을 해결하는 정도에 그칠 수밖에 없었다.

중앙정부의 소극적인 의지도 문제였지만, 실제 현장에서도 정책이 제대로 집행되지 않았다. 즉 국가의 정책을 이끌어가는 주도층이 진정으로 문제를 해결하려는 생각을 갖고 있지 않았다고 할 수 있다. 개혁 정책에 대한 중앙정부의 미온적인 태도 때문에 결국 당대의 부세 문제는 해결되지 못한 채 미뤄지고 말았으며, 민간에서는 그에 따른 폐단이 이전과 다를 바 없이 계속되었다. 이에 백성들은 자신이 처한 상황을 호소하기 시작했으며, 그 호소가 제대로 전달되지 않거나 관철되지 않으면 최종적으로 국가에 소장을 내는 등 억울함을 해결하기 위해 소원訴冤의 형태를 취하거나 집단적인 행동을 통하여 항의했다.

국가가 부과하는 세금은 국민과 직접 관련되는 것이다. 오늘날 세금 부과 형태는 직접적으로 부과되는 직접세 외에도 우회적으로 부과되는 간접세도 있다. 특히 간접세의 경우 비중을 점점 높여 나가 부세에 대한 저항을 줄이는 형태로 운영되고 있다. 그러나 조선시대에는 직접세로만 운영되었다. 직접세 방식은 국가의 세 부과가 정당하게 이루어질 때는 문제가 되지 않지만, 폐해가 발생할 때는 백성들의 거센 저항을 불러왔다. 이 때문에 국가는 세 부과 과정에서 나타나는 폐해를 줄이기 위해 제도 개선을 시도하기도 했지만, 수세 방식이 직접세의 성격을 벗어나지 못했으므로 백성들은 여전히 현실에서 세 부담의 압박을 느낄 수밖에 없었다.

농민들은 자신들에게 부과된 조세를 내야 했지만 생계마저도 불확실한 상태에서 세를 내는 일은 쉽지 않았다. 세 부담은 농민들 생활에 직접적으로 위협을 가해왔으나, 그렇다고 피할 수도 없는 문제이기 때문에 재산을 팔거나 노비가 되거나 도망하는 등 과중한 부세 부담에서 벗어나고자 다양한 방법을 모색했다. 만일 세를 납부하지 못할 경우 국가로부터 제제를 받는 것은 물론이고 친족이나 이웃에게 그 부담이 넘어가 피해를 줄 수도 있었다. 자신이 살고 있는 고을에서 수령과 이서吏胥를 비롯한 수세 조직의 독촉이 뒤따랐기 때문이다.

온갖 부가세가 붙은 전세

토지에 대해 부과된 세를 전세 또는 전결세라고 한다. 전결세는 조선시대 국가재정의 기본을 이루는 가장 주요한 항목이었다. 농민이 토지를 경작하여 수확한 생산물에 대해 국가는 전결세라는 명목으로 일정량을 거두어들였는데, 조선 후기에는 전결세 징수 과정에서 몇 가지 문제점이 드러났다. 첫째는 양전量田, 즉 토지 측량과 관련된 문제였으며, 둘째는 토지에 세를 부과할 때 나타나는 문제였다.

토지 측량과 관련된 문제점으로는 제대로 측량을 하지 않고 고의적으로 거짓 기재하거나, 실제와 다르게 측량한 면적을 토지대장인 양안量案에 그대로 기록한 것을 들 수 있다. 조선시대 토지 측량은 법이 정한 기한에 맞춰 시행된 경우가 거의 없고, 그나마 시행되었더라도 제대로 측량하지도 않았으며, 단지 문제가 되는 지역이나 필요한 경우에만 부분적으로 시행하는 정도였다. 따라서 양안에 기록된 내용과 실제가 많이 달랐으며, 그로 말미암아 발생하는 잘못된 세 부과에 대해 백성의 불만이 쌓일 수밖에 없었다.

토지에 대한 세를 부과할 때 문제가 되었던 점으로는 원래 세액보다 많은 양을 부과하거나, 때로는 세를 내지 않아도 되는 토지에 세를 부과하는 진결陳結 등의 형태가 있었다. 이보다 더 심한 경우는 토지를 소유하지 않았는데도, 혹은 경작조차 하지 않은 곳인데도 세를 부과한 것으로서, 이른바 백지징세白地徵稅, 백지응세白地應稅라고 하는 것이었다. 이 경우는 세를 적게 내거나 아예 내지 않아도 되는 것이었기 때문에 납세자로서는 매우 억울할 수밖에 없었다. 그러나 이에 대해 부당함을 호소하여 감세나 면제를 받는 것은 쉬운 일이 아니었다.

이와 같은 현상이 나타난 이면에는 조선시대 부세 운영의 문제점이 크게 작용했다. 수령과 관찰사가 작황을 조사해서 보고하면 경차관敬差官 : 지방에 파견되어 전곡의 손실을 조사한 관리이 답사하여 호조에서 세를 결정하도록 하는 수

324

세 방식은 시행 과정에서 많은 문제점을 드러냈다. 각 지역의 토지 면적과 소유 관계를 파악하여 납세 대상이 되는 토지의 결수 총액을 확정한 뒤 답험踏驗을 통해 수세량의 총액을 결정했는데, 이 방식에 총액제가 적용되었다. 그러나 이러한 방식으로는 공정한 세 부과가 이루어지기 힘들었다. 담세자들의 능력에 따른 납세 방식이 아니라 총액만 채우는 방식으로 전결세가 부과되었기 때문이다.

게다가 지역이 부담해야 할 세액은 실제로 농사짓고 있는 경작지의 면적과 수확량을 기준으로 책정되지 않고, 납세 단위별로 내야 할 총액이 결정되면 그 액수를 납세 단위 안에서 개인들에게 분배하여 책임을 지우고 채워 넣게 했다. 이에 더해 세정稅政을 담당한 서원書員:세금을 거둬들이던 관리과 이서 등은 실제 지역을 답사한 뒤 예상 수확량을 거짓으로 보고하거나, 재해를 입은 정도에 따라 세액을 면제해주는 비율을 줄여서 정한다든지, 수세 대상인 토지를 8결 단위로 묶어 조세 징수 단위를 정하는 과정에서 부정을 행하기 일쑤였다. 또한 그들에 의해 세의 부과 대상과 액수가 정해지고 세의 수납이 작부제作夫制:토지 8결당 조세 수납 책임자인 호수 1인을 두어 조세를 징수하는 것에 의거하여 시행된 뒤에도 토호·수령·경차관 등이 부정행위를 하거나 그와 관련된 폐단을 일으켜 문제가 되었다.

그뿐 아니라 임진왜란 이후 군병 양성과 수세 정책의 변화로 공물貢物 및 신역身役은 줄어든 반면, 전세 항목으로 삼수미三手米, 대동미, 결작結作 등이 전결세의 형태로 새롭게 추가되면서 전답에 부과된 세목과 수세량은 더 크게 늘어났다. 이와 같은 제도상의 변화와 함께 전세 수취 과정에서 부정행위 또한 적지 않았다.

이에 국가에서는 전세를 4두로 고정시킨다거나 비총법比總法:세수 총액을 미리 정해 놓고 각 지방에 할당하는 세법을 시행하여 수세 과정에서 일어나는 부정과 수세량에 따른 문제를 해결하려 했다. 그럼에도 불구하고 수세에 따른 문제는 줄어들지 않았다. 양전이 비정기적으로 이루어진 탓에 수세지에 대한 파악이 제대로 이루어지지 않았으며, 그에 따라 수세 결수 또한 충분하게 확보하지 못했기 때문이다.

전결세는 전세미·대동미·삼수미·결작미 등 각종 부가세를 합치면 44항목에 이를 정도로 번잡했다. 전결세로 정해진 세액은 『속대전』 「호전戶典」 '제전諸田' 조에서 각 아문이 소유한 면세전의 규정을 통해 살펴볼 수 있다. 규정에 따르면 세액은 국가가 정한 세율의 한도를 넘지 못하며, 1결結에 쌀 23두斗를 징수하도록 했다. 그러나 19세기 초에 이르면 1결에 60~80두를 넘게 거둔 곳도 있었다. 이서배들이 세를 거두면서 공인된 수수료 외에 다른 명목의 잡비를 덧붙여 거두어들인 것도 심각한 문제였다.

수령, 아전, 토호 등을 비롯하여 지역의 부민들은 도결都結이나 방결防結의 형태로 수세 방식을 바꿔 실제 세액의 몇 배를 착복하기도 했다. 또, 그들은 재결災結을 부당하게 적용하여 세가 부과되지 않도록 은결隱結이나 누결漏結로 만들어버리기도 했다. 은결이란 일부러 양안에 올리지 않음으로써 공식 장부에는 세를 부과하는 토지 대상이 아니지만 실제로는 경작되는 토지이고, 누결이란 원래 경작되고 있는 토지를 경작되지 않는다고 양안에 기록해 놓은 뒤 실제로는 다시 경작하면서도 이에 대해 세금을 내지 않는 토지이다.

결국 농민들은 규정된 세보다 훨씬 많은 양을 부담해야 했으며, 모자란 세액은 토지나 가옥, 솥 등을 팔아 채워 넣어야 했다. 부담을 끝내 견디지 못한 농민들 중에는 생활 기반을 잃고 자기가 살던 곳을 떠나는 사람들도 생겨났다.

군정의 문란과 군역의 각종 폐해

조선 후기의 군역은 국가재정과 연계되어 총체적인 문제를 안고 있었다. 군역의 문제는 군정軍政의 폐단이라고도 하는데, 군사행정과 군 재정 모두에서 발생했다. 군사행정에서 나타난 폐단은 군적軍籍을 중심으로 생겨났고, 군 재정에서 나타난 폐단은 군포軍布 징수와 관련되어 일어났다.

조선은 부병제府兵制, 즉 병농일치를 내세우면서 16세 이상 60세 이하의 양인 남자인 양정良丁에게 병역을 요구했다. 국가는 6년마다 군적을 작성한 뒤 현역병인 번상병番上兵을 차출하고, 나머지 장정은 그의 경비를 마련하기 위한 보保로 설정했다. 이때 번상병의 근무 기간에 소요되는 경비를 보인保人이 베로 부담한 것이 군보포軍保布인데, 점차 번상병에게도 이러한 방식이 적용되어 군역을 면제해주는 대신 포를 거두었다. 이후 군적수포제軍籍收布制가 법제화되면서, 지방 수령은 관할 지역의 군정에게서 군포 2필을 징수하여 중앙으로 올려 보냈다.

임란 이후 군영이 새로이 재편되면서 군영의 경비는 대부분 군포에 의존했고, 군사가 필요한 지역에도 군포를 보내 군인을 고용하게 했다. 이로써 군역은 군포제로 운영되었는데, 오군영 외에 중앙관청이나 지방의 감영과 병영에서 각각 군포를 배당받아 거두었다. 이에 따라 군포를 걷어야 하는 관청에서는 배당된 양을 채워야 했으며, 그 과정에서 양정의 군역 부담이 커지는 바람에 내야 할 군포의 액수도 2~3필 이상이었다.

반면 각 아문에서는 보인들을 확보하기 위해 군영보다 적은 1필을 걷는 경우도 있었다. 보인들은 부담이 가벼운 아문에 투탁하거나 향교의 교생이 된다거나 서원의 원생이 됨으로써 군역을 면제받는 방법을 찾았다. 그 외에도 매향賣鄕: 돈이나 재물을 받고 향직을 주던 일을 구한다든지 향안에 이름을 올린다든지 계방촌契房村: 지방의 아전들이 부역을 사사롭게 징수하는 대신 각종 신역 등을 면제받는 마을에 편입되면 역을 면제받을 수 있었다. 양반 세족의 묘직(묘지기)이나 산직(산지기) 등으로 투탁하거나 공명첩을 받는 것 또한 면역할 수 있는 방법이었으며, 부농·권세가·이서들과 관계를 맺으며 군역에서 벗어날 수 있는 방법을 모색하기도 했다.

군포역의 폐해는 군포를 수납하는 과정에서 수령을 비롯한 이서들의 농간과 횡포가 심해져 나타나기도 했다. 이 때문에 군역에서 벗어나지 못한 보인들의 부담은 날로 늘어났다. 각 아문은 부족한 군포를 확보하기 위해 갖가지 불법적인 방법을 동원했다. 어린아이에게도 군포를 거두는 황구첨정黃口簽丁, 죽은 사람에게도 군포를 징수하는 백골징포白骨徵布는 물론이고, 이웃이나 친족 등에게도 징수하는 인징隣徵·족징族徵·동징洞徵 등 군포의 불법 징수와 징포 대상을 관련 인물 주변으로까지 확대하는 방법을 서슴지 않았다.

군정 문란이 심해지면서 그 폐해를 구제하기 위한 많은 논의가 제기되었고, 마침내 1750년(영조 26) 균역법 시행으로 귀결되었다. 균역법은 국가 재정의 확보를 전제로 하되, 양정이 2필을 내던 군포를 1필로 감하는 조치였다. 이에 따라 양인의 군포를 반감시키는 효과는 있었으나, 실상 이때 부과된 군포 자체도 가벼운 것은 아니었다. 게다가 균역법의 시행에도 불구하고 군역의 폐단이 다시 나타나 첩역疊役과 백징白徵: 세를 물지 않아도 되는 사람에게 억지로 거둬들인 것이 만연했다. 또한 군역에 대한 천시 경향으로 면역을 꾀하는 이들이 나타나는 현상은 전과 다를 바 없었다. 이는 균역법이 양역을 기반으로 군포를 거두는 점에서 이전과 성격상 변화가 없었기 때문이다.

군역의 폐단에 대한 대책으로 양반과 상민을 구별하지 않고 각 마을 단위로 공동 징수한 동포제洞布制를 시행하기도 하고, 대원군 섭정기에는 양반의 면세 특전을 폐지하여 신분 계층의 상하를 막론하고 호당 2냥씩 부과한 호포제^{戶布制}를 시행하기도 했으나, 양반들의 반발에 부딪혔다.

폐단의 온상, 환곡

환곡은 춘궁기에 농민에게 식량과 종자를 대여했다가 추수기에 거두어들이던 것을 말한다. 환곡은 환자^{還上}라고도 하며 원래는 흉년이 든 해에 어려운 백성에게 나라의 곡식을 꾸어주던 진대^{賑貸}를 목적으로 했는데, 이의 운영을 가리켜 환정^{還政}이라 했다.

그렇지만 진휼 목적의 환곡은 오랫동안 보관해오던 군자곡^{軍資穀}을 새로운 곡물로 교체하기 위한 수단으로 이용되었다. 게다가 많은 기관들이 국가의 재정을 보충한다는 구실로 환곡을 이용하여 거두어들인 이자곡이라 할 수 있는 모곡^{耗穀}을 활용했다. 모곡이란 관청에서 자연감축량을 예상하여 분급된 환곡의 1/10에 해당하는 양을 원곡에 덧붙여 회수한 것이다. 그런데 부족한 재정을 채우기 위해 환곡의 모곡 중 일부를 호조에 회록^{會錄}한 것을 계기로 중앙의 여러 아문을 비롯하여 지방관청도 모곡의 일부를 회록했다. 각 기관은 재정을 보충한다는 명목으로 환곡의 양을 늘렸으며, 모곡 전체를 회록하는 기관마저 나타났다.

환곡의 분급량을 늘리려는 기관도 나타났다. 본래 환곡은 반은 창고에 남겨 두고 반만 대여해주도록 규정되어 있었다. 이는 비상시 사용을 감안하여 비축곡으로 남겨 놓기 위해서였다. 그러나 창고에 있는 환곡을 진분^{盡分}, 즉 모두 나눠줌으로써 모곡을 최대한 거두어들이려 하는 관청이 늘어났다. 특히 지방관청에서는 진분을 목적으로 일부러 환곡을 설치하기도 했다.

　이러한 문제들로 인해 환곡을 나누어주고 거두어들이는 모든 과정에서 폐단이 나타날 수 있는 여지가 조성되었는데, 실제 환곡 운영에서는 더욱 더 심각한 문제들이 나타났다. 환곡을 나누어주는 과정에서 겨나 쭉정이를 섞기도 했으며, 심지어 모래 등을 섞기도 했다. 그뿐 아니라 약정된 양보다 훨씬 적은 양을 지급하고, 나중에 모곡 외에 낙정미·간색미 등 각종 명목을 붙여서 원래 지급했던 것보다 더 많은 양의 곡식을 거두어들였다. 또 곡물가가 계절에 따라 차이가 나는 점을 이용하여 화폐를 환곡과 관련시킴으로써 그 차액을 노리기도 했다. 곡물가가 비싼 지역에서는 관리들이 모곡을 돈으로 내게 하여 실질적인 환곡 부담이 늘어나는 경우도 많았다.

　환곡으로 말미암은 여러 폐단에 늑징勒徵 : 재물을 강제로 빼앗는 것과 백징의 사례도 증가했다. 감사·수령·이서들은 환곡을 이용하여 다양한 형태의 농간을 부렸으며, 곡물 횡령도 늘어나 창고에 쌓인 곡물이 줄어들었다. 수령들은 번질反作·가분加分·허류虛留·입본立本·증고增估·가집加執 등의 다양하고 복잡한 방식을 이용하여 횡령했고, 이서들은 번질反作·입본立本·가집加執·암류暗留·반백半白·분석分石·집신執新·탄정呑停·세전稅轉·요합徭合·사혼私混·채륵債勒 등의 다양하면서도 교활한 방식을 이용했다. 이들 폐단은 모곡을 돈으로 바꿔 내게 하면서 나타난 것이었다. 심지어 수령들은 환곡을 남용한 뒤 서리들이 포흠逋欠했다고 기록하거나, 서울에서 경비로 사용하기 위해 경저리 등에게서 징수하여 조성한 저전邸錢을 환곡으로 만든 뒤 모조耗條 : 모곡에 해당하는 몫, 즉 이자 곡식를 이용하기도 했다.

　폐단을 일으키는 이서들에 대해서는 수령이 금지하고, 수령이 폐단을 일으키면 감사가 그를 막아야 하는 것이 당연한 일이었다. 그러나 감사들

330

마저 이와 같은 폐단을 일으키는 데 동참하여 가작加作·환작換作·이무移貿·첨
향添餉 등과 같은 방법을 통하여 환곡의 양을 늘리거나 곡물의 이동과 시간
에 따른 물가의 차이를 이용하여 이익을 차지함으로서 환곡 운영에 나타
나는 폐단을 주도했다.

다양한 형태의 환곡 폐단은 장부 기록과 창고에 있는 실제 곡물 양이
일치하지 않는 현상으로 나타났다. 장부에는 곡물이 있는 것처럼 기록되
어 있으나, 실제 창고에는 곡식이 없었다. 이는 창고의 허류화虛留化 : 창고에 환
곡은 없고 허위의 기록만 남아 있는 것를 초래했는데, 지징무처指徵無處 : 문서 상에는 올라 있으
나 실제로는 징수 대상이 될 만한 곳이 없음 현상과 와환취모臥還取耗 : 환곡을 제때에 거두어들이지
않고 그대로 두었다가 모곡만을 받는 형태 등과도 관련 있었다.

농민들은 이러한 폐단으로 수탈당하고 어려움이 커지면서 불만이 누
적될 수밖에 없었다. 19세기 농민항쟁(민란)을 초래한 주요 원인으로 지적
된 것도 환곡으로 인한 폐단이었다. 설령 원하지 않더라도 환곡을 강제로
받아야 했으며, 한 집에서 받는 양이 적어도 8~9석 정도이고 더 많은 양을
받는 집도 있었다. 1862년(철종 13) 정부는 삼정이정청을 설치하면서 환곡
문제를 해결하기 위해 취모보용取耗補用 : 환곡을 받아들일 때, 손실될 것을 예상하여 부족한
양을 보충하기 위해 이자곡의 명목으로 받아들인 곡물의 일부를 관청의 경비로 사용함을 철폐하는 조
치를 내렸으나, 이 조치는 끝내 실현되지 못했다. 고종 대에도 각 면별로
사창社倉을 설치하여 환곡의 폐단을 없애려 했지만, 환곡의 모곡으로 인한
폐단은 여전히 남아 있었다.

이 외에도 부세와 관련된 항목에는 신역身役 또는 호역戶役을 비롯하여
지방관청에 바쳐야 하는 땔감·꿩 등의 세와 지역紙役 : 종이 만드는 일에 동원되는 것,
기타 여러 가지 형태의 잡역세 등이 있으며, 중앙에 바쳐야 하는 진상과
공물도 있었다. 이에 더해 지역에 따라 다르게 부과된 어세, 염세, 선세, 곽

세藿稅 : 미역을 따는 사람에게 부과된 세금, 장세匠稅 : 독립 수공업자가 내야 하는 조세 등 수십 가지 세액이 있었다.

수령과 감사에게 억울함을 호소하다

일반 백성이 민원을 해결하기 위해서는 수령에게 소장을 제출해야 한다. 백성이 낸 소장의 내용에 대해 일차적으로 처결을 내리는 이가 수령이기 때문이다. 이때 소지所志, 즉 소장을 내는 사람은 자신이 누구인지를 증명할 수 있는 호적에 준하는 것, 즉 준호구准戶口 : 관청에서 개인의 호적 사항을 증명해준 문서나 호구단자 또는 자신이 차고 있는 호패를 먼저 제시해야 한다. 신분이 확인된 뒤에야 소장이 받아들여지고 처리될 수 있었던 것이다.

해남 윤씨 집안에서 소장하고 있는 소지에서 그와 같은 절차에 대한 실례를 찾을 수 있는데, 한성부 남부 명례궁에 사는 윤 진사 댁이 소유한 노奴 을룡이 1706년(숙종 32) 9월에 장예원에 낸 소지가 바로 그것이다. 경원에 사는 조이가 첫째로 낳은 비婢 명례와 둘째로 낳은 노奴 백술 2명을 진휼청에 돈을 내고 노비 신분에서 벗어나도록 조치를 취해달라는 내용으로, 이 소지의 앞부분에 '호패납號牌納'이라는 문구가 보인다. 이처럼 소장을 접수할 때 관청은 호구 또는 호패를 지니고 있는지를 확인해서 본인임을 확인하는 절차를 거쳤다.

오늘날에도 관청에 증명서를 요청하려면 본인임을 확인하는 절차를 밟는다. 이런 방식은 조선시대나 오늘날이나 크게 다르지 않았다. 물론 위에서 소지를 제출한 사람은 윤 진사 댁의 노복 을룡이지만, 본인임을 확인받기 위해서 자신의 소유주인 윤 진사의 호패를 제시해야 했을 것이다. 백성들이 자신에게 잘못된 역이나 세가 부과되었을 때도 소장을 제출하려면 이와 같은 과정을 반드시 거쳐야 했다.

그렇다면 세 부담과 관련한 문제가 발생했을 때 백성들은 어떠한 내용으로 어떠한 절차를 거쳐 자신의 억울함을 호소했을까? 부세와 관련한 문제가 발생하면 백성들은 먼저 수령에게 호소하고, 그러고서 만족한 결과를 얻지 못하면 다시 감사를 찾아가 부당하게 부과된 세에 대해 철회해주거나 시정해줄 것을 요구했다.

조선시대 대표적인 부세인 전결세와 관련하여 민원을 제출한 사례를 살펴보자. 1854년(갑인, 철종 5) 10월에 충청도 연풍군 장풍면 장암동에 사는 경 생원 댁의 노奴 손이가 발괄을 냈는데, 그에 따르면 관청에서 수확량을 직접 조사한 적도 없고 세도 잘못 부과되었으므로 바로잡아야 한다는 것이다. 그는 당년 가을에 관에서 토지의 경작 상황을 조사할 것이라 기대했지만 결부結負의 허실을 살펴보러 온 적이 없으므로, 자신에게 부과된 세는 사실과 다르다고 했다.

구체적인 내용을 들여다보면, 관의 담당자들이 들판의 곡식을 일일이 조사하여 조처할 수 없다며 조사를 정지했음에도 불구하고 실제 고을에서는 진전陳田과 기경전起耕田을 기록하여 개장㮯狀을 마감했다는 것이다. 개장이란 그해의 경작된 정도를 가늠하여 수세 등급을 정하는 장부로, 이를 통해 연분을 파악할 수 있다. 게다가 자신은 본면의 서원書員 안재형 및 그의 집안과 꺼리는 사이로, 서로 마주하여 대조하고 살핀 적도 없는데 며칠 전 서사리書寫吏가 와서 토지의 경작 상황을 조사했다며 매 결당 7부負씩 가집加執 : 원래의 것보다 더하여 파악함했다. 그 결과 그해 자신의 이름으로 조사된 명목이 1결 남짓이나 되었다. 경 생원 댁은 담당자가 방에 앉아 사결査結 : 토지 면적을 조사하여 세를 내지 않은 토지를 적발해내던 일한 것이 1결이나 되었으니 억울하다고

333

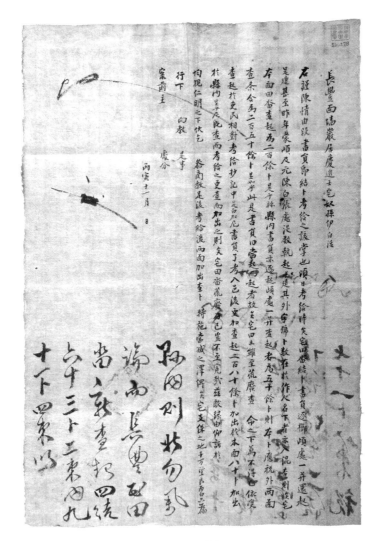

〈그림 1〉 노(奴) 손이가 잘못된 부세를 바로잡아달라며 낸 소지

충청도 연풍군 장풍면 장암동에 사는 경 진사 댁에서 노 손이를 내세워 제출한 발괄(소지)이다. 이 소지는 토지 소유자와 서원(書員) 사이에 사적인 갈등까지 개입된 세 부과의 형태를 보여준다. 규장각한국학연구원 소장.

호소했다.

10여 년 뒤 1866년(병인, 고종 3) 10월에도 결부의 허실과 관련된 소지가 접수되었다. 이때도 같은 집의 노복인 손이가 소지를 제출했는데, 서원들이 전답의 결부에서 빠진 것을 샅샅이 조사하여 경작지에 포함하고, 바로 전해에 탈급받은 것과 면세 대상인 원전과 진전 등도 모두 기경전으로 파악해 갔다는 내용이었다. 그 외에 작인의 이름으로 된 토지까지 모두 포함하는 바람에 본면(장풍면)에 경작지로 파악된 토지가 200여 부이고, 현내면 서원이 조사하여 포함된 전답이 50여 부라고 했다. 원래 세 부담해야 할 전결을 제외하더라도 2개 면에서 조사한 전답을 합하면 모두 250여 부가 추가로 부과된 셈이다. 경 진사 댁이 항의하자, 서원들은 기경한 곳을 기경전이라 했다고 맞받아쳤다. 서원들이 그에게 '괘씸죄'를 적용하여 집중적으로 세를 추징하려 했음을 알 수 있다. 경 진사 댁은 전토가 황폐했지만 하는 수 없이 서원의 조사 결과를 그대로 받아들여야 했다.

서원들의 괘씸죄 적용은 여기서 그치지 않았다. 서원들은 고급考給, 즉 자신들의 수고비라고 할 수 있는 것을 받고 난 뒤에도 또다시 조사하여 본면에 280여 부를 가출加出케 하고, 현내면은 80부를 가출하게 했다. 경 진사는 수령에게 '이미 사결하였다고 하여 고급했는데, 다시 사결하여 가출하니' 매우 억울하다고 호소하면서 양 면에 가출한 것을 감면해달라고 요청했다. 이에 수령은 담당 서원들에게 현내면은 거론하지 말고 장풍면의 전답 중 새로 조사된 4결 63부 2속 중에 2/10는 영문營門 감하조로 덜어주고, 1결은 작인들에게 이중으로 내도록 한 것이므로 덜어주며, 남은 것 2결 71부 8속에 대해서만 세납하도록 했다.

이 사례는 전결세를 부과하면서 먼저 경작된 상황에 대해 조사하지도 않은 상태에서 세를 부과했을 뿐 아니라, 서원들이 경 생원 댁(이후 경 진사 댁)의 토지 경작 상황을 일일이 조사한 뒤 빠진 것을 경작지에 포함한 경우이다. 게다가 전해에 탈급받은 것과 진전 등을 모두 기경전으로 파악하고, 작인의 이름으로 된 전결까지 모두 포함해 놓았던 까닭에 정해진 것 외에 추가로 부과하는 등 고의적인 행위가 엿보인다.

이러한 거듭된 침탈의 배경에는 경 진사 댁이 서원인 안재형의 집과 서로 꺼리는 사이라고 소장에서 표현했듯이, 양자 간에 미묘한 감정의 갈등까지 내재되어 있었다. 양자 간에 감정의 문제도 개입된 상태에서 토지에 대한 세 부과가 크게 문제시되는 상황이 복합적으로 작용한 결과, 경 진사 댁이 그와 같은 소지(발괄)를 제출했던 것이다. 마침내 경 진사 댁은 현감으로부터 자신이 요구한 사항 중 일부에 대해 줄여주라는 처결을 받아냈다.

이번에는 전결세를 납부하는 중간자적인 임무를 맡은 호수戶首의 활동 및 그와 관련된 문제로 인해 소장을 제출한 사례를 살펴보도록 하자. 호수는 결주비結注備, 즉 일정 면적에서 거두어들이는 전세를 관에 바치는 일을 담당했다. 이들은 이와 같은 일을 하면서 공납할 분량을 채워야 했으며, 심한 경우 시중에서 통용되는 이자율인 시변市邊으로 빚을 내어 바치기도 했다.

계사년에 동강에 사는 이훈민이 낸 소지에 따르면, 자신은 결주비를 거행하면서 공납을 담당하고 있는데, 결민 3인이 기한을 미루어 결국 거두지 못했고, 이에 모자라는 결전을 자신이 부담해야 했으며, 아울러 결 내에 11부 6속은 노奴의 이름으로 되어 있어서 지징무처指徵無處이기 때문에 그것을 내기 위해 빚을 져야 했다는 것이다. 그는 관이 전감田監인 정성겸과 결민 3인 등을 잡아서 모자라는 결전을 받아줄 것을 요청했다. 이에 대해 수령은 지징무처인 것은 전감이 담당케 하고, 납부를 하지 않은 것은 엄하

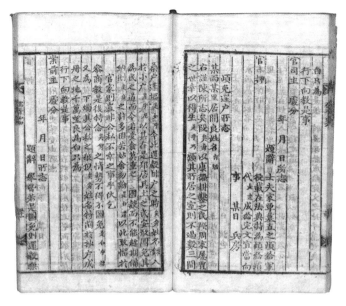

〈그림 2〉「유서필지」 '환자초호도면소지(還上抄戶圖免所志)'
환곡을 받아야 할 대상이 아님에도 불구하고 초호(抄戶) 과정에서 호의 등급이 상향 파악되어 편입되
었기 때문에 그 대상에서 제외시켜달라는 내용의 소지를 작성할 때 사용하는 형식이다. 규장각한국학
연구원 소장.

게 독촉하여 소장을 낸 이훈민에게 주도록 하라는 결정을 내렸다.

다음은 환곡의 부과를 면하게 해줄 것을 요청하는 사례이다. 환곡은
그 자체가 세로 파악되지는 않지만, 강제로 분급될 경우에는 세나 다를 바
없었다. 원곡과 함께 이자곡인 모곡을 갚아야 했으며, 때로는 돈으로 갚아
야 했기 때문이다.

『유서필지儒胥必知』에는 소지류의 유형 중 하나로 환곡을 받아야 하는
대상인 호戶에 편입되지 않게 해달라는 '환자초호도면소지還上抄戶圖免所志(탈
면환호소지頉免還戶所志)'의 형식이 제시되어 있다. 그 내용은 이렇다. 아무개가

살고 있는 집이 2~3칸 정도밖에 되지 않으며 매우 가난함에도 불구하고, 관청에서 환곡을 호에 분배할 때 '소호小戶'의 등급으로 편입했다. 아무개는 백성의 도리를 면하려고 하지는 않지만, 국가의 막중한 곡식을 받아먹었다가 때맞춰 제대로 바치지 못하면 많은 괴로움을 겪게 되고 관가에도 걱정을 끼치게 되니, 자신을 초호성책抄戶成冊 : 환곡을 받아야 하는 대상을 적은 장부에서 특별히 삭제해주기를 원한다는 것이다.

이와 유사한 내용의 소지는 많다. 철원 갈말면 중풍리에 사는 권상묵이 기미년에 철원부사에게 올린 소지의 내용은 다음과 같다. 권상묵은 자녀도 없고 전토도 없는 70세에 가까운 늙은이로서 부부가 신을 삼고 자리 짜는 것을 생업으로 삼아 겨우 살아가고 있었다. 그런데 환곡을 받아야 할 대상인 호수의 이름을 적을 때 자신이 호환성책戶還成冊에 올려져 있던 까닭에 부득이하게 처음에는 환곡을 받았지만, 이번 가을에는 환곡을 갚을 길이 없으므로 자신의 호명을 빼줄 것을 요청했다. 이에 대해 철원부사는 창고를 담당하는 동창색東倉色에게 그 사람의 이름을 명단에서 빼도록 처리했다.

앞의 사례들은 모두 수령에게 자신의 억울함을 호소한 것이지만, 감사에게 호소하는 경우도 있다. 이를 의송議送이라 했다. 무오년 4월 서울에 사는 최 오위장 댁의 노奴 삼길이 제출한 의송에 따르면, 작년에 새로 산 김포 노장면의 전답에 대해 이서배들이 무세無稅라는 명목으로 전세대동을 거두려 했다. 무세는 의지할 데 없는 상민들에게 규정된 세가 아닌 것을 함부로 만들어 거두어들이는 것이다. 그런데 이서배들이 이 무세를 배나 거두려 했다. 이는 전에 없던 항목으로, 수령이 고을을 비운 사이 서리들이 마음대로 설정한 것이었다. 마침내 그는 감사로부터 그런 폐단이 없게 하라는 처결을 얻어냈다.

이들 사례에서 전세결은 허결虛結(또는 허복虛卜)에 해당하는 것으로, 명목이 없는 세를 국가에 내야 하는 경우이다. 환곡의 경우에는 분급 대상에서 빼달라는 요청이 많았으며, 잘못 부과된 환곡에 대해 억울함을 호소하는 내용의 소지도 많다.

수령이나 감사가 처결한 내용은 다양했다. 앞서 제시한 사례에서는 수령이 소지를 낸 이의 주장을 옹호하여 담당자로 하여금 일을 바로잡도록 처결을 내렸고, 감사 또한 의송을 낸 이가 옳다고 보아 수령에게 다시 조사하여 일을 처리하도록 했다. 그러나 앞의 예처럼 수령이나 감사가 항상 소장을 낸 이들의 편을 들었던 것은 아니다.

지금까지 살펴본 것처럼 조선 후기에는 자신과 관련 없는 세를 강제로 내야 하는 경우가 빈번하게 나타났는데, 그 원인은 이 시기의 수세 행정이 지닌 문제점에서 비롯되었다.

민원에 대한 어사의 처분

부세 문제와 관련된 소장은 지역 내에 주재하는 수령이나 감사가 주로 처결하였으나, 고을에서 이미 처리한 문제에 대해서 어사가 다시 처결을 내릴 때도 있다. 백성들은 자신의 억울한 사정을 수령에게 호소했다가, 수령의 처결에 불만을 느끼면 감사에게 의송을 제출했다. 이러한 방법 외에도 해당 고을을 지나가는 어사에게 자신의 민원을 해결해줄 것을 호소하기도 했다. 이와 관련하여 등장等狀을 비롯한 많은 소지류의 문서가 남아 있다.

어사는 다양한 민원을 처결했는데, 이 가운데는 부세와 관련하여 제기된 문제도 있었다. 그중 인동 북삼면 오태동에 사는 유학 장석회를 비롯한 대소 민인들이 1877년(정축, 고종 14)에 암행어사에게 올린 민원을 살펴보자. 이들은 자신들에게 부과된 호역의 부담이 너무 큰지라 감당하지 못할 정도라면서, 문제가 발생하게 된 상황을 설명하고 이에 대해 처결해줄 것을 호소했다.

지난해 많은 사람이 사망한 데다 이곳을 떠난 이들도 늘어나, 가호의 수가 50여 호에서 14호로 2/3가 훨씬 넘게 줄었다. 이렇게 감소한 데는 처음엔 흉년의 영향이 컸지만, 본질적으로는 과도한 호역과 결가를 감당할 수 없게 된 사람들이 도망했기 때문이었다.

마을에 남은 사람들은 자신에게 부과된 호역과 관가로부터 빌린 것을 감당하지 못해 도망했고, 그 결과 집은 텅 비고 전토도 경작되지 않아 황폐화되었다. 이는 부담이 과도하여 떠난 이들의 것을 남은 사람이 다시 떠안는 악순환이 지속되었기 때문이다. 결국 남은 이들은 약간의 양반 호와 낭속廊屬: 사내종과 계집종을 아울러 이르는 말 정도였다.

남은 사람들은 3, 4부夫가 져야 하는 포布를 1부가 부담하고 4, 5호가 담당해야 하는 역役을 1호가 담당해야 했기 때문에 1년에 내야 하는 돈이 거의 수십 금에 이르렀다. 50냥의 결가와 수십 금에 해당하는 호역은 풍년이 든다 해도 감당할 수 없을 만큼 큰 부담이었다. 오태동의 백성들은 이와 같은 사실을 고을 수령에게 호소했으나 별다른 대답을 얻지 못했다. 이에 오태동 백성들은 별견어사에게 사정을 호소하고, 마을에 있는 집들에 대한 파악과 함께 부담해야 할 호포를 자세히 살펴서 호수에 따라 호포를 감해줄 것을 청했다.

어사는 마을에 부과된 호역이 매우 크고 이 때문에 사람들이 살아가기 힘든 상황임을 파악했지만, 그렇다고 직접 문제를 해결하지는 못하였다.

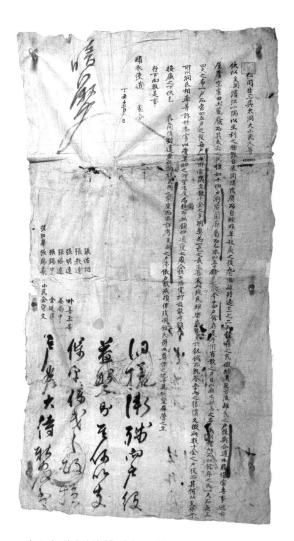

〈그림 3〉 과도한 호역 부담을 시정해주기를 요청하는 등장

1877년(정축, 고종 14) 인동 북삼면 오태동에 사는 유학 장석희를 비롯
한 대소 민인들이 자신들에게 부과된 호역의 과도한 부담을 암행어사에
게 시정해줄 것을 호소하는 등장(等狀)이다. 규장각한국학연구원 소장.

어사는 다만 새로 수령이 부임해 올 때 자신이 내린 처결을 가지고 가서 호소하면 처리해줄 것이라 하면서, 본인의 처결임을 나타내는 마패를 문서에 찍어 주었다. 어사는 민원을 받아들이면서도 다음에 도임하는 수령에게 해결해줄 것을 요청하라는 처분에 그친 것이다. 이는 지역민들이 바라는 바에 걸맞은 처분이 아니었다.

지역민들은 어사가 자신들의 민원을 해결해주기를 기대했지만, 어사의 권한에는 한계가 있었다. 어사가 내릴 수 있는 처분이란 해당 수령에게 다시 호소하게 하거나 사실을 다시 조사하게 하는 수준이었다. 다시 말해 수령에게 동일한 문제를 다시 맡겨 새로 검토하게 하는 수준에서 크게 벗어나지 못했다. 결국 암행어사가 취할 수 있는 조치는 매우 한정적인 범위에 머물고 있었다.

집단적 행동을 통한 문제 제기

부세 문제를 해결하려면 앞서 살폈듯이 지방관에게 소지 등을 제출하는 것에서 시작했지만, 이는 개인적인 차원에서 발생한 문제를 해결하기 위한 것이 대부분이다. 그러나 집단적인 이해관계가 걸려 있다면 여러 사람의 의견을 모아 제시하기도 했다. 소지를 비롯하여 등장이나 의송 등을 이용하여 다수의 소원을 관에 전달했던 것이다. 때로는 중앙정부 및 국왕에게 호소함으로써 해결할 수도 있었다. 이는 개인이든 집단이든 제도적인 틀 안에서 해결하는 방식이었다.

소지 등을 제출하여 정상적인 방법으로도 해결되지 않으면, 백성들은 다른 방법을 찾았다. 즉 개인적인 차원에서 행동으로 표출하거나, 집단적인 행동을 통해 자신의 의견을 드러내기도 했다. 먼저, 개인적인 차원에서는 군역에 응하지 않는 피역避役의 형태가 많았다. 군역에서 벗어나기 위해 신분을 위조한다든가, 양반 족보를 매입하여 유학을 모칭한다든가, 세력 있는 양반집에 묘지기·산지기 등으로 투탁하는 방법이나 서원 등에 투탁하는 등 부담이 적은 역으로 빠져나가는 방법을 이용했다. 이곳저곳 떠돌아다니는 유리流離나 도망하는 방법을 택하기도 했다. 그런데 백성들의 유리·도망은 비단 군역뿐 아니라 환곡이나 전세의 수취에도 큰 영향을 끼쳤으며, 사회적인 문제가 되었다.

한편, 집단적인 움직임으로 문제를 해결하려는 시도도 있었다. 정소呈訴, 와언訛言, 산호山呼, 거화擧火, 투서投書, 집회 등이 그것이다. 이 중에서 정소를 제외한 나머지 방법들은 대부분 주체자의 적극적인 행동을 동반하면서 익명성이 높은 특징이 있는데, 여기에서는 논외로 한다.

정소는 등장, 의송, 때로는 단자의 형식을 빌려 이름을 명기해 제출한다는 점에서 다른 것과 구별이 된다. 집단의 의견을 모아 소장을 제출하기위해서는 사전에 의견이 조율되어야 했기 때문에 주동자를 중심으로 내용을 정리하고 참여하는 이들에게 동의를 얻어야 했다. 이 같은 과정에서 2인 이상의 집회가 열렸다. 특히 부세와 관련한 문제는 개별적으로 처리되는 것이 아니라면, 지역민 혹은 집안 등이 중심에 나섰다.

지역에서 부세 문제 중 크게 논의할 것은 향회를 열어 해결했다. 향회에서 논의하여 수렴된 요구 사항을 수령이 받아들이지 않는다면 백성들은 불만을 표출하기도 했다. 1862년(철종 13) 단성과 진주의 농민항쟁은 토지에 대한 세 부과, 환곡, 군역 문제 등을 향회에서 주요 과제로 삼아 일어난 것이었다.

중앙에 호소하는 방법, 상언과 격쟁

자신이 있는 지역에서 민원이 해결되지 않는다면 상급 기관에 호소하여 무엇인가 조치가 취해지기를 바라게 된다. 지방에서 해결되지 못한 문제는 중앙기관과 국왕에게 다시 호소하는 방법이 있었다. 그러나 이와 같은 방법은 사전에 많은 절차를 거쳐야 했다.

먼저, 중앙에 호소하는 방법으로는 상언과 격쟁 등이 있었다. 이 가운데 상언의 사례를 살펴보자. 1785년(정조 9) 김해의 노전蘆田 : 갈대밭과 관련하여 김덕인이 상언했는데, 그 내용은 이랬다. 1770년(영조 46)에 의열궁에서 매 결 10냥씩을 강제로 거두어들이자, 1777년(정조 1) 백성들이 상언하여 해서의 노전에 대해서는 매 결 2냥 3전을 거두도록 정식을 삼았다. 그런데 1780년(정조 4)에 이를 무시하고 의열궁이 세전이라면서 삼수량 및 결전이라는 이름으로 전과 똑같이 징수하려 하자, 백성들은 다시 호조와 균역청에 정소했다. 비변사는 조사 결과 상언한 내용에 착오가 있었다고 하면서, 감사에게 자세히 조사하되 조금이라도 가징加徵한 폐단이 보이면 담당 읍리배를 처벌하도록 지시했다. 다만 이는 4건사四件事* 이외의 사안이므로 담당 기관으로 하여금 김덕인을 법에 따라 처리하도록 했다. 상언이 지닌 한계라고나 할까?

상언 외에 격쟁을 통해 민원을 호소하기도 했다. 그러나 1744년(영조 20)에는 자손이 조상을 위한 것, 아내가 남편을 위한 것, 아우가 형을 위한 것, 노비가 주인을 위한 것 등 네 가지로 내용을 제한했다. 이는 앞 시기의

---

* 4건사 : 말 그대로 네 가지 일에 관계된 사건이다. 형벌에 따라 죽임을 당함이 자신에게 미치는 일(형륙급신刑戮及身), 부자 관계를 밝히는 일(부자분별父子分別), 정실 자식인지 첩의 자식인지를 가리는 일(적첩분별嫡妾分別), 양인인지 천인인지를 가리는 일(양천분별良賤分別)이 4건사에 해당한다.

4건사와 달리 본인이 아닌 다른 사람이 대리하여 호소할 수 있는 길을 열어준 것이다. 1777년(정조 1)에는 위외격쟁추문衛外擊錚推問의 법이 만들어져 하층민들의 일반적인 애로 사항에까지 확대될 수 있게 하였다. 상언·격쟁에는 사회경제적인 비리와 침탈에 대한 호소를 담은 것들이 많았다.

한편, 비변사를 거치지 않고 국왕이 직접 행차하는 길에 끼어들어 상언이나 격쟁을 하는 이들에 대해 엄금하고 처벌해야 한다는 주장도 나왔다. 다음은 부세 문제와 관련하여 상언·격쟁이 등장하는 과정을 설명하고 그것이 지나치다면 금해야 한다는 상소로, 1797년(정조 21) 2월 13일 전 지평 김광우가 올린 것이다.

소민들이 억울함을 씻는 것은 오로지 사송詞訟에 달려 있습니다. 그러나 근래 외읍에서 결송決訟하는 일이 성조聖朝가 다친 백성의 마음을 어루만지는 마음과 같이 체득하지 못하고 있습니다. 매양 일이 잘못 처리되고 있으며, 법을 지키지 않고 마음대로 하고 있습니다.

아, 저들은 무고하지만 호소할 데가 없습니다. 다만 영문營門에 억울함을 호소하지만, 영문에서는 오로지 옛 방식을 그대로 따르므로 다시 본관으로 돌려보내는 형편입니다. 그래서 본관 앞에서 1차로 소송에 지게 되면, 비록 자신의 논리가 옳다 해도 해명하여 변별할 수가 없습니다. 근일에 상언·격쟁이 시끄럽게 일어나고 외설스러운 것은 진실로 이 때문입니다.

신의 생각으로는 백성들이 크게 송사를 하여 매우 억울한 자에 대해서는 송안訟案을 붙여 비변사에 소장을 내게 하며, 대신들이 이를 친히 살피고 검사하여 진실로 억울함이 있는데도 송관이 마음대로 처리하고 법을 지키지 않아 처리가 뒤집어졌다면 큰 것은 왕에게 논하여 죄를 청하고 작은 것은 관문에 보내 다시 조사하도록 하는 것이 좋습니다. 중외의 결송관은 반드시 경계하고 두려워하여 삼가도록 하며, 묘당(비변사)을 거치지 않고 곧바로 임금에게 먼저 아뢰는 자는 각별히 엄하게 금하도록 하며, 임금이 지나는 길에 외설스럽고 시끄럽게 구는 폐단을 없애는 것이 마땅합니다.

위 상소로 보건대, 억울한 처지의 백성들에 대한 지방의 결송에 문제가 있음을 알 수 있다. 수령들은 법을 지키지 않고 영문에서는 옛날 법도를 취하여 다시 본관으로 돌려보낸다는 것이다. 이 경우 다른 결과를 얻기를 바라는 것이 무리라는 지적이다. 상언·격쟁은 바로 이 때문에 시끄럽게 일어난다고 보고 있다. 김광우는 상언·격쟁이 자주 일어나는 문제를 지적하면서, 비변사로 하여금 송사를 최종적으로 처리하게 하고 송관이 마음대로 처리한 사안 중 큰 것에 대해서는 왕에게 논하여 죄를 청하게 하자고 주장했다. 또한 비변사를 거치지 않고 임금에게 직접 아뢰는 상언·격쟁을 각별히 엄하게 금해야 한다는 주장을 펼쳤다. 이는 격쟁이 자주 일어나고 있는 상황에 우려를 나타낸 것이다.

부세 문제, 어떻게 해결해야 하나

부세 문제는 단순히 탄원의 형태로는 해결되지 않을 때가 많았다. 이렇게 문제가 해결되지 않은 채 누적되면 백성들은 국가에 대해 좀 더 집단적이고 대규모적인 저항의 움직임을 보였다. 대표적으로 1862년(철종 13) 단성 지역에서 환곡 문제를 제기하며 일어난 농민항쟁을 들 수 있다.

단성 지역 농민들이 부세 문제와 관련하여 처음부터 직접적인 행동으로 나섰던 것은 아니다. 이 지역에서는 오래전부터 환곡의 폐단이 지속되고 있었으며, 재지 사족들은 감영과 읍에 폐단을 없애줄 것을 끊임없이 호소했다. 1829년(순조 29) 단성 지역은 3천이 안 되는 호에 토지도 200여 부에 미치지 못했다. 그러나 이 지역의 환곡은 원곡을 비롯하여 각 영문에 설치된 환곡과 다른 읍에서 이전되어 온 것을 합치면 3만 석이 넘었다. 그야말로 과도한 환곡이었다.

1850년대에 이르면 단성의 사정은 더욱 악화된다. 1855년(철종 6)에 경상 감사를 지낸 신석우는 단성의 환곡을 쌀로 계산하면 6만 석(장부에 기록된 곡물 총액은 10만 석)에 이른다고 했다. 환곡이 크게 증가한 요인은 다른 읍에서 곡물이 이전된 것 외에도 이서들의 오래된 포흠이 누적되었기 때문이다. 환곡의 양이 과다해지면서 문제가 심각해지자, 감사와 단성 민들이 그 해결 방법에 대해 논의했다. 감사가 제시한 안은 그중 2만 석을 감영에서 부담하고 1만 석은 주변 읍으로 옮기되, 나머지 3만 석은 환곡 외에 토지나 호에 분배하여 징수하겠다는 것이었다. 그러나 단성 민들은 이서들의 포흠을 자신들이 부담할 수는 없다면서, 이서들의 포흠 내역을 조사하여 그들에게 충당시키도록 조치해달라는 소장을 올렸다. 그러자 감사는 포흠이 시작된 것이 오래되었으며, 설사 조사한들 도움이 안 된다고 답변했다. 결국 양자의 견해차가 좁혀지지 못한 상태에서 감사가 교체되었고, 문제는 다시 원점으로 돌아가고 말았다.

단성 민들은 1861년(철종 12) 2월 17일 새로 도임한 감사 김세균에게 다시 소장을 올렸다. 그 내용은 이서·군교·향임들이 단성의 사족을 비롯하여 농민들에 대한 침학이 매우 심하다는 것이었다. 그 뒤 신임 현감 임병묵이 부임해오자 또다시 등장을 올렸으며, 감영에도 계속 호소하였다. 서리들의 포흠이 일반 백성의 포흠으로 조작되고, 받은 적도 없는 환곡이 나눠준 것처럼 처리되어 있는 상황에 대해 관찰사에게 호소한 것이다.

감영은 단성현감에게 곧바로 관문關文을 보내, 서리들이 곡물의 시세가 올랐을 때 자신의 고을에 있는 환곡을 내다 팔고 대신 값이 싼 고을의 곡물을 사서 부족한 양을 채워 넣으며 그 과정에서 이익을 남겼을 것으로 예상하고 이무移貿와 관련된 것은 자세히 조사하여 그에 따라 줄 것이며, 이서가 포흠한 것을 거둬들일 때는 그들로부터 좋은 곡식으로 받아 농민들에게 민원에 따라 나눠주라고 했다. 그러나 단성현감은 감영의 말을 듣지 않았다. 이에 분노한 단성 민들은 관가로 몰려가 감사의 처결대로 시행할 것을 요구했으나, 현감은 오히려 이들을 협박했다. 이 때문에 단성 민들과 이서들 간에 충돌까지 발생했다.

얼마 뒤 감사가 교체되고, 단성 민들은 또다시 그에게 호소하여 호의적인 답변을 얻었지만 구체적인 조치는 내려지지 않았다. 중앙에서는 이 사태를 해결하고자 안핵사와 선무사 등을 파견했으나 단성 민들은 그들로부터 상투적인 대답을 듣는 데 그쳤다. 결국 1862년 단성항쟁이 일어났다. 애초 재지 사족층을 중심으로 소장을 제출하여 환곡 문제를 해결하고자 했지만, 그것이 제대로 이루어지지 않자 단성 민들은 결집된 의견을 가지고 관에 찾아가 잘못된 부세 문제를 해결해줄 것을 요구했다. 그러나 지방관이 미온적인 자세로 문제 해결을 회피하고 고식적인 방법으로 문제에 접근함으로써 더 큰 사회문제로 비화되었다.

개인이나 집단이 국가에 소원하여 문제를 바로잡아줄 것을 요청할 때, 국가는 그 문제가 구체적으로 무엇인지를 파악하고 어떤 차원에서 왜 발생했는가를 살펴야 한다. 그러나 이 시기 중앙정부는 기존의 문제 해결 방식에서 벗어나지 못한 채 새로운 대책을 강구하려는 노력이 없었으며, 그에 따라 근본적인 해결책도 제시하지 못하였다. 새로운 사회적 분위기를 파악하고 그에 따른 새로운 안을 제시하며 사회 발전의 방향을 추구해야 했지만, 19세기 정부는 아직 그러한 분위기를 받아들일 수 있는 자세와 태도를 갖추지 못하고 기존의 사회 운영 방식을 답습하는 데 그치고 말았다.

부세 문제의 해결은 단순히 관에 요구 사항을 전달하는 것만으로 이루어지지 않는다. 문제를 해결하려는 관의 적극적인 의지가 함께해야만 가능하다. 또한 관이 제시한 해결책에 대해서도 백성들이 납득할 수 있어야 한다. 양자 간에 갈등의 폭이 크다면 그에 대한 문제점을 찾고 해결책을 모색해야 한다. 그러한 측면에서 1862년 단성의 사례는 백성의 요구에 대한 국가의 수용 자세가 매우 필요하고 중요하다는 사실을 보여준다. 또한 정부의 대민 부세 정책의 실패는 필연적으로 국가적인 문제를 가져올 수밖에 없음을 보여주는 단적인 사례이다.

부세 문제는 국가와 개인, 혹은 국가와 집단 간의 문제라고 할 수 있다. 부세 문제는 국가 제도의 운영 과정에서 발생하기 때문에 개인 간이나 집단 간에 상호 소송이 발생할 가능성은 그리 많지 않았다. 조선시대에는 개인이나 집단에 부세 문제가 발생할 경우 지방 수령이나 감사에게 그 해결을 요청해야 했다. 때로는 중앙의 의정부(혹은 비변사)를 통하거나, 그곳에서마저 해결을 보지 못했을 때는 상언·격쟁 등을 통해 국왕에게 직접 호소하기도 했다.

조선시대에 세를 부과하는 대상이나 방식은 오늘날과 많이 다르다. 현재는 세를 부과하는 방식에 직접세뿐 아니라 자신이 얼마 만큼의 세금을 내고 있는지를 인식하지 못하게 하는 간접세가 있으며, 세의 종목도 그 목적에 따라 훨씬 복잡하고 다양하다. 다만 오늘날의 세 부과는 세 부담자의 수입 정도에 따라 감당할 수 있는 한도 내에서 부과되고 있다는 점이 이전의 방식과 다르다.

참고문헌

제1부 | 조선시대 소송이란

1장 | 분쟁과 재판

김성태, 「분쟁 해결기준으로서의 법에 대한 일성찰」, 『법과 사회』 5, 창작과비평사, 1992.

박병호, 『한국법제사』, 민속원, 2012.

서대석, 『한·중소화의 비교』, 서울대학교 출판부, 2007.

윤학준, 『(나의) 양반문화 탐방기(1)』, 길안사, 1995.

임상혁, 「조선전기 민사소송과 소송이론의 전개」, 서울대학교 법학박사학위논문, 2000.

임상혁, 『나는 노비로소이다-소송으로 보는 조선의 법과 사회』, 너머북스, 2010.

전경목 외 옮김, 『儒胥必知』, 사계절, 2006.

정긍식 외, 『잊혀진 법학자, 신번-譯註大典詞訟類聚』, 민속원, 2012.

정병설, 『조선의 음담패설』, 예옥, 2010.

황승흠, 『분쟁과 질서의 법사회학』, 성신여대 출판부, 2005.

Hoebel, E. A, 강윤희·유인철 편역, 「에스키모 사람들의 노래 시합」, 한국문화인류학회 편, 『낯선 곳에서 나를 만나다』, 일조각, 1998.

기타 신문 자료 등

2장 | 법정의 풍경

『經國大典』(규장각자료총서 법전 편) 서울대학교奎章閣 1997.(영인)

『各司受教·受教輯錄·新補受教輯錄』(규장각자료총서 법전 편) 서울대학교奎章閣 1997. (영인)

『大典續錄·大典後續錄·經國大典註解』(규장각자료총서 법전 편) 서울대학교奎章閣 1997.(영인)

『大明律直解』(규장각자료총서 법전편) 서울대학교奎章閣 2001.(영인)

『十六世紀 詞訟法書 集成』, 한국법제연구원, 1999.(영인)

『朝鮮王朝實錄』, 국사편찬위원회(영인).

『古文書集成』, 한국정신문화연구원.

『慶北地方古文書集成』, 영남대학교 출판부, 1981.

『嶺南古文書集成』(II)〈晦齋李彦迪家門古文書〉, 영남대학교 민족문화연구소, 1992.

『譯註 牧民心書』 IV, 다산연구회 譯註, 창작과비평사, 1991, 서울.

오갑균, 『朝鮮時代司法制度研究』, 삼영사, 1996.

崔承熙, 『韓國古文書研究』, 지식산업사, 1989.

仁井田陞, 『中國法制史研究』(奴隸農奴法·家族村落法), 東京大學東洋文化研究所, 1962.

김지수, 「朝鮮朝 全家徙邊律에 관한 研究」, 서울대학교 석사학위논문, 1987.

文叔子, 「義子女와 本族간의 財産相續紛爭」, 『古文書研究』 8, 1996. 3.

文叔子, 「朝鮮前期 無子女亡妻財産의 相續을 둘러싼 訴訟事例」, 『古文書研究』 5, 韓國古文書學會, 1994. 5.

朴秉濠, 「近世의 土地所有權에 관한 研究」, 『韓國法制史攷』, 法文社, 1987.(초판 1974)

成鳳鉉, 「1481年「掌隸院 贖身立案」文記 檢討」, 『古文書研究』 5, 1994. 5.

이종일, 「朝鮮前期의 戶口·家族 財産相續制 研究」, 『국사관논총』 1990, 2면.

任相爀, 「朝鮮前期의 民事訴訟과 訴訟理論의 展開」, 서울대학교 박사학위논문, 2000.

임상혁, 「1583년의 한 訴良事件과 壓良爲賤」, 『古文書研究』 21, 2002. 9.

전경목 외 옮김, 『儒胥必知』, 사계절, 2006.

3장 | 법관과 변호사

Gustav Radbruch, 『法에 있어서의 人間』, 손지열·황우려 공역, 육법사, 1981.

Rudolf von Jhering, 『權利를 위한 鬪爭』, 심재우 역, 박영사, 1977.

미조구찌 요조 외 지음, 『중국의 예치 시스템』, 동국대 동양사연구실 옮김, 청계, 2001.

박병호, 『傳統的 法體系와 法意識』, 한국문화연구총서 8, 서울대학교출판부, 1972.

박병호, 『韓國法制史攷—近世의 法과 社會』, 법문사, 1974.

박병호, 『韓國의 傳統社會와 法』, 서울대학교출판부, 1985.

오갑균, 『朝鮮時代司法制度研究』, 삼영사, 1995.

조윤선, 『조선후기 소송연구』, 국학자료원, 2002.

최승희, 『韓國古文書研究』 증보판, 지식산업사, 1989.

최종고, 『韓國法思想史』, 서울대학교출판부, 1989.

한상권, 『朝鮮後期 社會와 訴冤制度－上言, 擊錚 研究』, 일조각, 1996.

정긍식·임상혁 편저, 『十六世紀 詞訟法書 集成』, 한국법제연구원, 1999.

김경숙, 「16세기 請願書의 처리절차와 議送의 의미」, 『古文書研究』 24, 2004.

김경숙, 「15세기 정소(呈訴) 절차와 관찰사의 역할」, 『역사와 현실』 59, 2006.

김도용, 「朝鮮後期 山訟研究－光山金氏, 扶安金氏家門의 山訟 所志를 中心으로－」,
　　『고고역사학』 5·6합, 동아대학교 박물관, 1990.

김선경, 「조선후기 山訟과 山林 所有權의 실태」, 『동방학지』 77·78·79합, 1993.

김선경, 「民狀置簿冊」을 통해서 본 조선시대의 재판제도」, 『역사연구』 창간호, 1992.

마석한, 「17, 8세기의 高利貸活動에 대하여－私債를 中心으로－」, 『경주사학』 8, 1989.

이성무, 「經國大典의 編纂과 大明律」, 『역사학보』 125.

임상혁, 「조선전기 민사소송과 소송이론의 전개」, 서울대학교 법학과 박사학위논문, 2000.

정긍식, 「1816년 求禮 文化柳氏家 所志에 대한 法的 考察」, 『고문서연구』 14, 1998.

정석종, 「朝鮮後期 奴婢賣買文記 分析」, 『김철준박사화갑기념사학논총』, 지식산업사,
　　1983.

조광, 「朝鮮後期 思想界의 轉換期的 特性－正學·實學·邪學의 對立構圖－」, 『韓國史
　　轉換期의 문제들』, 지식산업사, 1993.

조광, 「18세기 전후 서울의 犯罪相」, 『전농사론』 2, 서울시립대학교 국사학과, 1996.

조윤선, 「17·18세기 刑曹의 財源과 保民司－贖錢을 중심으로」, 『朝鮮時代史學報』 24,
　　2003.

조윤선, 「조선후기 刑曹와 典獄署의 構造와 業務」, 『法制研究』 24, 2003.

조윤선, 「조선시대 赦免·疏決의 운영과 法制的·政治的 의의」, 『조선시대사학보』 38,
　　2006.

최승희, 「朝鮮後期 古文書를 통해 본 高利貸의 實態」, 『한국문화』 19, 1997.

최종고, 「막스 베버가 본 東洋法－比較法史의 基礎를 위하여－」, 『법사학연구』 6, 1981.

한상권, 「조선시대 소송과 외지부(外知部)－1506년 경주부결송입안(慶州府決訟立案) 분
　　석－」, 『역사와 현실』 69, 2008.

민족문화대백과사전

제2부 | 경제생활과 소송

1장 | 매매 분쟁 ─ 재산권과 계약 제도의 발달

고민정 외, 『잡담(雜談)과 빙고(憑考) ─ 경기·충청장토문적으로 보는 조선후기 여객주인권』, 소명출판, 2013.

김경숙, 「조선후기 山訟과 사회 갈등 연구」, 서울대학교 문학박사학위논문.

김소은, 「16세기 매매 관행과 문서 양식」, 『古文書硏究』 24, 2004.

金容晩, 「朝鮮中期 私奴婢 硏究」, 영남대학교 문학박사학위논문, 1990.

金成甲, 「朝鮮時代 明文에 관한 文書學的 硏究」, 한국학중앙연구원 박사학위논문, 2012.

박명규, 「19세기 후반 향촌사회의 갈등구조: 영광지방의 민장내용 분석」, 『韓國文化』 14, 1993.

박병호, 『韓國法制史攷 ─ 近世의 法과 社會』, 법문사, 1974.

박병호, 『한국법제사』, 민속원, 2012.

宋贊植, 『朝鮮後期 社會經濟史의 硏究』, 一潮閣, 1997.

沈羲基, 『韓國法制史講義』, 三英社, 1997.

李榮薰, 『朝鮮後期社會經濟史』, 한길사, 1989.

李鍾吉, 「朝鮮後期 漁村社會의 所有關係에 관한 硏究」, 서울대학교 법학박사학위논문, 1997.

이헌창, 「근대경제성장의 기반형성기로서 18세기 조선의 성취와 그 한계」, 역사학회 편 『정조와 18세기』, 푸른역사, 2013.

임상혁, 「1583년 김협·고경기 소송에서 나타난 법제와 사회상」, 『古文書硏究』 43, 2013.

전경목, 「山訟을 통해서 본 조선후기 司法制度 운용실태와 그 특질」, 『法史學硏究』 18, 1997.

정긍식 외, 『잊혀진 법학자, 신번 ─ 譯註大典詞訟類聚』, 민속원 2012.

鄭勝振, 『韓國近世地域經濟史』, 景仁文化史, 2003.

정진영, 「19세기 물레방아(水春, 水砧, 水碓)의 건립과정과 그 주체」, 『古文書硏究』 23, 2003.

趙允旋, 「조선 후기의 田畓訟과 法的 대응책 ─ 19세기 民狀을 중심으로」, 『민족문화연구』 29, 1996.

崔承熙, 『韓國古文書硏究(增補版)』, 지식산업사, 1989.

崔淵淑, 「朝鮮時代 立案에 관한 研究」, 한국학중앙연구원 박사학위논문, 2004.
周藤吉之, 『淸代東アジア史硏究』, 日本學術振興會, 1972.

2장 | 상속 분쟁 – 법과 도덕 사이에서 유지된 균형

이수건 편, 『경북지방 고문서 집성』, 영남대학교 출판부, 1981.
문숙자, 『조선시대 재산상속과 가족』, 경인문화사, 2004.
이수건, 『영남 사림파의 형성』, 영남대학교 출판부, 1980.
김용만, 「조선시대 在地士族의 재산소유형태 1: 주로 16, 17C 良洞孫氏家門의 경우를 중
    심으로」, 『대구사학』 27, 1985.
안승준, 「1652년 吳身男의 妻 林氏가 繼後에 관하여 관찰사에게 올린 議送」, 『문헌과 해
    석』 통권 10호, 2000.
조은, 「가부장적 질서화와 부인권의 약화: 조선전기 재산상속 분쟁사례를 중심으로」, 『한
    국여성학』 제16권 2호, 2000.
한상권, 「조선시대 소송과 외지부(外知部)–1506년 경주부결송입안(慶州府決訟立案) 분
    석」, 『역사와 현실』 69, 2008.
鈴木国弘, 「武家の家訓と女性」, 『家族観の変遷』(片倉比佐子 編, 日本家族史論集 6),
    吉川弘文館, 2002.

3장 | 토지소유권 분쟁 – 하의삼도 주민들의 300여 년에 걸친 항거

김종선, 「서남해 도서지역의 농지분쟁 및 소작쟁의에 관한 연구」, 『인문과학』, 목포대 인
    문과학연구소, 1984.
박준성, 「17·18세기 궁방전의 확대와 소유형태의 변화」, 『한국사론』 11, 서울대학교 국사
    학과, 1984.
송찬섭, 「17·18세기 신전 개간의 확대와 경영형태」, 『한국사론』 12, 서울대학교 국사학과,
    1985.
이태진, 「15·16세기의 저평·저습지 개간농업」, 『국사관논총』 2, 국사편찬위원회, 1989.

이정형, 「17·18세기 궁방의 민전침탈」, 『부대사학』 20, 부산대사학회, 1996.

손형섭·박찬승, 『하의삼도 농지탈환운동 자료집』, 신안군·목포대 임해지역개발연구소, 1999.

김경옥, 「조선시기 교동 사람들의 입도와 축통·제언을 통한 토지개간」, 『도서문화』 24, 목포대 도서문화연구소, 2004.

김경옥, 『조선후기 도서연구』, 혜안, 2004.

정윤섭, 『해남윤씨가의 간척과 도서경영』, 민속원, 2012.

제3부 | 신분 사회와 소송

1장 | 축첩 — 올바르지 못한 남녀 관계와 그 자녀의 문제

具玩會, 「朝鮮 中葉 士族蘖子女의 贖良과 婚姻: 『眉嚴日記』를 통한 사례검토」, 『慶北史學』 8, 1985.

우인수, 「부북일기를 통해 본 17세기 출신군관의 부방생활」, 『한국사연구』 96, 1997.

우인수, 「조선후기 북변 기생의 생활양태」, 『역사와 경계』 48, 2004.

이영훈, 「노비의 혼인과 부부생활」, 『조선시대 생활사』 2, 역사비평사, 2000.

이성임, 「16세기 양반관료의 외정—유희춘의 『미암일기』를 중심으로—」, 『고문서연구』 23, 2003.

이성임, 「조선 중기 양반의 성관념과 그 표출양상」, 『조선시대 사회의 모습』, 집문당, 2003.

김건태, 「18세기 초혼과 재혼의 사회사—단성호적을 중심으로」, 『역사와 현실』 51, 2004.

정지영, 「조선후기 첩과 가족질서—가부장제와 여성의 위계」, 『사회와 역사』 61, 2004.

임상혁, 『나는 노비로소이다—소송으로 본 조선의 법과 사회』, 너머북스, 2010.

2장 | 자매 — 자신을 팔아 삶을 연명한 사람들

『조선왕조실록』(국사편찬위원회 영인, 1955~1958; 국사편찬위원회 웹사이트)

『고문서집성』 33 (영해 재령 이씨편 1), 한국정신문화연구원, 1997.

『(영남대학교중앙도서관 소장) 고서·고문서 전시회』, 영남대학교 중앙도서관, 1997.

유교넷 〈http://www.ugyo.net〉 (예천 임씨 금양파 금포고택 고문서).

호남기록문화시스템 〈http://honam.chonbuk.ac.kr〉

박병호, 『한국법제사고: 근세의 법과 사회』, 법문사, 1974.

전경목 외 옮김, 『儒胥必知』, 사계절, 2006.

지승종, 『조선전기 노비신분 연구』, 일조각, 1995.

최승희, 『한국고문서연구』(증보판), 지식산업사, 1989.

김무진, 「조선사회의 유기아 수양에 관하여」, 『계명사학』 4, 1993.

박경, 「자매문기를 통해 본 조선후기 하층민 가족의 가족질서」, 『고문서연구』 33, 2008.

박경, 「조선후기 노비로 팔려 간 소녀들」, 『여/성이론』 19, 2008.

조규환, 「16세기 진제정책의 변화」, 『한성사학』 10, 1998.

3장 | 천장과 산송 ─ 종법 질서가 빚어낸 묘지 소송

『경국대전』

『속대전』

『대전통편』

규장각한국학연구원 소장, 『해남윤씨문헌』

한국학중앙연구원, 『고문서집성 2 ─ 해남 윤씨 편』

海南尹氏兵曹參議公派門中, 『해남윤씨 덕정동 병조참의공파 세보 상권』, 1998.

한국학자료센터 홈페이지, 한국고문서자료관 디렉토리, 해남 연동 해남윤씨 녹우당

〈http://archive.kostma.net/inspection/insDir.aspx?clsType=holder&clsPID=01A063&v
　　Mode=〉

권수용, 「해남윤씨 문중문헌록 연구」, 『고문서연구』 38, 2011.

김경숙, 「조선후기 산송과 사회갈등 연구」, 서울대학교 박사학위논문, 2002.

김경숙, 「조선후기 사대부가의 遠地墳山과 遷葬 ─ 海南 海南尹氏家의 사례를 중심으로」,
　　『사학연구』 103, 2011.

김경숙, 『조선의 묘지소송』, 문학동네, 2012.

안승준, 「16~18세기 해남윤씨가문의 토지·노비소유실태와 경영」, 한국학중앙연구원 석사
학위논문, 1987.

임상혁, 「조선전기 민사소송과 소송이론의 전개」, 서울대학교 박사학위논문, 2000.

전경목, 「조선후기 산송 연구」, 전북대학교 박사학위논문, 1996.

정윤섭, 「조선후기 해남윤씨가의 해언전 개발과 도서·연해 경영」, 목포대학교 박사학위논
문, 2011.

최승희, 『증보판 한국고문서연구』, 지식산업사, 1989.

제4부 | 국가·공동체와 소송

1장 | 향전 – 향촌의 주도권 장악을 위한 분쟁

신석호, 「屛虎是非に 就いて」, 『靑丘學叢』 1·3, 1930·1931.

김인걸, 「朝鮮後期 鄕權의 추이와 지배층의 동향」, 『韓國文化』 2, 1981.

이수건, 「良洞의 歷史的 考察」, 『良佐洞研究』, 영남대 출판부, 1990.

이수건, 『嶺南學派의 形成과 展開』, 일조각, 1995.

정만조, 『朝鮮時代 書院研究』, 집문당, 1997.

이수환, 「18~19세기 嶺南地方 鄕論의 분열과 鄕戰」, 『人文科學』 11, 경북대 인문과학연
구소, 1997.

박홍갑, 『양반나라 조선나라』, 가람기획, 2001.

이수환, 「경주지역 孫李是非의 전말」, 『民族文化論叢』 42, 영남대 민족문화연구소, 2009.

2장 | 물싸움 – 등장과 발괄에 나타난 민중 의식

최승희, 『한국고문서연구』, 지식산업사, 1989.

한국학중앙연구원, 『고문서집성 32 – 경주 경주손씨편』, 1996.

이수건 외, 「조선후기 경주지역 在地士族의 향촌지배」, 『민족문화논총』 15, 영남대 민족
문화연구소, 1994.

357

고성훈 외, 『민란의 시대』, 가람기획, 2000.

김현영, 『조선시대의 양반과 향촌사회』, 집문당, 1999.

김현영, 『고문서를 통해 본 조선시대 사회사』, 신서원, 2003.

기시모토 미오·미야지마 히로시 저, 김현영·문순실 역, 『조선과 중국 근세 오백년을 가다』, 역사비평사, 2003.

김현영, 「조선 중후기 경주 양좌동의 촌락 조직과 그 성격」, 『영남학』 17, 경북대 영남문화연구원, 2010.

김현영, 「17세기 경주 유향소의 위상」, 『고문서연구』 41, 한국고문서학회, 2012.

3장 | 부세 문제 — 잘못된 세 부과에 대한 저항

『일성록』

『공거문』

『임술록』

『조선민정자료—목민 편』

『유서필지』

『고문서』 23~25, 서울대학교 규장각

『해남윤씨고문서』

정약용 저, 다산연구회 역주, 『목민심서』 1-6, 창작과비평사, 1978~1985.

김용섭, 「조선후기 군역제이정의 추이와 호포법」, 『省谷論叢』 13, 1982.

안병욱, 「19세기 임술민란에 있어서의 '향회'와 '요호'」, 『한국사론』 14, 서울대학교 국사학과, 1986.

망원한국사연구실, 『1862년 농민항쟁』, 동녘, 1988.

김인걸, 「민장을 통해 본 19세기 전반 향촌사회문제」, 『한국사론』 23, 서울대학교 국사학과, 1990.

고동환, 「19세기 부세운영의 변화와 그 성격」, 『1894년 농민전쟁연구』, 역사비평사, 1991.

양진석, 「17, 18세기 還穀제도의 運營과 機能 변화」, 서울대학교 박사학위논문, 1992.

한상권, 『朝鮮後期 社會와 訴冤制度—上言, 擊錚 硏究—』, 일조각, 1996.

김용섭, 『한국근대농업사연구』 1(신정 증보판), 지식산업사, 2004.

이 책의 필진

정긍식 | 분쟁과 재판

서울대학교 법학대학원 교수로 있으며, 법학과 역사를 아우르는 한국법제사를 공부하고 있다. 가족에서 연구를 시작하여 현재는 조선시대의 '법' 그 자체에 관심을 가지고 있다. 「'조선' 법학사 구상을 위한 시론」, 「生養家奉祀 慣習에 대한 小考」, 「조선전기 중국법서의 수용과 활용」 등의 논문과 『한국유학사상대계(8): 법사상 편』, 『잊혀진 법학자, 신번−譯註大典詞訟類聚』 등을 펴냈다.

임상혁 | 법정의 풍경

서울대학교 법학연구소와 대통령 소속 의문사진상규명위원회에서 근무하였고, 현재는 숭실대학교 법과대학에 재직하면서 학생들과 배움을 주고받고 있다. 민사소송법의 해석론과 함께 그 성립 연혁에 관심을 갖고 연구하고 있으며, 역사와 사회 속에서 더불어 살아가는 법의 역할에도 주의를 기울인다. 「법원의 ADR」, 「개정 민사소송법에서 전자문서의 개념과 증명력」, 「거창사건 관련 판결과 소멸시효 항변」, 「소송 기피의 문화전통에 대한 재고와 한국사회」, 「조선전기 민사소송과 소송이론의 전개」 등의 글과 『나는 노비로소이다−소송으로 보는 조선의 법과 사회』 책이 있다.

조윤선 | 법관과 변호사

한국고전번역원에서 법제 자료를 번역하고 연구하는 선임전문위원으로 재직 중이다. 조선 후기 법제사를 전공하였고, 영조 대의 형정 운영과 조선시대 의금부·형조·포도청을 비롯한 여러 사법 기관의 재판 업무와 기능에 관심을 두고 연구하고 있다. 『조선후기 소송연구』, 「조선시대 赦免疏決의 운영과 法制的政治的 의의」, 「영조 6년(경술년) 모반 사건의 내용과 그 성격」, 「영조대 남형혹형 폐지 과정의 실태와 흠휼책에 대한 평가」 등의 논저가 있다.

이헌창 | 매매 분쟁 − 재산권과 계약 제도의 발달

고려대학교 경제학과 교수로 재직 중이다. 한국경제사를 전공하였고, 주요 관심 주제는 조선 후기의 시장과 경제 사상 등이다. 대표 도서로 『韓國經濟通史』가 있다.

문숙자 | 상속 분쟁 − 법과 도덕 사이에서 유지된 균형

한국학중앙연구원 연구교수로 재직 중이다. 한국사를 전공했고, 조선시대 고문서를 활용한 가족사 및 사회사 연구 분야에 관심이 있다. 대표 논저로 「17세기 海南尹氏家의 墓位土 설치와 墓祭 설행 양상−친족결합 장치와 宗家의 역할에 대한 고찰」과 『조선시대 재산상속과 가족』 등이 있다.

김경옥 | 토지소유권 분쟁 − 하의삼도 주민들의 300여 년에 걸친 항거

목포대학교 도서문화연구원 HK교수로 재직 중이다. 전공은 도서해양사이며, 최근에는 섬마을의 토지 간척에 관심을 갖고 현전하는 제방 문서와 구술 자료를 통해 섬주민의 생활문화를 재구성하고 있다. 대표 도서로 『조선후기 도서연구』, 『섬과 바다의 사회사』, 논문으로는 「19세기 문순득의 표류담을 통해본 선박건조술」, 「18~19세기 서남해 도서지역 표도민들의 추이」, 「20세기 전반

장흥 노력도 대동계의 조직과 운영」, 「간정일록을 통해 본 김령(1805~1866)의 임자도 유배생활」, 「18-19세기 진도 송산리의 동계·학계 운영」, 「19~20세기 안좌도 『前津堰修契記』를 통해 본 제언 축조와 운영실태」 등이 있다.

이성임 | 축첩 — 올바르지 못한 남녀 관계와 그 자녀의 문제
서울대학교 규장각한국학연구원의 책임연구원으로 재직 중이다. 조선시대 사회경제사를 전공했고, 최근에는 국가재정과 운영 문제에 관심을 갖고 있다. 대표 논저로 「'몸'으로 본 한국여성사」, 「조선후기 경상도 한 武班家의 가족구조 재구성」, 「16세기 공역호(貢役戶)와 호수(戶首)」 등이 있다.

박경 | 자매 — 자신을 팔아 삶을 연명한 사람들
현재 하버드대학교 방문연구원으로 있다. 조선시대사를 전공했고 가족 관계 및 가족 정책을 통해 조선 사회를 조명하는 연구를 진행해왔다. 대표 논저로 『조선 전기의 입양과 가족제도』, 「16세기 유교적 친족질서 정착과정에서의 冢婦權 논의」, 「속량(贖良) 문서를 통해 본 17세기 조선 정부의 사노비(私奴婢) 통제 양상의 변화」, 「自賣文記를 통해 본 조선후기 하층민 가족의 가족질서」 등이 있다.

김경숙 | 천장과 산송 — 종법 질서가 빚어낸 묘지 소송
조선대학교 부교수로 있으며, 고문서 및 일기 자료에 반영된 조선시대의 사회 생활상에 관심을 갖고 있다. 특히 소지류 문서를 중심으로 국가와 민인(民人)의 소통 시스템 및 특성을 집중적으로 연구하고 있다. 『조선의 묘지 소송』, 『고문서에게 물은 조선시대 사람들의 삶』, 『옛 문인들의 초서 간찰』 등의 단행본과 「조선후기 산송과 상언·격쟁」, 「等狀을 통해 본 조선후기 연명 정소와 공론 형성」 등의 글이 있다.

이수환 | 향전 — 향촌의 주도권 장악을 위한 분쟁
영남대학교 국사학과 교수로 재직 중이다. 조선시대사를 전공했고, 향촌사회사에 주된 관심을 갖고 있다. 대표 논저에 『朝鮮後期 書院硏究』, 『玉山書院誌』, 「경주지역 孫李是非의 전말」 등이 있다.

김현영 | 물싸움 — 등장과 발괄에 나타난 민중 의식
한국고문서학회 회장, 조선시대사학회 회장, 동경대학 문학부 객원연구원 등을 역임하였으며, 현재는 국사편찬위원회 교육연구관으로 재직 중이다. 조선시대 사회사와 고문서학을 전공했다. 『조선시대의 양반과 향촌사회』, 『고문서를 통해 본 조선시대 사회사』 등의 책을 냈다.

양진석 | 부세 문제 — 잘못된 세 부과에 대한 저항
서울대학교 규장각한국학연구원의 학예연구관으로 재직 중이다. 조선 후기 국가재정 및 사회경제사를 전공했고, 환곡의 운영 및 한국 고문서와 관련된 문제에 관심이 있다. 「17, 18세기 還穀制度의 運營과 機能 변화」, 「17세기 후반 尹鑴의 常平制 實施論」, 「17세기 후반 李端夏의 社倉制 實施論」, 「18, 19세기 제주의 收取制度와 特徵」, 「조선후기 漢城府 中部 長通坊 丁萬石契 소재 가옥의 매매와 그 특징」 등의 논문과 『1894 농민전쟁연구』, 『동학농민혁명 국역총서』, 『古文書』, 『廣州李氏家承政院史草』, 『조선시대고문서』 등을 펴냈다.